U0358603

郑永廷文集

郑永廷◎著

（第二卷）

中山大学出版社
SUN YAT-SEN UNIVERSITY PRESS

·广州·

图书在版编目（CIP）数据

郑永廷文集：共八卷／郑永廷著. —广州：中山大学出版社，2023.8
ISBN 978-7-306-07872-8

Ⅰ.①郑… Ⅱ.①郑… Ⅲ.①政治—中国—文集 Ⅳ.①D6-53

中国国家版本馆 CIP 数据核字（2023）第 143907 号

ZHENG YONGTING WENJI（DI-ER JUAN）

出　版　人：王天琪
策划编辑：嵇春霞　陈　莹
责任编辑：陈　莹
封面设计：曾　斌
责任校对：管陈欣
责任技编：靳晓虹
出版发行：中山大学出版社
电　　话：编辑部 020-84110283，84113349，84111997，84110779，84110776
　　　　　发行部 020-84111998，84111981，84111160
地　　址：广州市新港西路 135 号
邮　　编：510275　　　　传　真：020-84036565
网　　址：http://www.zsup.com.cn　　E-mail：zdcbs@mail.sysu.edu.cn
印　刷　者：恒美印务（广州）有限公司
规　　格：787mm×1092mm　1/16
总　印　张：122 印张
总　字　数：2190 千字
版次印次：2023 年 8 月第 1 版　　2023 年 8 月第 1 次印刷
总　定　价：680.00 元（全八卷）

目录

新时期思想政治教育学科的创立与发展[*]

新时期创立和发展起来的思想政治教育学科，同我国社会一样，经历了跨越式发展。该学科于 20 世纪 80 年代中期创建，经过 20 多年的建设，形成了从学士、硕士到博士的完整人才培养体系，并进入国家重点学科建设行列。思想政治教育学科是一门具有中国特色和鲜明特点的学科，是一门适应时代发展、不断充实完善的新型学科。

思想政治教育学科在改革开放和中国特色社会主义现代化建设的伟大进程中，伴随我国社会的持续、快速发展，在探索中不断创新，具有创立与发展的坚实基础。

一、思想政治教育学科的发展阶段

思想政治教育学科大体经历了学科创建、学科主干理论与分支学科发展、学科综合发展、学科深化发展四个阶段。

第一，学科创建阶段。改革开放初期，在解放思想和进行政治思想上的拨乱反正、党的工作重点转移、开启改革开放的进程中，中国社会焕发了新的生机与活力，同时面临一系列新状况、新问题，社会的快速转变不可避免地带来了思想认识、思想观念上的许多矛盾。面对新的形势与问题，如果再按照过去传统的、经验的认识与方式来解决思想领域的问题，不仅没有成效，而且会阻碍解放思想与改革开放的进行。因而，我们只能适应时代发展要求，顺应社会一切领域学科化、一切工作科学化的趋势，推进思想政治教育走学科化、科学化的发展道路。1983 年暑期，为了落实中共中央批准转发的《国营企业职工思想政治工作纲要（试行）》（1983 年 7 月）的通知，教育部召开学科论证会，根据思想政治教育是完成一切政治任务的中心环节这一精神，初步拟定了思想政治教育专业的课程设置。1984 年 4 月，教育部下发《关于在十二所院校设置思想政治教育专业的意见》，决定采取专业化方式培养思想政治教育专门人才。自此，思想政治教育学科进入创建阶

* 原载于《思想政治教育研究》2011 年第 4 期，收录时有修改。

段，并开始对思想政治教育专门人才的培养。从 1984 年到 1987 年的短短几年内，该学科的理论框架初步形成，不仅编写出版了《马克思主义思想政治教育理论基础》《思想政治教育学原理》《思想政治教育方法论》等本科专业的主干教材，还培养了首届思想政治教育专业本科生。

第二，学科主干理论与分支学科发展阶段。1987 年至 1995 年期间，思想政治教育学科的建设主要围绕本科生教育质量的提高和硕士学位研究生培养的推进来进行。为了提高人才培养层次，1987 年，国家教育委员会印发了《关于思想政治教育专业培养硕士研究生实施意见》，决定培养思想政治教育硕士研究生。1990 年，国务院学位委员会通过《授予博士、硕士学位和培养研究生的学科、专业目录》，在法学门类政治学一级学科下分别设立了马克思主义理论教育、思想政治教育硕士学位学科，多所高校获得思想政治教育硕士学位授予权，并顺利培养了一批硕士生。对思想政治教育硕士研究生的培养，既向思想政治教育学科建设提出了深化理论研究的要求，也需要在学科覆盖上尽快拓展。于是，思想政治教育学科的研究者与工作者一方面集中攻关学科基本理论，另一方面则从不同层面开展分支学科研究，出版了《唯物史观教育通论》《政治观教育通论》《人生观教育通论》《道德观教育通论》等论著，编写了《青年学概论》《思想政治教育案例教学》《思想政治教育心理学》《比较思想学》等教材。这些论著与教材既充实了思想政治教育专业的方法论体系，也丰富了思想政治教育学科的理论体系。

第三，学科综合发展阶段。在 1996 年到 2004 年的近十年里，学科呈现综合发展状况。综合发展主要体现在三个方面：一是整合马克思主义理论教育学科与思想政治教育学科，形成了二级学科"马克思主义理论与思想政治教育"。两个相近学科的整合，不仅加强了学科建设的力量，而且丰富了学科建设的内容，更有利于以教育为基点进行马克思列宁主义理论综合运用的研究，为马克思主义理论一级学科的建立奠定了基础。二是思想政治教育学科研究的理论成果与思想政治教育实践相结合。通过学习运用、人才培养、科学研究、学术交流等途径，学科研究成果在各种不同类型的思想政治教育中发挥重要作用，既扩大了学科成果的运用范围，提高了思想政治教育效果，又在实践中不断发现学科研究的新课题，推进了思想政治教育的学科化与科学化。三是开展相关学科的综合研究，探索学科交叉领域，形成新成果。思想政治教育学科与哲学、政治学、历史学、伦理学、教育学、管理学、心理学等学科在学科内容与研究方法上有交叉，通过开展对相关学科交叉领域的研究，可以借鉴这些学科的相关研究方法和最新研究成果，形成富有特色的研究领域与研究成果。例如，以弘扬、开发我国传统道德教育资源及其现代转化为目的的古代德教研究，以探讨思想教育与行政管理的结合为目的的思想政治教育管理研究，以揭示本质与规律为主要内容的思想政治教育哲学研究，以探索内化功能为目的的思想政治教育心理学研究，等等，均为思想政治教育学科的发展及其作用的发挥拓展了空间。

学科建设的综合举措有力推进了学科的发展。1996 年，中国人民大学、武汉大学、清华大学获准建立第一批马克思主义理论与思想政治教育学科博士学位点；2002 年，中国人民大学、中山大学、武汉大学的马克思主义理论与思想政治教育学科进入首批国家重点学科建设行列，学科理论研究与应用研究取得了一批标志性成果。

第四，学科深化发展阶段。我国进入新世纪新阶段之后，国内深化改革所遇到的深层次问题不断涌现，多元文化交汇、交融、交锋更为直接和明显，人们的价值观念与思想认识又面临许多新问题。2004 年，为了进一步加强和改进思想政治教育，中共中央、国务院下发了《关于进一步加强和改进未成年人思想道德建设的若干意见》《关于进一步加强和改进大学生思想政治教育的意见》，强调加强和改进未成年人思想道德建设、加强和改进大学生思想政治教育是一项重大而紧迫的战略任务。为了有效保证战略任务的完成，2005 年，国务院学位委员会和教育部颁发文件，决定建立马克思主义理论一级学科，并下设六个二级学科，从而使思想政治教育学科重新获得了独立的二级学科地位，为其提供了发展机遇与建设平台。此后，大学生思想政治教育研究、未成年人思想道德教育研究、网络思想政治教育研究、高校辅导员专业化研究、生态思想政治教育研究等研究领域不断深化，并取得了丰硕成果。

总之，思想政治教育学科伴随着我国改革开放的深化和中国特色社会主义现代化建设的推进而创立和发展，在推进思想政治教育科学化、维护社会稳定、促进人的全面发展、培养思想政治教育专门人才等诸多方面，都发挥了十分重要的作用。目前，全国高校以及党校、社会科学研究系统共有思想政治教育学士学位点 300 余个、硕士学位点 253 个、博士学位点 66 个，形成了从本科、硕士到博士的学历层次，是马克思主义理论一级学科中拥有学科点最多、规模最大的学科。

二、思想政治教育学科发展的理论与实践基础

思想政治教育学科之所以能够得到快速发展并发挥重要作用，其根本原因在于：马克思列宁主义、毛泽东思想和中国特色社会主义理论体系，为思想政治教育学科的创立与发展提供了科学的理论指导与丰富的思想资源；党的思想政治工作的优良传统和宝贵经验，奠定了思想政治教育学科创立与发展的坚实基础；改革开放、中国特色社会主义建设的伟大实践，提出了建立和发展思想政治教育学科的客观要求；新时期社会多样化发展与人的全面发展，不断提出加强和改进思想政治教育的强烈诉求。上述概括起来就是：思想政治教育学科的创立与发展不仅具有雄厚的理论基础，而且具有坚实的实践基础；不仅是社会发展的迫切需要，而且对于人的发展来说不可或缺。

马克思主义理论，特别是中国特色社会主义理论体系，既是学科的指导思想，又是学科研究的主要内容。马克思主义理论对社会发展、人的全面发展和人的思维规律的揭示，是思想政治教育学科得以创立和发展的根本依据。中国特色社会主义理论体系把马克思主义基本原理与当今中国实际、时代特征、民族文化有机融入其中，是我国改革开放和社会主义现代化建设的指导思想，也是思想政治教育学科研究的中心内容。它不仅为学科发展提供了丰富的理论内容与研究课题，而且赋予了学科鲜明的时代性、民族性特点。改革开放和中国特色社会主义现代化建设的伟大实践为学科发展提供了动力源泉与实践平台，使学科研究的理论成果既源于新的实践，又用于指导实践；既在实践中丰富，又在实践中经受检验。思想政治教育是我国的优良传统与政治优势，与其他教育相比较，其更具有覆盖的全域性与全员性统一、内容的综合性与实践性统一、取向的科学性与价值性统一、目标的内化性与外化性统一的特征。我国改革开放和中国特色社会主义现代化建设之所以能够顺利推进，经济社会之所以可以持续、快速发展并取得巨大成就，一个主要原因就是各个领域的各级党群、行政组织通过不断加强和改进思想政治教育，有效实行了思想领导与政治领导，保证了改革开放和各项工作的正确方向与协调发展。思想政治教育正是在满足我国改革开放和社会主义现代化建设伟大实践的迫切需要并发挥重要作用的进程中，通过扩展实践领域、积淀实践经验、创造实践成果，为其学科发展提供了源源不断的理论与实践资源。因此，我国改革开放的伟大实践，党的解放思想、实事求是、与时俱进的思想路线，有力推进了思想政治教育实践及其学科的跨越发展。

思想政治教育学科创立和发展的理论基础与实践基础，本身蕴含着明确的目标性、实践性和价值性。正是学科科学性与价值性相统一的内涵，决定了思想政治教育学科具有鲜明的特点，并富有强大的活力与生命力。

（一）思想政治教育学科最富有中国特色

思想政治教育是中国共产党领导人民在实践中创造的实践活动。这一实践活动既继承了我国古代社会重德治与德教的文化传统，又满足了我国革命与建设因具有开创性特点而必须思想先行的需要。思想政治教育把马克思主义理论、我国革命与建设实际、我国文化传统紧密联系起来，形成了我国特有的思想政治教育文化。这一文化立足当代，又继承民族优秀文化传统；立足本国，又充分吸收世界文化优秀成果；立足我国革命与建设实际，又不断进行探索创新。因此，思想政治教育及其学科建设具有广泛的社会效用和心理认同，是最富有中国特色的教育活动与学科概念。思想政治教育工作者与研究者应按照中共中央颁发的《关于进一步繁荣发展哲学社会科学的意见》提出的要"努力建设面向现代化、面向世界、面向未来，具有中国特色的哲学社会科学"的要求，决心努力把思想政治教育学科建设成为"以当代中国马克思主义为指导的具有中国特色、中国风格、中国气派"的学科。

（二）思想政治教育学科具有很强的理论性

思想政治教育学科的理论性既由学科的理论基础、研究内容所决定，也是学科的功能要求。思想政治教育学科的理论基础是马克思主义，其研究的主要内容也是马克思主义思想。正是马克思主义理论的科学性、系统性与价值性，赋予了思想政治教育学科的理论性。同时，思想政治教育活动和学科建设所面对的研究内容，既有社会，也有个体；既有内在主观因素，也有外在客观条件；既有观念形态，也有行为方式；既有各种现实思想问题，也有大量网络虚拟表现；等等。面对这样复杂多样、发展多变的环境与研究对象，只有认识其本质性，把握其规律性，才能获得有效的教育成果。否则，思想政治教育就会陷于自发性与盲目性。另外，思想政治教育的主要功能是以理服人，马克思早就在他的论著中对此进行了精辟阐述："批判的武器当然不能代替武器的批判，物质的力量只能用物质的力量来摧毁；但是理论一经掌握群众，也会变成物质力量。理论只要说服人，就能掌握群众；而理论只要彻底，就能说服人。所谓彻底，就是抓住事物的根本。"① 马克思的这段话，一是肯定了理论的重要性，即理论可以转化为物质财富；二是阐明了理论的价值性，即要用理论说服群众、掌握群众，也就是用理论满足群众的需要并指导实践；三是强调了理论的科学性，即理论要彻底，要反映事物的本质，揭示事物发展的规律。马克思的这段话既论述了理论的价值性与科学性，也揭示了教育的实质与功能。

思想政治教育及其学科的理论性，就是为了实现以理服人的教育效果。而以理服人，并不是单一的以逻辑推理服人，即以真理服人；也包括科学理论指导实践所取得的成果，即以事理服人；还包括对科学理论及其所指导的实践活动富有真情实感的言行，即以情理感人。真理是对事物规律性与价值性的揭示，事理是规律性与价值性的体现，情理是真理与事理的内在融合，只有真理、事理与情理相结合，才是真正坚持理论联系实际的原则，才能强化思想政治教育的效果。

（三）思想政治教育学科具有明显的综合性

思想政治教育学科的综合性具体表现在理论教育与实践教育两个方面。在理论教育方面，教育的内容主要是马克思主义基本原理和中国特色社会主义理论体系。为了使理论教育卓有成效，我们必须研究如何把理论体系转化为教材体系，如何把教材体系转化为教学体系，如何把教学体系转化为认识体系。理论体系及其转化都具有综合性。应当看到，对马克思主义理论进行综合性研究，既是我国社会发展与人的发展的客观要求，也是马克思主义理论发展的需要。我国正在进行全面建设小康社会的伟大实践，按照物质文明、政治文明、精神文明、社会文明、生态文明协调发展的战略目标，推进社会与人的全面发展。特别是党中央提出的科学发展观和建设社会主义和谐社会的目标，强调以人为本，坚持全面、协调和可持续发展，是基于开放环境、信息社会、多样发展的实际所提出的指导思想综合化要求。同时，马克思主义在中国的发展所形成的成果，即毛泽东思想、邓小平理论、"三个代表"重要思想和科学发展观，是既一脉相承又与时俱进的理论。因而，综合进行马克思主义基本原理与中国特色社会主义理论体系的教育和研究，既是当代社会发展的客观需要，也是完整准确地学习、运用和发展马克思主义的需要。

---

① 《马克思恩格斯选集》第 1 卷，人民出版社 1995 年版，第 9 页。

在实践教育方面，思想政治教育所面向的是人们的实际生活。人们的实际生活具有政治的、法纪的、道德的、职业的、情感的内容与方式，并且这些内容与方式常常相互交叉、相互渗透而难以分离。特别是在新时期，社会与人的发展在开放环境、竞争状态、信息社会与多元文化条件下推进，自主选择、多样发展。这决定了人们思想的形成与发展、行为的交换与变化不再是过去社会的简单因素所导致，而是现代社会复杂因素综合作用的结果。人们的思想问题也是各种综合因素影响的结果。因此，思想政治教育及其学科必须在指导思想、教育原则、教育内容、教育方法上，根据社会与人的发展需要进行综合化、系统性的改革与研究。具体来讲，就是要综合运用马克思主义理论，采用综合研究方法，借鉴相关学科的知识，把思想教育、政治教育、道德教育有机结合起来，促进正确思想的形成，解决各种各样的思想、行为问题。

我国把思想教育、政治教育、道德教育融为一体，形成综合性的思想政治教育学科，这是我国思想政治教育及其学科不同于西方国家的特点。西方国家虽然没有"思想政治教育"的概念，但在事实上都毫无例外地进行着思想教育、政治教育、道德教育，并有相应的学科与之对应。如美国在高校所进行的思想教育或价值观教育被称为"人文教育"或"通识教育"，且各门通识教育课程都有依托学科；政治教育则被称为"政治社会化"；道德教育除依托宗教学、由宗教团体担当外，还有道德教育的各种学派对世俗道德及教育开展研究。因此，西方国家的思想教育、政治教育、道德教育及其所依托的学科具有分散性特点，这既与西方国家的传统文化有关，也与西方国家主张私有化与个人主义价值观相关。

（四）思想政治教育学科具有突出的应用性

思想政治教育学科的应用性特点是由思想政治教育的现实性与实践性决定的。思想政治教育的对象是现实社会与现实的人，是为促进社会发展和人的全面发展服务的。因此，思想政治教育工作者仅仅自己学习、理解马克思主义理论是不够的，还必须运用马克思主义理论与学科理论，通过各种适于时代、环境与教育对象特点的途径、方式，将正确理论转化为受教育者的思想与行为，改变错误的思想、改造错误的行为。这种要进行塑造思想、培养行为和改造思想、转化行为的工作，需要应用理论与方法，面向实际来解决问题。不解决实际问题，而仅仅陷于理论与概念的传授，这不是有效的思想政治教育，而是形式主义或教条主义。因此，思想政治教育工作者同时也是思想政治教育的研究者，既要研究教育的时代内容、理论内容、实际内容、相关内容的整合，形成具有充分说服力的内容体系，又要根据教育的目的与内容的要求，采用适合教育对象特点的方法。

三、把握学科前沿，推进理论创新

思想政治教育学科虽然实现了持续、快速发展，但它毕竟是一门新型学科，不仅有许多问题需要深化研究，而且社会的快速发展和人的全面发展会不断提出新问题。因此，我们要把握社会的发展趋势，把思想政治教育及其学科向前推进。

（一）进一步转变教育观念与研究范式

在改革开放进程中，思想政治教育工作者与研究者应不断转变思想政治教育观念与研究范式，以适应新形势与新发展的客观要求。当代社会的客观存在既对人们的观念、行为起决定作用，又需要人们按照正确的理智对客观条件进行符合发展趋势的改造。正如马克思所说的："人的思维是否具有客观的真理性，这并不是一个理论的问题，而是一个实践的问题。人应该在实践中证明自己思维的真理性……"[1] 以及列宁所说的："人的意识不仅反映客观世界，并且创造客观世界。"[2] 思维的真理性就是思想观念符合规律性，人的意识反映、创造客观世界就是人运用正确的理论指导实践。进入新世纪新阶段后，我国改革开放步入关键时期，不仅许多深层次矛盾显露出来，而且社会的客观现实表现出新的状态：不断扩大的开放环境、迅速发展的信息社会、频繁发生的各种风险相互交错；不断扩展的竞争领域、网络开辟的虚拟领域、多元文化激荡形成的思想领域相互交叉；社会竞争机制所产生的竞争压力、科技创新与发展所形成的信息（或知识）压力、多元文化条件下的选择压力相互交汇，使得当代社会呈现模糊、交互与多变的状态。所谓模糊，是指社会新的要素与领域形成时间短，人们对其性质、功能、规范的认识及心理适应尚处在探索之中；所谓交互，是指社会新的要素与领域相互交叉与渗透，在发展变化过程中的不确定因素多；所谓多变，是指社会新的要素与领域还在不断扩展、延伸，衍生新的因素与问题。在这样的社会背景

---

① 《关于费尔巴哈的提纲》，见《马克思恩格斯选集》第 1 卷，人民出版社 1995 年版，第 16 页。
② 《哲学笔记》，见《列宁全集》第 38 卷，人民出版社 1965 年版，第 228 页。

下，人们的主体性、选择性进一步增强，社会环境影响不断加大，多样化发展更加突出，流变与风险冲击还会增多。目前，我国的思想政治教育就是在这样的社会背景下展开的，因而无法回避诸多现实问题。

为此，思想政治教育学科必须根据社会发展提出的客观要求，进一步审视传统教育观念与研究范式，诸如理论思维的线性式、教育内容的平面式、教育关系的单向式、研究范式的阐述性等方式方法的经验与不足。同时，需要研究和确立富有时代特征的教育观念与研究范式，主要包括开放环境条件下的广阔视野与全局观念；竞争压力下的内在动力与理想信念；复杂多变情况下的辩证思维与价值选择；信息获取、更新过程中的理性思维；创新进程中的价值取向；等等。从而确立现代教育理念：一是体现时代性，即以适应开放、多样、多变的立体、互动、渗透观念，改变传统、平面的思维模式；二是力求综合性，即将时代内容、理论内容、实际内容、相关内容进行有机整合，改变传统、单一内容的传授与搭配；三是适应多样性，即以富有层次性的目标、内容、方法体系满足个体多样性的需要，改变传统、简单的说教；四是增强互动性，即备课、教育与研究应按照真理、事理、情理协调、互动的要求，突破传统的个体思维、行为局限，增强群体互动与组织聚集能力，改变传统的线性过程；五是强化探索性，即按照科学理论研究从累进范式（归纳—演绎模式）向问题范式（科学进化模式）的发展，加强对现实理论问题、实际问题的研究，兼顾常规问题研究与模糊问题研究，推进思想政治教育及其学科的发展。

（二）深化思想政治教育学科立论的基础研究

思想政治教育学科经过20多年的建设，已经确立了概念体系、研究对象，开展了对学科的理论基础、基本规律、结构功能、价值体系、目标内容、原则方法等主要问题的研究，形成了相关的研究成果，并且这些研究成果在思想政治教育实践中得到了推广应用，收到了明显的效果。但是，这些研究成果还要在思想政治教育学科建设过程中进一步充实和完善，学科的立论基础，即思想政治教育哲学理论，还有待进行深化与系统研究。

学科立论，需要在理论上回答这样几个问题。

一是为什么各个社会都有思想政治教育、各种人群都需要思想政治教育（有的社会与人群没有思想政治教育的概念，但在事实上都有思想教育、政治教育、道德教育），这是思想政治教育的本源性问题。如果不从理论上彻底解决这个问题，就会使人们产生思想政治教育只在我国存在、思想政治教育是外在施加的误解，人们甚至会把思想政治教育看成是多余的、逐步消亡的活动。其实，对思想政治教育本源的探讨，从古到今都没有停止过。古代中外先哲们的人性预设论、社会聚集论尽管具有假设、猜想的局限性，尽管观点各有差异甚至观点相反，但都能从不同的观点出发，论述思想、政治、道德教育的必要性与根源性。即便是宗教人士，也从人性极恶论出发，阐述了人要向善的观点并表述了对道德教育首肯的态度。资产阶级学者的不同人性论、社会契约论均从维护资本主义社会和个人主义价值出发，论述了思想政治教育的本源。马克思主义关于人与社会实践本质、社会本质、人的本质的理论，科学地解决了人的认识、人的思想关系、人的精神需要产生的根源问题，并分别论述了人与实践、人的物质关系、人的物质需要的辩证关系，从而对思想政治教育的本源进行了科学论证。思想政治教育学科要以马克思主义关于人与社会本质的理论为指导，解决思想政治教育的本源问题。

二是不同社会、不同国家、不同人群为什么会有不同的思想政治教育，这是思想政治教育的普遍性与特殊性问题。漫长的人类社会经历了不同历史阶段的更替，思想政治教育也经历了全域性与历时性演进。各个历史阶段与各个国家的思想政治教育的理论、概念、目标、内容、方法等各有不同，并表现出思想政治教育的阶段性、特殊性、相对性，诸如中国古代的德治与德教、西方古代的博雅教育与宗教教育、资本主义社会的人文教育、社会主义社会的思想政治教育。正是这些不同社会、不同国家的阶段性的特殊的思想政治教育，形成了人类社会思想政治教育的连续性和普遍性。梳理古今中外思想政治教育的历史演进，分析思想政治教育的时段性、区域性与国度性特征，揭示思想政治教育连续性与阶段性发展的辩证关系，把历史逻辑上升到理论逻辑的高度，是思想政治教育学科研究的任务。

三是思想政治教育的本质与规律是什么，这是思想政治教育的根本问题。对于思想政治教育的本质与规律，张耀灿等著的《现代思想政治教育学》（人民出版社2006年出版）进行了研究与概括，但还需要进一步进行系统和深入的研究。马克思主义的社会存在与社会意识关系理论、能动性理论、实践论与灌输论，均为研究思想政治教育的本质与规律提供了理论指导。但这些理论具有普遍指导意义，而思想政治教育只是社会实践活动的一个方面，这就需要思想政治教育的工作者与研究者根据思想政治教育的实际，研究、概括其本质与规律，而不是对马克思主义理论进行阐述，这是思想政治教育学科建设的艰巨的任务。此外，思想政治教育的结构与功能、价值及实现等内容，也需要深化研究。

总之，从思想政治教育产生的必然性，到思想政治教育发展的普遍性，再到思想政治教育遵循的规律性和思想政治教育功能、价值的实现，是思想政治教育学科的逻辑理论与立论基础，需要从哲学的高度进行研究和提炼。只有把思想政治教育的立论基础做扎实，思想政治教育学科才能有牢固的根基。

（三）追踪思想政治教育的前沿课题研究

　　马克思指出："一切划时代的体系的真正的内容都是由于产生这些体系的那个时期的需要而形成起来的。"① 因此，思想政治教育学科的建设和发展必须立足于中国特色社会主义现代化建设与人的全面发展的实际，既要为推进我国社会科学发展服务，又要为人的全面发展提供目标导向和精神动力。

　　第一，坚持主导性与多样性的辩证统一，研究与发展主导性思想政治教育。主导性思想政治教育是根据社会与人的发展的多样性提出的。坚持主导性与多样性的辩证统一，既是思想政治教育面临的前沿课题，也是思想政治教育所要坚持的原则。主导性与多样性是社会与人发展的基本样态，其关系实际上是普遍性与特殊性、一致性与差异性的辩证关系。现代社会是一个文化多元交汇、价值观念多样、发展方式不同的社会，尊重、促进多样性发展，是现代社会的特征。同时，我们也要看到，在信息社会化和文化多元化条件下，仅仅强调多样性而忽视主导性，会容易使人迷失主导方向。一些人不同程度存在的理想信念模糊、价值取向扭曲、诚信意识淡薄等问题，很大程度上是主旋律教育跟不上时代发展的需要造成的。因此，思想政治教育学科既要研究坚持思想政治教育主导性的内容与方式，即研究坚持市场体制和经济全球化发展的国家政治主导、对外开放和多元文化激荡中的民族文化主导、科技发展和社会信息化条件下的人本主导、社会多样化和个体特色化发展的社会主义核心价值主导，又要研究促进社会与人的多样化发展；既要吸取过去只讲主导性，排斥多样性的教训，也要防止只讲多样性，忽视主导性的倾向。应坚持在社会主义意识形态一元主导的前提下发展多样性，并在发展多样性的基础上坚持主导性。

　　第二，坚持以人为本思想，研究与发展人本思想政治教育。我们党提出的以人为本，坚持全面、协调、可持续发展的科学发展观，其内涵是极其丰

---

① 《马克思恩格斯全集》第3卷，人民出版社1960年版，第544页。

富的。其中，以人为本是科学发展观的核心，更是思想政治教育的根本宗旨。坚持思想政治教育以人为本，就是既要把人作为教育的对象，又要把人作为教育的主体；既要把人的全面发展作为社会和人的根本目标与根本利益，又要把人的全面发展作为社会发展的基础与手段；既要尊重人、关心人，又要培养人、教育人。思想政治教育学科围绕人的全面发展的研究，包括一系列前沿课题。其中，以人本发展观改变文本发展观、器本（以工具为本）发展观应该说是一项重大课题。所谓文本发展观，是以书为本的发展观；所谓器本发展观，是以科技为本的发展观。此两种发展观反映在思想政治教育学科方面，具体表现有只重备课，忽视"备人"；只讲抽象理论，忽视人的需要；强调文本阐释，忽视人的实际；等等。

第三，坚持现实性与虚拟性的辩证关系，研究与发展网络思想政治教育。互联网络社会的到来和虚拟空间的发展，使网络思想政治教育的探索与建设被提上了日程。在网络领域这个新空间，虚拟实践是现实实践的延伸、深化和发展，人们在虚拟实践活动中形成的各种关系被称为虚拟关系。虚拟实践和虚拟关系构成了人们在虚拟领域的学习、工作、生活和交往的方式。因此，网络领域的出现和发展不仅为人们开辟了一个新的生存与发展空间，而且对人们现实的学习、工作、生活和思维方式产生了广泛而深刻的影响。这种新的空间与新的影响成为思想政治教育学科必须面对和研究的新课题。同时，网络作为信息传播、交流的集散地，作为信息选择、整合的优化场，作为关系调节、时空运筹的新领域，不仅可以为人们提供丰富的信息资源，扩大人们的知识视野和交往空间，而且人们可以通过比较、借鉴，优化其发展方式和培养能力。网络的这些特性与功能，也为思想政治教育创设了一个新领域。如何根据网络的特点，研究虚拟空间思想政治教育的新理论、新形式、新方法，同时发展网络思想政治教育功能，把现实性教育与虚拟性教育结合起来，是思想政治教育学科亟待研究的课题。

此外，坚持面向世界与立足民族发展的辩证统一，解决精神文化彰显与人文精神缺失的失衡、人的发展便捷与人的发展阻抗的矛盾、社会环境影响与思想教育作用的互动、教育隐性功效与教育显性释放的关联等一系列问题，都是思想政治教育学科需要进一步深化和系统研究的新课题。

思想政治教育学科发展的历史与现状[*]

思想政治教育学科在我国改革开放的历史进程中诞生，在应对各种风险与困难中发展，在推进思想政治教育实际工作过程中丰富与完善。思想政治教育学科能够立于学科之林，能被社会认同并对我国现代化建设发挥积极作用，关键在于其具有坚实的理论基础和广阔的发展空间。认真回顾、总结思想政治教育学科的发展过程，积极正视、研究它所面临的发展性课题，对促进思想政治教育及其学科的发展与发挥更大的作用十分必要。

一、思想政治教育学科的跨越式发展

改革开放以来，我国社会经历了快速的跨越式发展，思想政治教育及其学科也同样经历了跨越式发展。思想政治教育学科自 20 世纪 80 年代中期建立，经过 10 年，形成了从学士、硕士到博士的完整人才培养体系；再经过 5 年，实现了由博士点到国家重点学科的发展。这个学科在全国高校人文社会科学中已具有相当的规模和影响，该学科在专业点、专业覆盖面、在校学生、具有高级职称的专业人才，以及研究成果、社会效益等方面，具有明显的发展优势。总的来看，思想政治教育及其学科的发展速度同我国社会发展一样，也是跨越式的。

思想政治教育学科大体经历了学科主体确立阶段、分支学科发展阶段和综合深化发展阶段。

学科主体确立阶段主要是探索学科主体理论框架与学科基本理论的阶段。在继承党的思想政治工作理论的基础上，结合改革开放的实际，确立了学科的理论体系与主干课程，编写、出版了主干课程教材《马克思列宁主义思想政治教育理论基础》《思想政治教育学原理》《思想政治教育方法论》《思想政治教育史》。这些主干课程教材经过多次修改与充实，不断完善、丰富，经实践检验，是有生命力的。

在分支学科发展阶段，主干课程从不同层面延伸，形成了几种类型的分

* 原载于《思想教育研究》2002 年第 6 期，收录时有修改。

支学科。理论观念方面的分支学科的教材主要有《唯物史观通论》《政治观通论》《人生观通论》《道德观通论》。这些教材是《思想政治教育学原理》的扩展，在理论上几乎覆盖了马克思主义唯物史观的全部内容，在知识上借鉴了多门相关学科的资料，在实践上始终围绕人的正确思想的形成与发展展开，充分体现了思想政治教育学科的理论性。教育方法方面的分支学科的教材主要有《青年学概论》《思想政治教育案例教学》《思想政治教育心理学》等，这些教材是《思想政治教育方法论》的具体化，围绕教育对象的认识、心理、发展过程展开，具有现实的可操作性，充分体现了思想政治教育学科的应用性特点。思想政治教育社会学方面的教材主要有《比较思想政治教育学》《社会思潮与大学生思想政治教育》等，这些教材围绕思想热点、焦点和思想教育的普遍性与特殊性展开，拓展了思想政治教育的领域与视野。

综合深化发展阶段是指在马克思主义理论与思想政治教育专业获批博士学位授权点之后的几年。这一阶段发展的特点是，思想政治教育学的理论与方法通过人才培养、培训和教育者学习、研究等途径，向理论教育与各种不同类型的思想教育的扩展、渗透，扩大了思想政治教育学科成果在高校思想政治教育与社会思想政治工作中的运用，带动并促进了各种内容的政治教育、思想教育、道德教育，以及各种途径的理论教育、实践教育、活动教育的学科化与科学化。同时，其他学科如教育学、管理学、心理学、文化学等与思想政治教育学相结合，进行学科之间的交叉与渗透，形成了一些富有特色的探索领域与研究成果。如以弘扬、开发我国传统文化为特色的思想政治教育文化学；以研究人的全面发展为重点的人格发展理论与方法；以探讨思想教育与行政管理相结合为基点的思想政治教育管理学；等等。扩展渗透与交叉渗透所形成的研究成果，推进了思想政治教育学科的普及与深化，为思想政治教育学科的发展及其作用的发挥提供了广阔的空间，体现了思想政治教育渗透性与思想政治教育学科的综合性特点，显示了思想政治教育学科的生命力。

在肯定思想政治教育学科跨越式发展的同时，我们也要看到这一学科的发展过程并不是一帆风顺的，学科在发展中始终面临着困境与曲折。困境与曲折主要表现在以下三个方面。

第一，思想政治教育学科是一门有中国特色的新型学科，虽然已经为社会的大多数人所认可，但仍然有人以国外没有这一学科而质疑其科学性，偏向于用心理学、管理学、文化学等学科替代思想政治教育学。这种认识，带有某些纯学科研究倾向。引进、借鉴是必要的，但替代是不可取的。

第二，思想政治教育学科理论还跟不上时代与社会的发展步伐，有些滞后，其有效性面临挑战。这一困境既与社会发展速度快有关，也与思想政治教育学科创新不够有关，还与人们过分追求与要求思想政治教育学科体系的完备性有关。

第三，思想政治教育学科在建设过程中，由于人们对其本质属性、功能属性、社会属性的认识不同，因此存在不同的侧重取向。一是课程取向，也可称之为理论取向，这是一种传统取向。该取向把学科等同于马克思主义理论，认为马克思主义理论课就是学科，并且这一学科的功能就是以理服人，只要把理论讲授清楚了、彻底了，就是科学。这一取向实际上是以理论为本位的取向，注重理论的系统性、专业性与权威性，对教育对象、实际发展、教育方法的关注与研究不够，难免会脱离实际，使教育缺乏针对性与有效性。特别是在当代社会条件下，一切领域都在科学化与学科化，也都在复杂化与综合化，只注重课程的理论内容，而忽视理论与社会和教育对象的综合研究，即忽视理论的转化性与价值性，教育是难有实效的。二是知识取向，也可称之为中性取向。这一取向受国外高校人文教育与通识教育的影响，认为直接讲授政治理论、道德原则、思想观点效果不好，主张淡化政治内容，通过开设较多知识性课程来传授思想道德观念。这一取向是以知识为本位的取向，其价值取向比较模糊，比较注重古今中外的人文知识，自觉或不自觉地把政治理论、道德原则排斥在知识之外，为了追求教育效果，常常以学生为主体来选择教育内容，表现出"教育市场化"的倾向。三是实用取向，也可称之为工具取向。这一取向注重在"教育实用"上下功夫，对教育的规律性、学科的学理性重视不够，并认为教育效果不好，主要是因为方法不科学。为了解决方法的科学性问题，往往会利用社会上比较有效和流行的方法，管理方法、心理方法、文化方法等在思想政治教育中的研究和运用较多。

在思想政治教育活动和学科建设过程中，出现以理论为本位的课程取向、以知识为本位的中性取向、以方法为本位的实用取向的探索，都是可以理解的，也不无合理之处。这些取向的基本特征是：侧重于思想政治教育某一要素的作用，忽视思想政治教育的复杂性与整体性研究；注重教育主体的理论、知识、方法的传授性过程，忽视教育客体的情感、意志、思想的形成性过程；强调思想政治教育的传统性，忽视思想政治教育的现代性。思想政治教育学科坚持素质取向，以形成、提高受教育者的思想道德素质为根本取向，其学科本质是：从教育对象和社会的实际出发，根据我国社会发展的要求和人的发展目标，遵循思想形成和发展的规律，把马克思主义理论、正确的价值观念、道德原则转化为对象的思想与行为，提高其思想道德素质。这才是思想政治教育及其学科的特殊本质，是思想政治教育及其学科区别于其他学科的根本所在。

二、思想政治教育学科面临的理论发展课题

发展是当代社会的主题，是时代的特征。发展的概念已经被广泛引入各个领域。把发展概念引入思想政治教育学科，我们称之为思想政治教育学科发展。思想政治教育学科的发展，既对现代社会的发展和人的发展的客观要求提出了必要性，又为现代社会的发展和人的发展所创造的条件提供了可能性。引入发展的概念，是为了多角度、多层面地对思想政治教育及其学科进行认识、研究和实践，增强科学性，克服经验性；增强创新性，克服滞后性；增强系统性，克服分散性；增强有效性，克服一般性。其目的就是从理论上、从思想政治教育学科与现代社会发展和人的发展的关系上，探讨思想政治教育及其学科发展的规律。

思想政治教育学科的发展既有社会发展和人的发展提供的实践基础，也有指导社会发展和人的发展的现代理论。发展实践与发展理论相结合，是我们认识和实现思想政治教育学科发展的根本途径。因此，思想政治教育学科的发展，其内容是十分丰富的，包括思想政治教育指导理论的发展，思想政治教育目标发展、领域发展、功能发展、价值发展，以及思想政治教育内容、模式、方法、载体等方面的发展，其中最主要的是思想政治教育学科的理论发展。

（一）思想政治教育学科指导理论的发展

思想政治教育及其学科的指导理论，除了原有教科书上的基本理论，还要以发展的马克思主义理论为指导。这些理论主要包括以下四个方面的内容。

第一，和平与发展理论赋予思想政治教育的时代特征。"现在世界上真正大的问题，带全球性的战略问题，一个是和平问题，一个是经济问题或者

说发展问题。"① "应当把发展问题提到全人类的高度来认识，要从这个高度观察问题和解决问题。"② 正因为和平与发展关系全局，具有全球性、战略性的意义，所以和平与发展构成了时代特征，成为当代世界的主题，邓小平把它概括为当今时代的发展理论。是以传统的思想为指导，还是以现代思想为指导推进经济与社会发展，这是一个时代性问题、政治性问题。在和平与发展的时代，思想政治教育的时代内容、理论内容、环境内容、目标要求、方法途径等都不同于过去，都具有开放性、现代性、发展性的鲜明特征。

第二，改革开放理论推动思想政治教育学科全面发展。改革开放理论是我国新时期最重要的发展理论，是我国社会发展的动力理论。改革开放必然带来人们思想观念、道德观念、价值观念和行为方式的深刻变化，面临这些变化，思想政治教育必须改革。改革开放理论不仅为思想政治教育提供发展动力，而且为思想政治教育提供发展空间。教育要面向现代化、面向世界、面向未来的理论，就是改革开放的发展理论。它既要求克服理论脱离实际的教条主义，又要求打破传统思想政治教育的狭隘领域，为思想政治教育学科提供了"三个面向"的广阔发展舞台，也为思想政治教育学科提供了发挥作用的广阔时空领域。因此，思想政治教育学科要以高度社会化、现代化的面貌融入现代社会。

第三，可持续发展理论指导思想政治教育及其学科协调发展。实现可持续发展的关键因素是人。人既是可持续发展的目的，又是实现可持续发展的决定性因素。可持续发展，实际上是"以人为中心的发展"。在现代社会条件下，追求经济发展而导致环境恶化、生态破坏的现象绝不仅仅是科学技术问题，而在很大程度上是人的价值观问题、伦理道德问题。社会、自然的不平衡、不协调的发展，在很大程度上是人不全面、不协调发展的反映和表现。故此，环境、生态、科技以及信息伦理与法规等问题才尖锐而突出地出现在现代人的面前。现代人如果不从思想政治上警醒，不从可持续发展上找到自身发展的方位与路径，特别是找到正确的价值观念和伦理支持，现代人就会遇到生存危机。因此，思想政治教育学科就不能只关照人自身的思想道德，而必须探索人的思想道德同社会经济发展和人的生存环境之间的关系，坚持以全面、协调的观念研究经济、环境、生态中人的思想道德情结，实现人与社会、自然的协调发展。

---

① 《邓小平文选》第 3 卷，人民出版社 1993 年版，第 105 页。
② 《邓小平文选》第 3 卷，人民出版社 1993 年版，第 282 页。

第四，人才资源开发理论促进思想政治教育及其学科深度发展。人才资源开发理论，是人的全面发展理论在现代社会的发展，是对人才资源合理利用、对人的潜能深度发掘的理论。在现代社会条件下，人才资源开发已经成为全社会关注的焦点。人才资源开发的理论与实践向思想政治教育提出了艰巨的任务，指明了发展的方向。思想政治教育学科要担当人才资源开发的重任，就必须努力改变中国深层文化结构，为培养和选拔人才创造有利的环境，克服重人文，轻科技；重官位，轻事业；力求平稳，不敢冒险；知足常乐，安于现状；不求有功，但求无过；惯于均衡，抑制冒尖等倾向，"使拔尖人才能脱颖而出"，为打破常规去发现、选拔和培养杰出的人才创造条件。

（二）探索思想政治教育本质的发展

思想政治教育的本质发展主要包括思想政治教育的本质属性与功能属性的发展。在现代社会条件下，社会与人的本质属性都有了明显的发展。特别是我国加入世界贸易组织（WTO）之后，科学技术迅猛发展，市场经济体制不断强化社会的竞争性与发展性，这就需要社会主体增强自主性与创造性。因此，发展主体性思想政治教育既是市场体制的要求，也是人的主体性需要。所谓主体性思想教育就是教育主体、教育客体，以及教育的目的、价值等各个方面，都体现出自主性、目的性、超越性与创造性，是思想政治教育的目的性、实践性本质在当代社会的发展。发展主体性思想政治教育，就是要增强思想政治教育及其学科的创造性，为培养创新精神和具有特色的各种人才服务。增强思想政治教育的创造性，就是满足社会和人快速发展的要求，不断根据新的发展情况来增强思想政治教育学科的针对性和有效性，发展思想政治教育的个性。现代社会的激烈竞争已经向教育提出了培养人们的创新精神和实际能力的迫切要求。创造，是推动现代社会发展和人的发展的最强有力的手段；创造，是人的主体性的最充分的发挥，是人的内在潜能的最大限度的发展。创造不仅包括创造能力，而且包括创新精神。创新精神，是比人的主动性、积极性层次更高的精神，它既要有远大的目标、执着的追求以提供强大的创新动力，也要有顽强的意志、勇敢的拼搏精神去克服困难和阻力，还要有不怕挫折的冒险精神、不怕失败的牺牲精神去面对创造的风险。因此，培养创新精神不是一般性的思想政治教育学科所能担当的，需要研究人的内在潜能开发，发展主体性思想政治教育，拓展思想政治教育的开发功能。

（三）思想政治教育及其学科相关理论的发展

研究思想政治教育及其学科相关理论的发展，就是要研究思想政治教育及其学科所面临的新的重要关系以及重要关系之间的本质联系，寻求解决矛盾的规律。当前，思想政治教育所面临的新的重要矛盾主要有以下三个方面。

首先，我国加入 WTO 后，主旋律教育面临着全球化与民族化（本土化）的矛盾。全球化发展与民族化发展是当代社会互动发展的两种趋势，这两种趋势反映在主观层面，就是全球观念与民族观念的关系。全球化发展与民族化发展，是既相矛盾又相统一的辩证发展关系，这一矛盾既揭示了当代社会发展的必然性，也警示着当代社会发展的风险性。在新的历史条件下，我们要站在国际舞台上，在同西方发达国家进行直接比较、竞争的过程中，在时空界限相对模糊的条件下进行主旋律教育，教育的条件、内容、目标都发生了很大的变化。如果说新中国成立前的爱国主义教育是为了民族的独立和解放，新中国成立初期的爱国主义教育是为了我国社会主义制度的建立和巩固，那么，当今的爱国主义教育就是要面向全球发展，立足于民族经济、文化的发展，维护国家的安全和利益。因此，我们应当合理地把当代的主旋律教育引导到增强民族凝聚力与竞争力，面向世界发展的层面。按照江泽民同志在第三次全国教育工作会议上所提出的内容和要求进行，即"在当今世界上，综合国力的竞争，越来越表现为经济实力、国际实力和民族凝聚力的竞争。无论就其中哪一个方面实力的增强来说，教育都具有基础性的地位"。也就是说，只有国家具有强大的经济实力、国防实力，我们才能走向世界；只有具有强大的民族竞争力、凝聚力，才能推动我们走向世界，才能在实现全球化的进程中有所作为。探索全球化条件下思想政治教育及其学科的发展，是当前最重大的课题。

其次，思想政治教育及其学科面临着社会生活和意识形态领域主导性与多样性的矛盾。我国基本的政治、经济制度决定了我国社会生活和意识形态领域必须以马克思主义为主导，坚持社会主义的性质和方向。在社会主义初级阶段，我们必须坚持多种所有制、多种分配方式、多种社会组织、多种生活方式并存的发展格局，必须在开放中经受国外思想文化的冲击，并继承过去，借鉴西方，吸收世界范围内的优秀思想文化成果，这样就必定形成社会生活和意识形态领域的多样化发展局面。主导性与多样性的关系，实际上是普遍性与特殊性、绝对性与相对性、一致性与差异性的关系。社会主义与资本主义的本质区别，是两种制度的区别，是集体主义与个人主义的根本价值观的区别。社会主义向来主张要有一个统一的目标、原则，而资本主义则主张相对主义、个人主义，并由个人主义发展到享乐主义、金钱主义。因此，强调社会主义意识形态的主导性与强调社会主义的方向性和集体主义的原则性，本质上是一致的。

当前，社会上存在两种影响人们的倾向：一种是理论形态的，即否定集体主义的原则性、指导思想的统一性和奋斗目标的一致性，而主张个人主义和指导思想多元化，也就是从理论上否定社会主义意识形态的主导性；另一种是实际形态的，即为求得发展而忽视必要的遵循，甚至越轨犯规，在信仰领域的多元取向冲击着社会主义意识形态的主导性。这种用多样化取代、淹没社会主义意识形态主导性的倾向，正是思想政治教育及其学科所面临的新挑战。

研究思想政治教育及其学科坚持主导性与多样性的统一，吸取过去只讲主导性、排斥多样性的教训，防止只讲多样性、忽视主导性的倾向，是思想政治教育发展所面临的关键问题。

最后，人的发展面临着自主性与社会化的辩证发展要求。人的自主性与社会化的辩证发展，以及由此引申出的竞争性与合作性、自由性与规范性、趋利性与服务性的发展关系，是市场经济体制所要求的正常关系，也是思想政治教育及其学科所要把握的准则。

社会主义市场经济体制的建立，改变了计划经济体制下人的依赖性，增强了人的自主性与竞争性，这是人的发展的一个很大的进步。但是，只看到市场经济体制所要求的自主性与竞争性的一面，而忽视了市场经济体制的另一面——社会化与合作性的一面，以为自主性就是个人完全独立，就是孤立的自我奋斗，这是一种新的封闭观念。市场经济是商品经济高度发展的结果，是一种社会化程度很高的经济形态。因此，它能推进生产、资源配置的社会化和经济全球化。同时，不仅我国社会主义市场经济体制反映市场经济体制的社会化要求，而且社会主义、集体主义所强调的整体性、全局性也包含着社会化、服务性的深刻内涵。因此，在社会主义市场经济体制下，人既要发展自主性、独立性、竞争性，又要提高社会化程度，还要发展合作性、集体性。

在现实社会生活中，一些人只注重市场经济的自主性、竞争性、趋利性，而忽视社会化、合作性、服务性，由此走向了个人本位、个人中心。这种情况说明，思想政治教育及其学科在理论上对社会主义市场经济体制的研究还有待深化。为此，我们既要强化自主性、竞争性教育，以此增强人的主体性，提高人的素质和品位，也要强化社会化、合作性教育，以此丰富人的社会关系，发挥人的社会作用。这是新形势下人的全面发展的相互联系、不可分割的两个方面。割裂、对立这两个方面，不是走向自我本位和自我封闭，就是出现平均主义和依赖倾向。

思想政治教育学科的发展*

改革开放后，我国社会实现了历史性跨越，现代化建设取得了历史性成就。在改革开放中形成和发展起来的思想政治教育学科，也同样经历了跨越式发展。该学科于 20 世纪 80 年代中期创建，经过 10 多年的建设，形成了从学士、硕士到博士的完整人才培养体系。进入新世纪，该学科进入国家重点学科建设行列。2005 年，马克思主义理论一级学科建立，思想政治教育学科作为其中的二级学科，拥有最多的硕士学位点与博士学位点，具有覆盖广、影响大、发展快的特点与优势。

一、思想政治教育学科的发展历程

在改革开放的伟大实践中，伴随我国社会的持续、快速发展，思想政治教育学科在探索中不断突破，在曲折中不断丰富，大体经历了学科创立准备、学科主体与分支学科发展、学科综合发展、学科开拓发展四个发展阶段。

我国粉碎"四人帮"以后的拨乱反正阶段，是学科的创立准备阶段。在"文化大革命"中，思想政治教育的形象遭受严重损害。进行拨乱反正、恢复思想政治教育应有形象的唯一办法就是按照解放思想、实事求是的思想路线，适应时代发展需要，推进思想政治教育改革与发展，使之走向科学化、学科化的发展道路。

在学科主体形成阶段，主要是探索学科主体理论内容与理论体系，确立学科主干课程，如编写、出版了专业主干教材《马克思主义思想政治教育理论基础》《思想政治教育学原理》《思想政治教育方法论》《思想政治教育史》。这些主干课程与教材经过多次修改与充实，不断完善、丰富，对培养思想政治教育专门人才发挥了重要作用，经实践检验，是有生命力的。此外，这些主干课程与教材从不同层面延伸，形成了几门分支学科。理论教育分支学科的主要成果有《唯物史观教育通论》《政治观教育通论》《人生观

* 原载于《学校党建与思想教育》2009 年第 1 期，作者郑永廷、胡梅花，收录时有修改。

教育通论》《道德观教育通论》，这些论著都是《马克思主义思想政治教育理论基础》的扩展，在内容上以马克思主义唯物史观为主导，在知识上借鉴了多门相关学科的资料，在教育上始终围绕人的世界观、人生观、价值观形成与发展这个中心展开，建构了贯穿"认识—实践"线索并富有教育特点的理论体系，充分体现了学科的理论性特点。方法论分支学科的研究成果主要有《青年学概论》《思想政治教育案例教学》《思想政治教育心理学》《比较思想政治教育学》等，它们是《思想政治教育方法论》的具体化，围绕教育对象的特点、心理、发展过程等展开，具有现实的可操作性，充分体现了学科的应用性特点。

在综合深化发展阶段，马克思主义理论教育学科与思想政治教育学科合并，形成了马克思主义理论与思想政治教育这一新的学科。在这一阶段，学科获批博士学位授权点。经过几年建设，学科进入了国家重点学科建设行列，学科理论研究与应用研究取得了突破性成果。这一阶段发展的特点是，通过人才培养、科学研究等途径，在各种不同类型的思想教育中运用、探索思想政治教育的理论与方法，扩大了学科成果的运用范围与影响，带动并促进了思想政治教育的学科化与科学化。同时，与其他学科如教育学、管理学、心理学、文化学等进行学科交叉与渗透，形成了一些富有特色的探索领域与研究成果，如以弘扬、开发我国传统文化为特色的思想政治教育文化学；以研究人的全面发展为重点的人格发展理论与方法；探讨思想教育与行政管理相结合的思想政治教育管理学；等等。学科的扩展与交叉所形成的研究成果推进了思想政治教育学科的普及与深化，为思想政治教育学科的发展及其作用的发挥提供了空间，也体现了学科的综合性特点。

在学科开拓发展阶段，马克思主义理论确立了一级学科，思想政治教育学科作为其二级学科，有了新的发展平台，获得了新的发展机遇。在这一阶段，学科根据我国全面建设小康社会、推进科学发展和构建和谐社会的需要，加强了对学科范围新要求、新领域、新问题的探索与研究。这包括：根据我国改革开放和社会主义现代化建设全面、协调和可持续发展的要求，研究马克思主义理论教育目标、内容与方式的综合化发展，旨在提高教育效果，为科学发展提供全面、正确的指导思想；根据高校辅导员工作的专业化需要，多途径、多层面地展开对辅导员工作的理论研究，旨在形成辅导员工作的理论与方法体系；根据网络的迅速发展与影响强化，开拓网络思想政治教育新领域，探索网络思想政治教育理论与方法；根据社会、自然风险与危机频发的新情况，研究风险预测、预防以及危机干预理论与方法；等等。在这一阶段，学科发展的突出特点是围绕当前重要的理论与实际问题，有组织地开展合作研究、集体攻关，力争学科在理论上的突破与创新。

二、思想政治教育学科的发展源泉

思想政治教育学科之所以能够在改革开放的伟大实践中实现跨越式发展，是因为该学科在我国具有深厚的发展源泉与强大的发展动力。

首先，马克思主义理论是思想政治教育学科发展的理论源泉。马克思主义理论既是学科的指导思想，又是学科的核心研究内容。马克思主义理论的科学性，特别是马克思主义理论对社会发展、人的全面发展、人的思维规律的揭示，为思想政治教育学科奠定了坚实的理论基础，是学科得以确立的根本依据。马克思主义理论在我国的发展，特别是中国特色社会主义理论体系，是我国改革开放和社会主义现代化建设的指导思想，也是学科研究的中心内容。马克思主义理论不仅为学科发展提供了丰富的理论内容与研究课题，而且赋予了学科鲜明的时代性、民族性，它是我们党和国家的指导理论，是社会主义意识形态的主要内容，是当代中华民族文化的核心。指导思想、意识形态、民族文化是三个"同心"范畴。思想政治教育学科担负着建设社会主义意识形态和研究民族精神文化建设的综合性、群众性的任务，它既以马克思主义理论，特别是发展的马克思主义理论为源泉，不断丰富自身体系；又研究如何把马克思主义理论、社会主义意识形态、民族精神文化转化为群众思想、实践动力的现实问题，在思想政治教育实践中促进自身发展。

其次，改革开放的伟大实践为思想政治教育学科发展提供动力源泉。思想政治工作是党的优良传统与政治优势。党的各级组织主要通过思想教育与政治工作实行思想领导与政治领导，保证经济工作与各项业务工作的顺利进行。思想政治工作遍及我国各个领域与各条战线，形成了广阔的实践领域，积淀了深厚的实践基础，创造了丰富的实践经验，为思想政治教育学科提供了源源不断的学科资源。在我国改革开放的伟大实践中，解放思想、实事求是、与时俱进的精神不仅给社会注入了巨大活力，推进了我国各个领域的快速发展，而且有力地推进了思想政治教育及其学科的跨越式发展。新时期所拓展和开辟的新领域，如开放环境、竞争领域、网络领域等，既为思想政治教育及其学科提供了新平台与发展机遇，也向思想政治教育及其学科提出了严峻挑战和发展要求。在改革开放进程中形成的市场经济体制、多元文化格局、信息化社会以及民主法制建设，深刻改变了我国社会面貌，改变了人们的思想观念与行为方式，同时也有力地推进了思想政治教育的改革发展，为思想政治教育学科研究提供了丰富的新资源。

最后，学术争鸣是促进思想政治教育学科发展的重要方式。思想政治教育学科的发展不是孤立的，它需要在矛盾中发展，在挑战中发展，在学术争鸣中发展。自20世纪80年代中期建立至今，思想政治教育学科大致经历了三次论争。第一次是学科归属论争。论争的焦点是思想政治教育学科是归属于政治学，侧重于学科的意识形态性，还是归属于教育学，强调学科的教育性。最后，论争得以解决，思想政治教育学科归属于法学门类的政治学，但可选择授予法学或教育学学位。第二次是学科名称论争。思想政治教育的名称在不同时期，使用的侧重点有所不同：革命战争年代侧重于"政治工作"概念，新中国成立后侧重于"思想政治工作"的提法。其中，1960年至1978年统一使用"政治思想工作"的名称。党的十一届三中全会之后，党和国家的工作重心转移到社会主义现代化建设上来，要求各项工作服务于经济建设这个中心。"思想政治工作"成为新时期统一、规范的提法。思想政治教育学科建立之后，"思想政治教育"的名称成为主概念。随着我国对外开放的扩大和多样化发展加快，一些学者针对"马克思主义理论与思想政治教育"这个名称，提出了"思想教育学""思想道德教育学""思想工作学""思想现象学""思想行为学""思想关系学"等概念。《中共中央 国务院关于进一步加强和改进大学生思想政治教育的意见》的印发，马克思主义理论一级学科与思想政治教育二级学科的建立，结束了学科名称的论争。第三次是学科职能论争。论争的主要问题是思想政治教育职能与通识教育职能的关系，其实质是意识形态教育与人文知识教育的关系。通识教育源于古希腊博雅教育和亚里士多德的自由教育，承接文艺复兴时期的人文教育，其主要是指非职业性和非专业性的教育，其"目的在于培养健全的个人和自由社会中健全的公民"，"造就具备远大眼光、通融识见、博雅精神和优美情感的人才"，其"实质就是对自由与人文传统的继承"。通识教育作为西方国家的高等教育概念，其内涵与外延、目的与内容是明确而具体的，它属于德育范畴，担负育人职责。《中共中央 国务院关于进一步加强和改进大学生思想政治教育的意见》明确要求，高等学校思想政治理论课是大学生思想政治教育的主渠道；高等学校哲学社会科学课程负有思想政治教育的重要职责；高等学校各门课程都具有育人功能，要把思想政治教育融入大学生专业学习的各个环节，渗透到教学、科研和社会服务各个方面。这些要求既阐明了思想政治教育在课堂教学中的全程性与全员性，又强调了人文知识与科技知识教育的育人功能。在我国许多高校，为了加强大学生的人文素质和科学精神教育，思想政治教育教学机构或人文社会科学教学单位均开设了必要的人文知识课程。有些学校把全校人文科学与社会科学课程集中起来，称之为通识教育；有些学校还成立了通识教育的专门机构，形成了思想政治教育与通识教育并行的格局，这些都是思想政治教育学科面临的新情况。

三、思想政治教育学科的发展特色

思想政治教育学科是有中国特色的学科。这一学科继承了我国注重伦理、注重德教的文化传统，继承了党一向重视思想政治工作的优良传统，形成了我国社会明显的文化与政治优势，它区别于发达国家深厚的法治传统、强大的法治作用，显示了我国教育的民族传统与特色。

思想政治教育学科是具有鲜明意识形态性的学科。意识形态性是各个社会、各个国家思想政治教育区别于其他教育的共同特点。如我国古代的道德教育是政治化的伦理教育，西方古代的博雅教育是以统治者的理智为主导的教育。我国思想政治教育学科的意识形态性是指这一学科以马克思主义为指导，以社会主义意识形态为主导，以中华民族文化为基础，坚持遵循科学规律的学术方向和社会主义政治方向的统一。与发达国家的相关学科以资本主义意识形态为主导、以个人主义为核心、坚持资本主义价值取向相比较，我国思想政治教育学科具有鲜明的社会主义意识形态性。

思想政治教育学科是综合性学科。思想政治教育学科的综合性特点是相对单一性学科而言的。这一特点是由客观环境的复杂性、教育目标的主导性、教育内容的多样性、教育方式的选择性所决定的。各个社会、各个国家的思想政治教育都具有综合性特点。诸如，我国古代道德教育是伦理与政治的综合；西方古代的博雅教育是理性、知识的结合；当代西方国家的通识教育更是人文知识的综合。我国思想政治教育学科覆盖了思想教育、政治教育、道德教育等内容，与发达国家的人文教育、道德教育（或宗教教育）等相互独立比较，具有教育目标、教育内容、教育方法相互结合与渗透的综合性特点。

思想政治教育学科是实践性学科。与哲学、伦理学、政治学等基础理论学科相比较，思想政治教育学科具有很强的实践性。思想政治教育是以人为对象的实践活动，旨在以理服人、以情感人、以行导人，重视理论的研究与发展，具有理论性，更重视正确理论、思想的内化与外化，立足于提高人的思想政治素质并指导人的行为。思想政治教育学科的实践性体现在：其根本目的是提高人们认识世界、改造世界的能力；其理论内容、环境内容、时代内容均来源于实践，并且指导实践活动；其现实任务是通过满足对象的需要，达到对对象的塑造、改造、深造，进而形成新思想即精神成果。因此，思想政治教育学科所研究的是富有"生产性"的活动。

四、思想政治教育学科的发展前沿

马克思指出："一切划时代的体系的真正的内容都是由于产生这些体系的那个时期的需要而形成起来的。"[①] 思想政治教育学科的建设和发展必须立足于全面建设小康社会的客观实际，既要为推进我国社会科学发展服务，又要为人的发展提供目标导向和精神动力。因此，思想政治教育学科建设要在实践发展的基础上，加强理论发展研究。

第一，坚持面向世界与立足民族发展相统一的原则，发展主旋律教育。全球化发展趋势是不可改变的客观发展趋势，民族化发展是全球化发展的立足点；全球化发展趋势必然强化民族化发展趋势，民族化发展趋势必定推进全球化发展趋势；全球化与民族化是当今世界发展辩证统一的两个方面，任何强调一个方面、否定另一个方面的观点都不符合当今世界的发展趋势。

我们在全球化与民族化发展趋势中进行主旋律教育，实际上是站在国际舞台上，在同西方发达国家进行比较、竞争的过程中，在时空界限相对模糊的条件下进行政治教育，教育的条件、内容、目标都发生了很大变化。如果说新中国成立前的爱国主义教育是为了民族的独立和解放；新中国成立初期的爱国主义教育是为了社会主义制度的建立和巩固；那么，当今的爱国主义教育就是要立足于民族经济和文化的发展，维护国家的安全和利益。因此，应当合理地把当代的主旋律教育引导到民族竞争、民族发展、民族振兴的高度，因为国家只有具有强大的经济实力、国防实力，我们才能走向世界；只有具有强大的民族竞争力、凝聚力，才能推动我们走向世界，我们才能在全球化进程中有所作为。在全球化与民族化辩证发展的过程中，虽然青年走向世界的条件比过去时代的人们优越很多，但是青年缺乏实际经验和对历史的了解，他们注意的往往更多是全球化，因而民族意识、国家意识在一些人的心中变得淡薄。因此在新形势下，必须相应强化主旋律教育。同时，教育必

---

① 《马克思恩格斯全集》第 3 卷，人民出版社 1960 年版，第 544 页。

须遵循全球化与民族化的辩证统一，在内容、方法上进行改进和发展。

第二，坚持主导性与多样性相统一的原则，发展理想信念教育。主导性与多样性是事物发展的基本样态。主导性与多样性的统一，实际上是普遍性与特殊性、绝对性与相对性、一致性与差异性的辩证统一。现代社会是一个文化多元交汇的社会，我们尊重人类多种文明的成果和形式，主张维护世界的多样性。但是，在信息社会化和文化多元化的环境中，仅主张多样性而不坚持主导性容易使人迷失方向。当前，一些人不同程度地存在着政治信仰迷茫、理想信念模糊、价值取向扭曲、诚信意识淡薄等问题，很大程度上是理想信念教育跟不上时代发展的需要造成的。因此，坚持主导性与多样性的辩证统一，既是思想政治教育面临的新课题，也是思想政治教育所要坚持的新原则。思想政治教育学科要坚持主导性与多样性相统一的原则，发展理想信念教育。

理想是人的价值意识的最高形态，是人们在社会实践中形成的具有现实可能性的对未来价值目标的向往和追求；信念则是人们对某种观念和理想坚信不疑并身体力行的精神状态。理想信念是人们的世界观、人生观和价值观在奋斗目标上的集中体现，是建立在实践基础上的具有神圣性和崇高性的价值追求。坚持思想政治教育的主导性与开展理想信念教育在本质上是一致的。坚持思想政治教育的主导性，就是坚持市场体制和经济全球化发展的国家政治主导；对外开放和多元文化激荡中的民族文化主导；科技发展和社会信息化条件下的人本主导；社会多样化和个体特色化发展的社会主义核心价值主导。多样性是文化发展的必然状态，只有在多样性发展中才能凸显主导价值观的作用与意义。思想政治教育既要吸取过去只讲主导性、排斥多样性的教训，也要防止只讲多样性、忽视主导性的倾向，要在坚持社会主义一元主导的前提下发展多样性，在发展多样性的基础上坚持主导性。在开放的社会条件下，受西方价值观影响，我国社会不同程度地存在两种影响人们思想意识的倾向：一种是理论形态的，即否定集体主义的原则性、指导思想的统一性和发展目标的一致性，而主张个人主义和指导思想多元化，也就是从理论上否定社会主义意识形态的主导性；另一种是实际形态的，即为求得发展而忽视必要的遵循，甚至越轨犯规，这实际上也背离了社会主义意识形态的主导性。用多样性取代、淹没社会主义意识形态主导性的倾向，是思想政治教育面临的新挑战，也是思想政治教育学科必须破解的难题。

第三，坚持自主性与社会化相统一的原则，发展道德法制教育。新的历史条件下，在市场体制赋予个体自主性和民主政治赋予个体自由性的同时，现代社会呈现高度综合化、社会化的发展状态，个体的发展面临着自主性与社会化相统一的发展要求。从自主性与社会化的关系引申出竞争性与合作性、自由性与规范性的关系，这是每个人所面临的发展选择和需要考虑的问题。社会主义市场经济体制的建立，改变了计划经济体制下人的依赖性，增强了人的自主性与竞争性，这是我国社会发展的一个巨大进步。同时，市场经济又具有社会化与合作性的一面，它要求人们在商品交换与人际交往中遵纪守法，讲究道德和诚信。然而，在现实生活中，各种违法乱纪、缺乏诚信的现象频频发生，既背离了社会主义市场经济的运行规则，又违反了社会主义道德规范。为此，思想政治教育学科要注重研究个体自主性和社会主义、集体主义所强调的整体性、全局性的深刻内涵，引导人们正确认识自主性与社会化、竞争性与合作性、自由性与规范性的关系。人们不能只注重市场经济的自主性、竞争性、个体性，而忽视市场经济的社会化、合作性。只有坚持自主性和社会化相统一的原则，才能以现实社会为基础，有效进行道德法制教育，即通过加强自主性、竞争性教育，增强人们的独立性、自主性、创造性；通过加强社会化、合作性教育，提高人们的社会化程度，增强人们的集体主义观念。政治社会化、道德社会化是个体独立性、自主性、创造性的保证，而个体独立性、自主性、创造性则是社会化的基础，对此两方面的教育都要加强，不可偏废。

第四，坚持现实性与虚拟性相结合，辩证地发展网络思想政治教育。网络社会的到来和虚拟空间的发展，使网络思想政治教育的探索与建设被提上了日程。在网络领域这个新空间，人们的虚拟实践是现实实践的延伸、优化和发展。人们在虚拟实践活动中形成的各种关系，我们称之为虚拟关系。虚拟实践和虚拟关系构成了人们在虚拟领域的学习、工作、生活和交往方式。网络领域的出现和发展，不仅为人们开辟了一个新的生存与发展空间，而且对人们现实的学习、工作、生活和思维方式产生了广泛而深刻的影响。这种新的空间与新的影响成为思想政治教育学科必须面对和研究的新课题。同时，网络领域作为信息传播、交流的"集散地"，信息选择、整合的"优化场"，关系调节、时空运筹的"新空间"，为人们提供了丰富的学习资源，扩大了人们的知识视野和交往空间，优化了人们的发展和能力培养方式。网络领域的这些特性与功能也为思想政治教育创设了一个新领域。思想政治教育如何根据网络领域的特点，研究虚拟空间思想政治教育的新理论、新形式、新方法，发展网络思想政治教育的功能，把现实性教育与虚拟性教育结合起来，是思想政治教育学科亟待研究的课题。

思想政治教育学科的特点、规范与建设任务[*]

新时期创立和发展起来的思想政治教育学科，同我国社会一样，经历了跨越式发展。党的十八大报告强调："实践发展永无止境，认识真理永无止境，理论创新永无止境。"① 思想政治教育学科是一个具有中国特色和鲜明特点的学科，是一个适应时代发展、遵循一定规范、不断充实和完善的新型学科。随着我国改革开放的深化和中国特色社会主义现代化建设的发展，随着人的全面发展水平的不断提高，思想政治教育及其学科建设面临的任务更加艰巨，需要思想政治教育工作者攻坚克难，推进学科向前发展。

一、思想政治教育学科的鲜明特色

思想政治教育学科传承了我国注重伦理、讲究德治德教的历史文化，继承了我们党一向重视思想政治工作的优良传统，在我国社会发挥了巨大作用并具有明显优势。思想政治教育学科内容覆盖思想教育、政治教育、道德教育，与美国等发达国家的人文教育、政治社会化、道德教育等相互独立不同的是，其教育目标、教育内容、教育方法相互结合、相互渗透，综合性突出。思想政治教育学科的功能旨在以理服人、以情感人、以行导人，既重视理论研究，也重视正确理论、思想的内化与外化，立足于形成人的思想政治素质并指导人的行为。思想政治教育学科创立和发展的理论基础与实践基础，本身蕴含着明确的目的性、实践性和价值性。学科科学性与价值性相统一的内涵决定了思想政治教育学科富有鲜明的特色、强大的活力与生命力。

（一）思想政治教育学科富有中国特色

思想政治教育是中国共产党领导人民在实践中创造的实践活动。这一实

---

* 原载于《思想理论教育》2013 年第 13 期，收录时有修改。

① 胡锦涛：《坚定不移沿着中国特色社会主义道路前进　为全面建成小康社会而奋斗》，人民出版社 2012 年版，第 9 页。

践活动既继承了我国古代社会重德治与德教的文化传统，又满足了我国革命与建设因具有开创性特点而必须思想先行的需要。思想政治教育把马克思主义理论、我国革命与建设实际、中华优秀文化传统紧密联系起来，形成了我国特有的思想政治教育文化。这一文化立足当代，又继承民族优秀文化传统；立足本国，又吸收世界优秀文化成果；立足我国革命与建设实际，又不断进行探索与创新。因此，思想政治教育及其学科建设具有广泛的社会效用和心理认同，是最富有中国特色的教育活动与学科概念。思想政治教育工作者要按照《中共中央关于进一步繁荣发展哲学社会科学的意见》提出的"努力建设面向现代化、面向世界、面向未来，具有中国特色的哲学社会科学"的要求，决心把思想政治教育学科建设成为"以当代中国马克思主义为指导的具有中国特色、中国风格、中国气派"的学科。

（二）思想政治教育学科具有理论性

思想政治教育学科的理论性，既由学科的理论基础、研究内容所决定，也是学科的功能要求。思想政治教育学科的理论基础是马克思主义，其教育与研究的主要内容也是马克思主义。正是马克思主义理论的科学性、系统性与价值性，赋予了思想政治教育学科的理论性。同时，思想政治教育活动和学科建设所面对的研究内容，既有社会，也有个体；既有内在主观因素，也有外在客观条件；既有观念形态，也有行为方式；既有各种现实思想问题，也有各种网络虚拟表现。面对复杂多样、发展多变的环境与研究对象，只有认识其本质性，把握其规律性，才能获得有效的研究与教育成果，否则，思想政治教育就会陷于自发性与盲目性。另外，思想政治教育的主要功能是以理服人。马克思指出："批判的武器当然不能代替武器的批判，物质的力量只能用物质的力量来摧毁；但是理论一经掌握群众，也会变成物质力量。理论只要说服人，就能掌握群众；而理论只要彻底，就能说服人。所谓彻底，就是抓住事物的根本。"[①] 马克思的这段话，一是肯定了理论的重要性，即理论可以转化为物质财富；二是阐明了理论的价值性，即要用理论说服群众、掌握群众，也就是用理论满足群众的需要并指导实践；三是强调了理论的科学性，即理论要彻底，要反映事物的本质，揭示事物发展的规律。它既论述了理论的价值性与科学性，也揭示了思想政治教育的实质与功能。

思想政治教育及其学科的理论性，就是为了实现以理服人的教育效果。

---

① 《马克思恩格斯选集》第1卷，人民出版社1995年版，第9页。

而以理服人并不是单一的以逻辑推理服人，即以真理服人；还包括科学理论指导实践所取得的成果，即以事理服人；以及对科学理论及其所指导的实践活动富有真情实感的言行，即以情理感人。真理是对规律性与价值性的揭示，事理是规律性与价值性的体现，情理是真理与事理的内在融合，只有真理、事理与情理相结合，才是真正坚持理论联系实际的原则，才能强化思想政治教育的效果。

（三）思想政治教育学科具有综合性

思想政治教育学科的综合性，具体表现在理论教育与实践教育两个方面。在理论教育方面，教育的内容主要是马克思主义基本原理和中国特色社会主义理论体系。为了使理论教育卓有成效，必须研究如何把理论体系转化为教材体系、把教材体系转化为教学体系、把教学体系转化为认识体系。理论体系及其转化都具有综合性。应当看到，对马克思主义进行综合教育与研究，既是我国社会发展与人的发展的客观要求，也是马克思主义理论发展的需要。我国正在进行全面建设小康社会的伟大实践，按照物质文明、政治文明、精神文明、社会文明、生态文明协调发展的战略目标，推进社会与人的全面发展。特别是党中央提出的科学发展观和建设社会主义和谐社会的目标，强调以人为本，坚持全面、协调和可持续发展，是基于开放环境、信息社会、多样发展的实际所提出的指导思想综合化要求。因此，综合进行马克思主义基本原理与中国特色社会主义理论体系的教育与研究，既是当代社会发展的客观需要，也是完整、准确地学习、运用、发展马克思主义的需要。

在实践教育方面，思想政治教育所面向的是人们的实际生活。人们的实际生活具有政治的、法纪的、道德的、职业的、情感的内容与方式，并且这些内容与方式常常相互交叉、相互渗透。特别是在新时期，社会与人的发展在开放环境、竞争状态、信息社会与多元文化条件下推进。自主选择、多样发展决定了人们思想的形成与发展、行为的交换与变化，不再像过去那样由社会的简单因素所决定，而是现代社会复杂因素综合作用的结果；人们的思想问题也是综合因素影响的结果。因此，思想政治教育及其学科必须在指导思想、教育原则、教育内容、教育方法上，根据社会与人的发展需要进行综合化、系统性的改革与研究。具体来讲，就是要综合运用马克思主义理论，采用综合教育方法，借鉴相关学科的知识，把思想教育、政治教育、道德教育有机结合起来，促进正确思想的形成，解决各种各样的思想和行为问题。

（四）思想政治教育学科具有应用性

思想政治教育学科的应用性特点是由思想政治教育的现实性与实践性决定的。思想政治教育的对象是现实社会与现实的人，是为促进社会发展和人的全面发展服务的。因此，思想政治教育工作者不能仅限于自己学习、理解马克思主义理论，还必须运用马克思主义理论与学科理论，通过各种适于时代、环境与教育对象特点的途径、方式，将正确理论转化为受教育者的思想与行为，改变错误的思想与改造错误的行为。这种既要塑造思想、培养行为，又要改造思想、转化行为的工作，需要应用理论与方法有针对性地解决问题。而仅仅限于理论与概念的传授，不解决实际问题，则不是有效的思想政治教育，容易使人陷于形式主义或教条主义。因此，思想政治教育的工作者同时也是研究者，既要研究教育的时代内容、理论内容、实际内容、相关内容的整合，形成具有充分说服力的内容体系，又要根据教育目的与内容的要求，采用适合教育对象的方法。

之所以要研究和掌握思想政治教育学科的特点，一是为了赋予思想政治教育学科独立性与生命力。这是因为只有富有特点的事物才能同其他事物区别开来而获得真正的独立，获得了独立的事物在发展过程中才会富有活力与生命力。二是为了培养思想政治教育工作者的特长。学科的特点在一定程度上体现学科建设者的特长，如果所建设的学科特点不突出，那么学科建设者的特长也就不明显。一旦出现这种情况，学科就会遭受质疑，学科建设者也会受到责难。因此，认识和把握思想政治教育学科的特点，事关思想政治教育学科建设的成败。

二、思想政治教育学科的规范

明确思想政治教育学科的特点是学科建设的前提，遵循思想政治教育学科的规范则是学科建设的关键。"规范"这一概念最先指对物、料的约束器具，后来拓展为对思维和行为的约束力量。"规范"用作名词时，其含义是明文规定或约定俗成的标准；用作动词时，其含义是按照既定标准、要求进行操作，使某一行为或活动达到符合规定的标准。所谓思想政治教育学科的规范，是指思想政治教育学科建设要遵循的规则和标准。

（一）性质规范

所谓思想政治教育学科的性质，就是思想政治教育学科固有的特性，或者说是思想政治教育学科的质的规定性。思想政治教育学科是一门价值性与科学性紧密结合的人文学科、理论性与实践性紧密结合的综合学科、针对性与实效性紧密结合的应用学科。因而，它不仅要以马克思主义理论，特别是中国特色社会主义理论为指导，研究如何运用正确理论进行教育的实践活动，而且要研究社会发展与人的发展的新情况、新问题，形成新的教育理念与准则，推进思想政治教育发展。思想政治教育学科的性质规范主要体现在以下三个方面。

第一，社会主义意识形态性。马克思、恩格斯在阐述阶级社会中各种思想意识的意识形态性时提出了一个著名论断："统治阶级的思想在每一时代都是占统治地位的思想。……占统治地位的思想不过是占统治地位的物质关系在观念上的表现，不过是以思想的形式表现出来的占统治地位的物质关系。"① 统治阶级为了保证自己的思想占统治地位，要进行"思想的生产和分配"。思想政治教育就是进行"思想的生产和分配"的重要途径。统治阶级占统治地位的思想，是反映经济基础与社会各方面的思想，是一个"思想体系"或意识形态，"在为阶级矛盾所分裂的社会中，任何时候也不可能有非阶级或超阶级的思想体系"②。这就是说，只要有不同性质的国家、政党、制度存在，反映、维护国家、政党、制度的"思想体系"即意识形态就一定会发挥作用。我国的思想政治教育是发挥社会主义意识形态作用的重要方式。在我国，坚持思想政治教育的意识形态性，就是坚持社会主义意识形态的主导地位，发挥社会主义意识形态的主导作用，并对非社会主义意识形态的内容进行批判、继承、借鉴和吸纳，用人类创造的优秀文化成果丰富思想政治教育的内容。坚持社会主义意识形态的主导性，就是要坚持爱国主义、集体主义、社会主义的主旋律教育，坚持教育主导性前提下的多样性和教育多样性之中的主导性的统一。

任何国家都要进行"思想的生产和分配"，坚持自己的"思想体系"，这归根结底是由经济基础与上层建筑的规律所决定的。国家的存在与发展都需要进行物质资料的生产。在社会生产过程中，人们"发生一定的、必然

---

① 《马克思恩格斯选集》第 1 卷，人民出版社 1995 年版，第 98 页。

② 《列宁选集》第 1 卷，人民出版社 1995 年版，第 326–327 页。

的、不以他们的意志为转移的关系，即同他们的物质生产力的一定发展阶段相适合的生产关系。这些生产关系的总和构成社会的经济结构，即有法律的和政治的上层建筑竖立其上并有一定的社会意识形式与之相适应的现实基础"①。虽然一定的政治、法律、哲学、文学、艺术等意识形式的发展要以经济发展为基础，"但是，它们又都互相影响并对经济基础发生作用。并非只有经济状况才是原因，才是积极的，其余一切都不过是消极的结果"②，一定意识形态的相对独立性与反作用就是对一定经济基础的合法性与合理性的论证、维护，为一定经济基础提供思想与政治保证。因此，思想政治教育进行"思想的生产和分配"和坚持一定的"思想体系"，就是要为一定的经济基础服务。正如毛泽东所说的："思想工作和政治工作，是完成经济工作和技术工作的保证，它们是为经济基础服务的。"③

第二，实践性。所谓实践性，是指人们在进行认识和思维的过程中，必须参与实践，必须在实践中促进思维能力的进一步发展，在实践中检验思维成果的正确性。所谓"思想政治教育的实践性，就是思想政治教育的现实性和思想政治教育价值实现的有效性"④。思想政治教育的实践性是思想政治教育的本质特性，表现为要与社会实践相结合。

马克思指出："全部社会生活在本质上是实践的。凡是把理论引向神秘主义的神秘东西，都能在人的实践中以及对这个实践的理解中得到合理的解决。"⑤ 社会生活实践性的主要内涵包括：实践是人类社会的发源地，实践是社会关系形成的基础，实践是推进社会发展的动力，实践构成了人类物质生活、政治生活和精神生活的内容，人类全部生活都建立在实践的基础之上。没有实践活动，社会生活就无法形成和发展。因此，实践是社会生活的本质所在，也是思想政治教育的本质体现。

思想政治教育的实践性，就是思想政治教育的现实性和思想政治教育价值实现的有效性，它在社会生活中表现为与其他实践活动的相互结合、渗透，是思想政治教育显著的本质属性。一方面，从思想政治教育的出发点来看，思想政治教育只能从现实中的人、具体的人的实际出发来开展教育。另一方面，从思想政治教育的落脚点来看，思想政治教育的最终目的是提高人

---

① 《马克思恩格斯选集》第 2 卷，人民出版社 1995 年版，第 32 页。
② 《马克思恩格斯选集》第 4 卷，人民出版社 1995 年版，第 732 页。
③ 《毛泽东文集》第 7 卷，人民出版社 1999 年版，第 351 页。
④ 张耀灿、郑永廷、吴潜涛等：《现代思想政治教育学》，人民出版社 2006 年版，第 116 页。
⑤ 《马克思恩格斯选集》第 1 卷，人民出版社 1995 年版，第 56 页。

们的思想认识并使之付诸实践。因此，思想政治教育所要遵循的知行统一、认识世界与改造世界统一、改造主观世界与改造客观世界统一的原则，充分体现了思想政治教育实践性的本质属性。正如毛泽东所强调的："马克思主义的哲学认为十分重要的问题，不在于懂得了客观世界的规律性，因而能够解释世界，而在于拿了这种客观规律性的认识去能动地改造世界"，"认识从实践始，经过实践得到了理论的认识，还须再回到实践去"。①

第三，目的性。所谓目的性，是指所做事情反映出来的性质。目的性是思想政治教育区别于社会环境对人的影响、区别于掌握工具性活动的本质所在。"在社会历史领域内进行活动的，是具有意识的、经过思虑或凭激情行动的、追求某种目的的人；任何事情的发生都不是没有自觉的意图，没有预期的目的的。"② 马克思还对动物的"生命活动"与人的"生命活动"进行过实质性的区别，指出动物的"生命活动"只有一个尺度，即它所属的"那个物种"的尺度；人的"生命活动"则有两个"尺度"，即"任何物种"的尺度和人的"内在固有"的尺度。人的"内在固有"的尺度指的是人的目的性。思想政治教育明确地体现并指示着人的发展与社会发展的方向性和价值取向，这是思想政治教育与环境影响以及掌握工具性活动的区别。

思想政治教育的目的性反映社会发展的本质要求和一定阶级的根本利益。思想政治教育的目的同有些社会活动的目的不同，它不是思想政治教育自身可以确定的，而是根据一定社会的生产力发展水平和经济、文化发展状况，根据统治阶级的意识形态要求提出来的。思想政治教育的目的必须遵循一定社会发展的方向，体现一定社会发展的目标并为实现社会发展目标服务，必须反映统治阶级的根本利益和意志，为统治阶级的政治服务。所以，思想政治教育的目的既具有广泛的社会性，也具有鲜明的阶级性。在现代社会条件下，我国思想政治教育的目的既必须反映时代特征，符合现代社会发展的方向，具有现代指向性，又必须符合广大人民群众的根本利益，坚持社会主义方向。同时，思想政治教育的目的性也反映了人的能动性特点和人的发展要求。思想政治教育就是要通过人的主体选择，把人在发展中符合社会目标的思想政治强化，形成理想信念，并对其行为起支配作用，使之与社会发展方向保持一致，并同社会发展形成互动。

---

① 《毛泽东选集》第 1 卷，人民出版社 1991 年版，第 292 页。
② 《马克思恩格斯选集》第 4 卷，人民出版社 1995 年版，第 247 页。

（二）范围规范

所谓范围，是指上下四周的界限。思想政治教育学科的范围，也可被称为思想政治教育学科的界限。如果上面讲的思想政治教育学科的性质规范指的是思想政治教育学科内涵的话，那么，范围规范指的是思想政治教育学科的外延。任何学科都是有界限的，思想政治教育学科也是如此。

思想政治教育学科的范围，既不能根据该学科的名称来划定，也不能根据与该学科相关的内容、要素来拟定，而是要根据思想政治教育的目标、内容、任务来综合判定。讲目标，既有社会目标，也有个体目标，还有各种类型、层次的目标。思想政治教育学科不可能研究所有内容、层次的目标，它主要研究思想政治教育的目标，包括中国特色社会主义共同理想、中国梦以及共产主义，也包括人的全面发展目标、"四有"新人目标，还包括个人的政治目标、道德目标、事业目标等。讲内容，既有理论内容，也有实际内容；既有现实内容，也有历史内容，涉及更为广泛。思想政治教育学科不可能研究所有内容，它主要研究与世界观、人生观、价值观相关的思想内容，与政治立场、观点相关的政治内容，与道德品质、道德行为相关的道德内容。讲任务，各个领域、各项工作都有任务。思想政治教育学科不可能研究所有任务，它主要研究理想信念教育、爱国主义教育、道德法制教育、全面发展教育等。把思想政治教育的目标、内容、任务综合起来，思想政治教育学科的范围就比较清晰了。

在思想政治教育学科范围方面存在的主要问题是，既要依托思想政治教育学科，又要冲破思想政治教育学科的界限。有的人甚至以思想政治教育学科的综合性特点作为自己突破思想政治教育学科界限的借口。思想政治教育学科与其他相关学科确有交叉，可以进行交叉领域的研究，也可以借鉴、吸收其他学科的成果与方法。但不管是交叉领域研究还是借鉴、吸收，研究者如果以思想政治教育研究者的身份出现，就要以思想政治教育学科为主，就要遵循思想政治教育学科的范围规范。如果冲破思想政治教育学科的范围，进入其他学科范围，一是会损害思想政治教育学科的形象与声誉，二是不利于自己专业形象的树立与专业特长的提高。长此以往，不仅会受到同行的非议，而且会受到其他学科研究者的质疑。所以，思想政治教育学科的建设者一定要本着自尊、自爱和珍惜思想政治教育学科的态度来对待思想政治教育学科的范围规范。

（三）概念规范

所谓概念，是反映对象的本质属性的思维形式，是事物本质特征的概括，是人们对事物本质的认识。思想政治教育学科的性质、范围都是通过特定概念来表达的。

思想政治教育学科的概念有主次之分，也有大小之别；有相近概念，也有相对概念。各种概念相互交错，形成了思想政治教育学科的概念体系，成为思想政治教育学科形成的标志。思想政治教育学科的概念规范，就是要按照思想政治教育学科的概念体系或话语体系来表达教育、研究的意义。如果突破概念规范，或使用其他学科的概念体系，或乱用概念，就不是在进行思想政治教育，也无法实现思想政治教育的目标。当然，其他学科也可以用其学科概念开展育人活动，但其他学科毕竟有其学科的主要任务。思想政治教育的主要任务是育人，如果思想政治教育工作者不以育人为主，就是失职。同时，我们还应当注意的是，思想政治教育既是我国的一个特定概念，也是我国的一个主要概念，其他国家都有自己的思想教育、政治教育、道德教育的概念。有些教育者不用我国的主概念，而搬用其他国家的主概念，以为这样做有新意，可以吸引受教育者。殊不知，任何概念的提出、运用都是有其历史背景、现实意义的，用别的国家的主概念来进行教育与研究，容易引起受教育者对我国思想政治教育概念的忽视、冷漠，甚至冲击思想政治教育的效果。

三、思想政治教育学科建设的艰巨任务

思想政治教育学科虽然实现了持续、快速的发展，但毕竟是一门新型学科，不仅有许多问题需要深化研究，而且社会的快速发展和人的全面发展不断对其提出新问题。因此，我们要把握发展趋势，推进思想政治教育及其学科向前发展。

（一）进一步转变教育观念与研究范式

在改革开放进程中，思想政治教育工作者应不断转变思想政治教育观念与研究范式，以适应新形势与新发展的客观要求。进入新世纪新阶段后，不仅我国改革开放步入关键时期，许多深层次矛盾显露出来，而且社会的客观条件表现出新的状态：不断扩大的开放环境、迅速发展的信息社会、频繁发

生的各种风险相互交错；不断扩展的竞争领域、网络开辟的虚拟领域、多元文化激荡形成的思想领域相互交叉；社会竞争机制所产生的竞争压力、科技创新与发展所形成的信息（或知识）压力、多元文化条件下的选择压力相互交汇，使得当代社会呈现模糊、交互与多变的状态。所谓模糊，是指社会新的要素与领域形成时间短，人们对其性质、功能、规范的认识及心理适应尚处在探索之中；所谓交互，是指社会新的要素与领域相互交叉与渗透，在发展变化过程中的不确定因素多；所谓多变，是指社会新的要素与领域还在不断扩展、延伸，衍生新的因素与问题。在这样的社会背景下，人们的主体性、选择性进一步增强，社会环境影响不断加大，多样化发展更加突出，流变与风险冲击还会增多。

当代社会的客观存在既对人们的观念、行为起决定作用，又需要人们对客观条件进行符合发展趋势的改造。正如马克思所说的："人的思维是否具有客观的真理性，这不是一个理论的问题，而是一个实践的问题。人应该在实践中证明自己思维的真理性。"[1] 以及列宁所说的："人的意识不仅反映客观世界，并且创造客观世界。"[2] 思维的真理性就是思想观念符合规律性。意识反映、创造客观世界就是运用正确理论指导实践。为此，思想政治教育学科必须根据社会发展提出的客观要求，进一步审视传统教育观念与研究范式，诸如理论思维的线性式、教育内容的平面式、教育关系的单向式、研究范式的阐述性等。需要研究和确立富有时代特征的教育观念与研究范式，主要有开放环境条件下的广阔视野与全局观念，竞争压力下的内在动力与理想信念，复杂多变情况下的辩证思维与价值选择，信息获取、更新过程中的理性思维，创新进程中的价值取向，等等。由此，确立现代教育观念，一是体现时代性，即以适应开放、多样、多变的立体、互动、渗透的观念，改变传统平面思维模式；二是力求综合性，将时代内容、理论内容、实际内容等有机整合，改变传统单一内容的传授；三是适应多样性，即以富有层次性的目标、内容、方法体系满足个体多样性需要，改变传统简单说教；四是增强互动性，即备课、教育、研究按照真理、事理、情理协调、互动的要求，突破传统个体思维与行为局限，增强群体互动与组织聚集能力，改变传统线性过程；五是强化探索性，即按照科学理论研究从累进范式（归纳—演绎模式）向问题范式（科学进化模式）的发展，加强对现实理论问题、实际问题的

① 《马克思恩格斯选集》第 1 卷，人民出版社 1995 年版，第 55 页。
② 《列宁全集》第 55 卷，人民出版社 1990 年版，第 182 页。

研究，兼顾常规问题研究与模糊问题研究，推进思想政治教育及其学科发展。

（二）深化思想政治教育学科立论基础研究

思想政治教育学科经过 20 多年的建设，已经确立了概念体系、研究对象，开展了对学科的理论基础、基本规律、结构功能、价值体系、目标内容、原则方法等主要问题的研究，形成了相应的研究成果并在思想政治教育实践中得到了推广应用，收到了明显的效果。但是，除了对这些研究成果还要在思想政治教育学科建设过程中进一步充实和完善外，学科的立论基础，即思想政治教育哲学理论，还有待深化与系统化。学科立论，需要在理论上回答以下三个问题。

其一，为什么各个社会、各种人群都有思想政治教育以及都需要思想政治教育，这是思想政治教育的本源性问题。如果不从理论上彻底解决这个问题，就会使人们产生思想政治教育只在我国存在、思想政治教育是外在施加的误解，甚至把思想政治教育看成多余的、逐步消亡的活动。其实，对思想政治教育的本源探讨从古到今都没有停止过，古代中外先哲们的人性预设论、社会聚集论，尽管具有假设、猜想的局限，尽管人性论观点各有差异甚至观点相反，但都论述了思想、政治、道德教育的必要性与根源性。马克思主义关于人与社会实践本质、社会本质、需要本质的理论，科学地解决了人的认识、人的思想关系、人的精神需要产生的根源，从而对思想政治教育的本源进行了科学论证。思想政治教育学科要以马克思主义关于人与社会本质的理论为指导，从本源上认识思想政治教育的重要性是社会与人的需要。

其二，不同社会、不同国家为什么有不同的思想政治教育，这是思想政治教育的普遍性与特殊性问题。人类社会经历了不同历史阶段的更替，思想政治教育也经历了全域性与历时性演进。各个历史阶段的各个国家，思想政治教育的理论、概念、目标、内容、方法等各有不同，表现出思想政治教育的阶段性、特殊性、相对性，诸如中国古代的德治与德教、西方古代的博雅教育与宗教教育、资本主义社会的人文教育、社会主义社会的思想政治教育。正是这些不同社会、不同国家的阶段性的特殊的思想政治教育，形成了人类社会思想政治教育的连续性、普遍性。梳理古今中外思想政治教育的历史演进，分析思想政治教育的时段性、区域性与国度性特征，揭示思想政治教育连续性与阶段性的辩证发展规律，把历史逻辑上升到理论逻辑高度，是思想政治教育学科研究的任务。

其三，思想政治教育的本质与规律是什么，这是思想政治教育的根本问题。马克思主义的社会存在与社会意识关系理论、能动性理论、实践论与灌输论，都为研究思想政治教育的本质与规律提供了理论指导。但这些理论具有普遍指导意义，思想政治教育只是社会实践活动的一个方面，因而需要思想政治教育工作者以马克思主义理论为指导，根据思想政治教育实际研究、概括其本质与规律，而不是对马克思主义理论进行阐述。这是思想政治教育学科建设的艰巨任务。还有如思想政治教育的结构与功能、价值及实现等，也需要深化研究。

总之，从思想政治教育产生的必然性，到思想政治教育发展的普遍性，再到思想政治教育遵循的规律性和思想政治教育功能与价值的实现，是思想政治教育学科的逻辑理论与立论基础，需要从哲学的高度进行研究和提炼。只有把思想政治教育的立论做扎实，思想政治教育学科才有牢固的根基。

（三）追踪思想政治教育前沿课题研究

马克思指出："一切划时代的体系的真正的内容都是由于产生这些体系的那个时期的需要而形成起来的。"[1] 思想政治教育学科的建设和发展必须立足于中国特色社会主义现代化建设与人的全面发展的实际，既要为推进我国社会科学发展服务，又要为人的全面发展提供目标导向和精神动力。

一是坚持主导性与多样性的辩证统一，研究、发展主导性思想政治教育。主导性思想政治教育是根据社会与人的发展的多样性提出的。坚持主导性与多样性的辩证统一，既是思想政治教育面临的前沿课题，也是思想政治教育所要坚持的原则。主导性与多样性是社会与人发展的基本样态，其关系实际上是普遍性与特殊性、一致性与差异性的辩证关系。现代社会是一个多元文化交汇、价值观念多样、发展方式不同的社会，尊重、促进多样性发展是现代社会的特征。在信息社会化和文化多元化条件下，仅仅强调多样性而忽视主导性，则容易使人迷失主导方向。一些人在不同程度上存在的理想信念模糊、价值取向扭曲、诚信意识淡薄等问题，在很大程度上是主旋律教育跟不上时代发展的需要造成的。因此，思想政治教育学科既要研究坚持思想政治教育主导性的内容与方式，即坚持市场体制和经济全球化发展的国家政治主导，对外开放和多元文化激荡中的民族文化主导，科技发展和社会信息化条件下的人本主导，社会多样化和个体特色化发展的社会主义核心价值主

---

① 《马克思恩格斯全集》第 3 卷，人民出版社 1960 年版，第 544 页。

导，又要研究如何促进社会与人的多样化发展；既要吸取过去只讲主导性，排斥多样性的教训，也要防止只讲多样性，忽视主导性的倾向。应坚持在社会主义意识形态一元主导的前提下发展多样性，在发展多样性的基础上坚持主导性。

二是坚持以人为本的思想，研究发展人本思想政治教育。我们党提出的以人为本，坚持全面、协调、可持续发展的科学发展观，其内涵是极其丰富的。其中，以人为本是科学发展观的核心，更是思想政治教育的根本宗旨。坚持思想政治教育以人为本，就是既要把人作为教育的对象，又要把人作为教育的主体；既要把人的全面发展作为社会和人的根本目标与根本利益，又要把人的全面发展作为社会发展的基础；既要尊重人、关心人，又要培养人、教育人。思想政治教育学科围绕人的全面发展，有一系列前沿课题值得深入研究。

三是坚持现实性与虚拟性的辩证关系，研究发展网络思想政治教育。网络社会的到来和虚拟空间的发展，把网络思想政治教育的探索与建设提上了日程。在网络这个新空间，虚拟实践是现实实践的延伸、优化和发展。对人们在虚拟实践活动中形成的各种关系，我们称之为虚拟关系。虚拟实践和虚拟关系构成了人们在虚拟领域的学习、工作、生活和交往方式。因此，网络领域的出现和发展不仅为人们开辟了一个新的生存与发展空间，而且对人们现实的学习、工作、生活和思维方式产生了广泛而深刻的影响。这种新的空间与新的影响成为思想政治教育学科必须面对和研究的新课题。同时，网络作为信息传播、交流的集散地，作为信息选择、整合的优化场，作为关系调节、时空运筹的新领域，不仅可以为人们提供丰富的信息资源，扩大人们的知识视野和交往空间，而且人们可以通过比较和借鉴，优化其发展方式和培养能力。网络的这些特性与功能也为思想政治教育创设了一个新领域。思想政治教育如何根据网络的特点，提出虚拟空间思想政治教育的新理论、新形式、新方法，发展网络思想政治教育功能，把现实性教育与虚拟性教育结合起来，是思想政治教育学科亟待研究的课题。

还有坚持面向世界与立足民族发展的辩证关系，解决精神文化彰显与人文精神缺失的冲突、人的发展便捷与人的发展阻抗的矛盾、社会环境影响与思想教育作用的互动、教育隐性功效与教育显性释放的关联等问题，都需要进一步深化研究。

他教与自教是思想政治教育学科的
基本范畴*

思想政治教育学科的基本范畴反映和概括了思想政治教育各种现象之间最本质、最稳定、最普遍的特性和关系，具有思想政治教育的特殊功能。他教与自教是思想政治教育学科的基本范畴之一，因为这一基本范畴体现了思想政治教育的特性与本质，所以其运用普遍，特别是在当代社会，其作用更为彰显。

一、思想政治教育学科的基本范畴及功能

范畴是人的思维对客观事物本质概括的反映，是"认识世界的过程中的梯级，是帮助我们认识和掌握自然现象之网的网上纽结"[1]。范畴既是主体和客体联系的纽结，又是学科体系的基本概念。与概念相比较，范畴一般来说是指最高概念，所涵盖的对象范围也比概念更大。各门学科都有自己的一些基本范畴，诸如哲学中的物质与意识、质和量、本质和现象；政治经济学中的商品、劳动、交换等范畴。

思想政治教育学科的基本范畴是指思想政治教育学所研究的领域中，各种现象之间最本质、最稳定、最普遍特性和关系的反映和概括，是构成思想政治教育学科的样式以及区别于其他学科的根据，为思想政治教育及其学科建设限定主题、提供理论依据和分析方法。思想政治教育学科的基本范畴包括思想政治教育、教育者与受教育者、思想与行为、灌输与疏导、他教与自教等，并形成了思想政治教育学的基本范畴体系。

思想政治教育学科的基本范畴在思想政治教育及其学科建设中占据中心位置，具有特殊的作用。它是进行思想政治教育及其学科建设的基础与前提，是思想政治教育学科形成与发展的理论标志，是认识和把握思想政治教育规律的基本要素。可以说，思想政治教育学科的基本范畴"构成一个对

---

* 原载于《思想教育研究》2014 年第 11 期，作者曹群、郑永廷，收录时有修改。
[1] 《列宁全集》第 55 卷，人民出版社 1990 年版，第 153 页。

思想政治教育本质及规律的认识之网，是区别于其他学科的根据，它还为运用思想政治教育学提供理论依据、分析工具和方法论的指导"①。这些作用归纳起来包含以下三个方面：一是认识功能，即认识和把握思想政治教育理论和实践，认识和把握思想政治教育系统的整体，以及思维从抽象上升到具体的方法；二是操作功能，即思想政治教育学科基本范畴作为思维方法，在认识思想政治教育现象中发挥作用；三是构建功能，即构建、补充和完善思想政治教育学科理论体系及规律的功能。②

二、他教与自教何以是思想政治教育学科的基本范畴

所谓他教，就是他人教育；所谓自教，就是自我教育。在思想政治教育系统中，有教育者和受教育者两个主体要素。这两个要素的关系是思想政治教育的基本关系，教育者和受教育者是思想政治教育学科的基本范畴，或可称之为主体范畴。教育者和受教育者进行联系、相互作用，需要教育者的他教与受教育者的自教相结合，才能形成思想政治教育活动。因此，他教与自教同样是思想政治教育的基本关系，而且总是相互促进、不可分割地联系在一起的。他教是自教的条件，自教是他教的结果，他教与自教是思想政治教育学科的动态性范畴、结果性范畴，集中体现了思想政治教育的特性。此外，他教与自教既包含着教育者的讲授、启发、引导、释疑、示范等功能，也包含着受教育者的思想道德修养、自我思考、自我学习、自我改造、自我批评等作用，具有存在与发展的普遍性。

论述他教与自教这一思想政治教育学科的基本范畴，还应上升到哲学层面进行分析。在我国社会，要提高人们的思想道德素质，需要家庭、学校、社会广泛开展各种内容、各种方式的思想政治教育。思想政治教育活动，特别是思想政治教育的效果，不能只由教育者的"他"教来实现，还必须通过受教育者自己的思想矛盾运动，即受教育者的自我教育来实现。思想政治教育要求教育者把正确的政治思想、价值观念、道德规范传授给受教育者，更重要的是促进受教育者把正确的政治思想、价值观念、道德规范内化于心、外化于行，即树立正确的世界观、人生观和价值观，用于指导其实际行动。同时，受教育者自我教育的能力是在教育者的教育影响下形成和提高

① 张耀灿、郑永廷、吴潜涛等：《现代思想政治教育学》，人民出版社2006年版，第8页。
② 张耀灿等：《思想政治教育学前沿》，人民出版社2006年版，第50-58页。

的，只有经过教育与实践，才能培养和发展自我教育的能力。而自我教育能力的发展又反过来促进受教育者更自觉地接受教育，从而增强和巩固教育效果。所以，按照唯物辩证法的基本观点，他教与自教的关系是外因和内因、手段和目的的关系。教育者的教育是受教育者的外部条件，受教育者的自我教育是思想政治教育的内在依据，外因只有通过内因才能起作用。因此，苏联教育家苏霍姆林斯基总结了他一生的教育经验后得出重要结论："只有能够激发学生进行自我教育的教育，才是真正的教育。"[①] 我国教育家叶圣陶先生说过一句名言："教是为了达到不需要教。"[②] 这句话意味深长，要达到"不需要教"，就是要培养受教育者进行自我教育的本领。"不需要教"不是教育的解除，而是把教育者的"教"转化成受教育者的自教，实现他教与自教在受教育者身上的统一。

自教包括"自我"和"教育"两个概念，是人们按照思想政治教育的目标和要求，主动、自觉提高自身思想道德素质以及改正自己的错误思想和行为的过程，简单来说就是人们自己教育自己。自我教育是由多个要素构成的动态结构。首先，能够自觉进行自我教育的人，一定有自我认识的基础，有自我教育愿望并能提出自我教育的要求，这是进行自我教育的前提。没有这个前提，自我教育就无法展开。其次，自觉确立自我教育目标，在目标引导下的教育过程中，对自己的言行进行自我监督、自我调节，力争取得实际效果，这是进行自我教育的关键。最后，用正确的价值观对自我教育的过程、成效进行评价，并合理对待他人评价，在评价过程中，深化对自我教育的新认识，提高自我教育的水平。自我教育分为个人的自我教育和群体的自我教育。个人自我教育的主体既是教育者，又是教育对象；群体自我教育是指一个集体内部群众相互教育、相互促进的活动。"教育这个概念在广义上就是对集体的教育与对个人的教育的统一。"[③] "自我教育就是从这里开始的：让一个人去关心另一个人，力求看到自己身上的好的东西在另一个人的身上表现出来。"[④] 因此，自我教育既是手段，又是目的，即自我教育既是

---

① ［苏］苏霍姆林斯基：《给教师的建议》，杜殿坤编译，教育科学出版社1984年版，第341页。

② 《为了达到不需要教》，见《叶圣陶集》第11卷，江苏教育出版社1991年版。

③ ［苏］苏霍姆林斯基：《给教师的一百条建议》，杜殿坤编译，天津人民出版社1981年版，第207页。

④ ［苏］苏霍姆林斯基：《给教师的一百条建议》，杜殿坤编译，天津人民出版社1981年版，第207页。

个体自我修养的一种方式，又是个体提高自我思想道德素质的目的；自我教育既是自觉规范，又是自主选择，即自我教育既是个体规范言行的方式，又是自觉进行价值取向的行为；自我教育既是个体行为又是群体行为，即自我教育既表现为个体的独立行为，又具有外在感染性和群体性。

总之，他教与自教是思想政治教育学科的成效性范畴，不仅蕴含着思想政治教育及其学科的本质特性，而且展现了思想政治教育及其学科的基本关系。特别是自我教育，充分体现了思想政治教育的功能与价值：对个体来说，具有主体性、自觉性、终身性特点；对社会来说，具有自觉的群众性、基础性特征。

三、他教与自教基本范畴运用的普遍性

有些思想政治教育学的教材并没有把他教与自教作为基本范畴，而是把"内化"与"外化"作为思想政治教育学科的基本范畴。内化概念最早是由以迪尔凯姆为代表的法国社会学派提出来的，是指社会意识向个体意识的转化，亦即意识形态的诸要素被移置于个体意识之内。这一概念后来被一些心理学家采用并拓宽。例如，美国心理学家英格利希将内化理解为把某些东西与心理或身体相结合，采纳别人或社会的观念、价值观；美国社会心理学家阿伦森将内化看成将准则、信念纳入自己的体系。与内化相对应的概念是外化。外化在教育心理学领域是指内部智力动作向外部实际动作的转化，或是个人所积累的知识经验的客观化。因此，内化与外化是社会学、心理学使用的概念，不是思想教育、政治教育、道德教育领域创立的概念。同时，把内化与外化范畴引入思想政治教育学科泛化了这一范畴的应用范围，而且思想政治教育学科要对其进行符合学科特性的界定。为了避免学科之间概念与范畴的交叉，思想政治教育学科应当运用体现学科特性的范畴。内化与外化范畴只体现了受教育者的转化过程，而他教与自教范畴的覆盖面则比内化与外化范畴广。实际上，自我教育已经包含内化与外化的过程。

正因为他教与自教总是不可分割地联系在一起并具有重要作用，所以，各个时代、各个国家都根据社会和个体的需要并按照一定的文化背景，形成了教育与自我教育的概念体系。

早在古希腊时期，苏格拉底将道德教育称为"助产术"，并强调对受教育者的道德教育主要通过开展讨论、组织活动进行。柏拉图则认为，教育者在进行道德教育的同时，要通过环境影响、行为习惯培养，让受教育者自己

形成理性认识。亚里士多德特别重视"躬行实践"，认为只有实际锻炼才能使受教育者身上为善的德性日臻完善。古希腊思想家们的这些思想对后来西方国家的道德教育产生了深远的影响。近代英国哲学家洛克提出了著名的"白板说"，认为儿童的头脑是一张白纸，教育儿童"最简明、最容易而又最有效的办法，就是把他们应该做或是应该避免的事情的榜样放在他们的眼前""指给他们看"，这样他们就会"懂得更清楚，印象更深刻"。① 美国教育家杜威在其实用主义哲学思想的基础上，提出了"教育即生活""学校即社会"的教育思想。他认为道德教育不能简单地归结为"某种问答式的教学或关于道德的课程"，而应该扩展到整个学校生活，学生是从他们的全部社会经验中获得道德价值的。② 当代西方的教育家、心理学家继承了受教育者要自主学习的传统，主张受教育者通过自主的理智活动和实践活动获得道德上的发展与提高。柯尔伯格的"新苏格拉底法""公正团体法"以及贝克的"反省方法""问题中心法"等都以个体参与、自主活动来进行自我道德教育。但西方资本主义国家的自我教育受个人主义价值观支配明显，特别是20世纪以来，西方兴起相对主义思潮，道德教育也具有鲜明的相对主义色彩。道德相对主义者认为，在特定社会中，每个人的价值都是相对的，不存在评判个人行为正当与否的客观标准，因此，对个人行为无法进行道德上的评价。这种道德相对主义强调个人价值的独特性和权威性，反对道德原则、规范和方法的教育，主张人们通过自由、自主的选择来获取价值。其中，价值澄清学派就是主张道德价值相对的典型。这一学派的观点是：一要以生活为中心，主要解决生活中的问题；二要接受现实，即原原本本地接受他人，不必对他人的言行进行评价；三要进一步思考、反省，并做出多种选择；四要培养个人深思熟虑地进行自我指导的能力。这一学派的局限性是明显的，即把相对主义价值观作为基础，把个体经验作为确定价值观的标准来衡量和评判自身的社会行为，否定社会的客观价值标准，其结果必然导致社会成员独行其是；同时，它还忽视了道德教育的具体内容、要求和道德行为的培养、训练，容易导致个人主义、形式主义。存在主义者认为，道德只能来自我们的内心，人人都有绝对的自由把自己的价值赋予这个世界、赋予人的行为，教育所能做的至多只是为学生提供各种选择的机会，让他们去自由选择。

---

① ［英］洛克：《教育漫话》，傅任敢译，人民教育出版社1985年版，第83-84页。
② ［美］杜威：《道德教育原理》，王承绪等译，浙江教育出版社2003年版，第32页。

所以，道德相对主义实际上取消了道德教育与自我教育。事实上，在道德领域，个人不论是确定道德认知方式、做出道德判断，还是选择道德原则、寻求行为依据，都不可能是绝对自由的，都要受文化、教育的影响，受社会政治、经济制度的制约。

我国古代社会的道德教育与道德修养的资源更加丰富。道德教育简称为德教，道德修养也被称为修身。在古代社会起主导作用的儒家伦理为社会和个人设立了两个相互联系的目标：一是治国、平天下的社会目标；二是修身养性的个人目标。这两个目标紧密联系在一起，即为了实现治国、平天下的目标，个人就要接受道德教化，进行道德修养，由此形成了古代一整套教化与修养的理论与方法。诸如，教育要注重学思结合、知行结合，即受教育者既要重视学习与认知，又要重视思考和践行；人人要经常自省（亦称内省或反省），如孔子主张的"见贤思齐焉，见不贤而内自省也"（《论语·里仁》）、其弟子曾参提出的"吾日三省吾身"（《论语·学而》）流传至今。孟子则提出了"反求诸己"的自我修养方式。孔子还要求每个人克己，即以社会道德标准来约束和克制自己，并把克己上升到政治的高度——"克己复礼为仁"（《论语·学而》），做到"非礼勿视，非礼勿听，非礼勿言，非礼勿动"（《论语·颜渊》）。古代自我教育的最高层次是慎独，即在独处的情况下，能自觉地按一定的道德准则思考和行动，而不做任何坏事。"莫见乎隐，莫显乎微，故君子慎其独也。"（《礼记·中庸》）

从上述内容可以看出，尽管在古今中外的各个社会、各个国家表述不同，但教育与自我教育的范畴普遍存在，并受到高度重视。中国共产党继承、借鉴了这些教育资源，并在革命与社会主义建设实践中创造了思想政治教育与自我教育。如刘少奇在《论共产党员的修养》一书中，就继承和改造了自省、反省、反思、慎独等古代自我修养方法，在新的形势下发展了自我修养、自我教育的一系列方法。毛泽东在《改造我们的学习》《整顿党的作风》等著作中，系统论述了思想政治教育的民主方法，以及理论联系实际、批评与自我批评等一系列方法。新中国成立后，党继承和发扬了思想政治教育的优良传统，把思想政治教育推进到新的发展阶段。毛泽东的《关于正确处理人民内部矛盾的问题》和《工作方法60条》创立了正确处理人民内部矛盾的理论与方法，推进了教育与自我教育的发展。党的十一届三中全会以来，邓小平关于社会主义精神文明建设的理论与方法、江泽民提出的依法治国与以德治国相结合的方略、胡锦涛关于以人为本和建设社会主义和谐社会的理论与方法均适应了时代和我国社会快速、持续发展的形势，促进了人的全面发展，极大地丰富和发展了思想政治教育与自我教育的理论与方法。

四、当代社会他教与自教基本范畴的彰显

当代社会对教育与自我教育提出了更新更高的要求。这种更新更高的要求既由现代社会客观条件所决定，也是现代人自身发展所必需的。

首先是开放环境的适应性要求。在过去封闭的环境条件下，人们受不发达的交通、通信、传媒、信息等的制约，活动范围有限，视野、思维难免局限于比较偏狭的时空，加上意识形态领域在封闭状况下经过反复过滤显得相对单一，人们对环境因素没有多少选择的余地，只能依赖封闭环境所提供的有限信息谋求发展。随着对外开放的扩大，人们生活环境的时空领域不断扩充，环境因素和环境性质也发生了变化。一是现代交通、通信和传媒使人们的活动范围和信息获取范围空前广泛，面对大量的经常变化的人和事以及各种信息，人们的视野、思维、心理在不断丰富的同时，也要主动按照正确的价值标准进行比较、评判和取舍，才能适应开放环境的要求。二是环境的开放改变了意识形态领域的相对单一的状况，各种文化的相互激荡和思潮的涌动，对每一个人都会产生各种影响，人们必须对复杂的思想文化环境进行自主分辨和自主选择。特别是在互联网的虚拟环境中，主导价值与错误价值交错，积极因素与消极因素交汇，激励因素与诱惑因素杂陈，这就更需要加强教育和培养自我教育能力。只有这样，人们才能驾驭网络，把握自己，不被复杂的环境所迷，不为诱因所动。

其次是市场体制的自主性要求。社会主义市场经济体制的建立，扩大了人们的联系与合作，加强了人们的比较与竞争，提高了单位与个人的社会化和主体性程度，调动了人们生产和工作的自主性与创造性，推动了社会进步和人的发展。与自然经济和计划经济时期的依附性相比较，市场经济条件下主体的自主性与独立性包含着主体的自我教育，即要求主体自觉遵循竞争的规范性和有序性，按照正确的价值取向，充分发挥自己的积极性与创造性，使自己成为竞争的强者。因此，市场经济体制所要求的自主性、竞争性和创造性决定了人们提高自我教育水平的必要性与自觉性。

最后，终身教育的客观性要求。随着知识经济、信息社会的到来，学习和教育正在由传统的一次性学校教育转向现代终身教育，社会成了学习型、教育型社会，人成了终身学习和受教育的人。思想政治教育，特别是自我教

育，也要朝着终身性趋势发展。为此，联合国国际教育发展委员会早在1972年便提出："未来的学校必须把教育的对象变成自己教育自己的主体。受教育的人必须成为教育他自己的人；别人的教育必须成为这个人自己的教育。"①

---

① 联合国教科文组织国际教育发展委员会：《学会生存：教育世界的今天和明天》，华东师范大学比较教育研究所译，教育科学出版社1996年版，第196页。

论思想政治教育学科的建设与发展[*]

马克思主义理论一级学科的设立，为思想政治教育学科提供了发展机遇与建设平台。马克思主义在当代中国的发展丰富了思想政治教育学科体系。我国社会主义和谐社会建设的伟大实践既向思想政治教育学科建设与发展提出了要求，也为思想政治教育学科的建设与发展提供了基础。要有效解决思想政治教育所面临的重大理论与实际问题，提高思想政治教育的水平，发挥思想政治教育在科教兴国、人才强国中的作用，必须加强思想政治教育学科的建设与发展。

一、思想政治教育学科发展的机遇与平台

思想政治教育学科是在我国改革开放初期创立的，并伴随着我国改革开放的深化和社会的持续、快速发展而不断丰富，在推进思想政治教育科学化、维护社会稳定、促进人的全面发展、培养思想政治教育专门人才等许多方面，都发挥了十分重要的作用。思想政治教育学科的跨越式发展，既是我国社会发展与人的发展的客观需要，也是思想政治教育不断改革的结果。

（一）马克思主义理论学科为思想政治教育学科提供了发展机遇与建设平台

思想政治教育的改革在高校主要表现为思想政治理论课程的改革和大学生思想政治工作的改革。思想政治理论课程在改革开放过程中经历了多次改革。大学生思想政治工作也在经济体制转变、高校改革发展进程中不断改进。每次改革都向思想政治教育学科建设提出了新要求，同时也为思想政治教育学科的发展提供了机遇。马克思主义理论一级学科的设立和大学生思想政治理论课程的新一轮改革，更为思想政治教育学科提供了发展机遇与建设平台。

马克思主义理论一级学科，包括马克思主义基本原理、马克思主义发展

* 原载于《思想教育研究》2006 年第 2 期，作者郑永廷、张国启，收录时有修改。

史、马克思主义中国化研究、国外马克思主义研究和思想政治教育五个二级学科。这五个二级学科大体可以分为马克思主义理论学科和思想政治教育学科两大部分。新的马克思主义理论一级学科，与原有的马克思主义哲学、马克思主义政治经济学和科学社会主义学科有所不同，是综合的马克思主义理论学科。综合是从两个维度展开的：一是空间维度，主要研究马克思主义基本原理的综合体系、中国化马克思主义理论体系和国外马克思主义的总体状况；二是时间维度，主要研究马克思主义的历史发展。这两个维度在每个二级学科和各个二级学科之间也是交叉的，如马克思主义中国化研究二级学科，除了主要研究中国化马克思主义理论体系之外，也要综合研究中国化马克思主义发展史，而中国化马克思主义发展史在马克思主义发展史学科中，属于马克思主义国别史。中国化马克思主义理论，实际上是马克思主义基本原理在中国的运用、丰富与发展。因而，四个马克思主义理论二级学科是不可分割地联系在一起的，是从不同维度对马克思主义的综合研究。

对马克思主义进行综合研究，既是我国社会发展与人的发展的客观要求，也是马克思主义理论发展的需要。从客观要求看，我国正在进行全面建设小康社会的伟大实践，按照物质文明建设、政治文明建设、精神文明建设相协调的战略目标，推进社会与人的全面发展。在此实践基础上，党中央提出了科学发展观和建设社会主义和谐社会的目标，强调以人为本，坚持全面、协调和可持续发展。这些理论的提出与实践的发展都要求指导思想的系统性与综合化。同时，马克思主义在世界范围的发展，特别是在中国的发展，形成了丰富的理论成果，特别是中国化马克思主义的三大理论成果，即毛泽东思想、邓小平理论和"三个代表"重要思想，是既一脉相承又与时俱进的理论体系。综合研究马克思主义基本原理与中国化马克思主义理论，对完整、准确地学习、运用、发展马克思主义，发挥马克思主义的指导作用，具有重大的现实意义。

另外，我国社会与人的发展的多样、复杂与速变，以及发展取向上的全面、协调与可持续，决定着人们思想的形成与发展、行为的交换与变化不再像过去那样由社会的简单因素所导致，而是现代社会复杂因素综合作用的结果，人们突出的思想问题也难以由单一的思想政治教育解决。因此，思想政治教育学科必须在指导思想、教育原则、教育内容、教育方法上，根据社会与人的发展需要进行综合化、系统性的改革与发展。具体来讲，就是既要以马克思主义基本原理和中国化马克思主义理论为指导，又要以其为教育的主要内容。

（二）思想政治教育学科与马克思主义理论学科的内在关联

在马克思主义理论一级学科中，马克思主义理论学科与思想政治教育学科也是不可分割地联系在一起的。对于这种内在联系，马克思早在他的论著中进行了精辟阐述："批判的武器当然不能代替武器的批判，物质的力量只能用物质的力量来摧毁；但是理论一经掌握群众，也会变成物质力量。理论只要说服人，就能掌握群众；而理论只要彻底，就能说服人。所谓彻底，就是抓住事物的根本。但人的根本就是人本身。"① 马克思的这段话，一是强调了理论一定要说服群众、掌握群众、武装群众，也就是理论一定要满足群众的实际需要并能指导群众的实践，才能实现理论的价值，形成社会财富。相反，如果理论脱离群众，也就是理论脱离实际，理论就成了空洞的教条和无用的概念。这一点讲的是理论的目的性或价值性。二是强调了理论要彻底，要反映事物的本质，揭示事物发展的规律，也就是理论是一种真理。如果理论不彻底，或似是而非，这样的理论是不能说服群众的。这一点讲的是理论的科学性。理论的价值性与科学性最终都要通过群众的实践来实现和检验。理论掌握群众，其掌握的基本途径就是学习和教育。学习实际上是一种自我教育，离开学习和教育，理论特别是科学理论体系，就不可能在群众中自发产生。对这个问题，列宁在《怎么办？》一文中进行了系统的论述。同时，理论要彻底，其研究的基础是群众的实践与需要。如果脱离实际和群众的需要，理论则不可能彻底。对此，马克思、恩格斯在他们的多篇著作中都进行过精辟的阐述。

由此可以看出，马克思主义理论研究和思想政治教育研究都是为了实现群众的根本目的——提高认识世界与改造世界的能力，满足群众促进社会发展和自身发展的需要。马克思主义鲜明的人民性、实践性、科学性特征正是这种内在联系的体现。所以，马克思主义者在创立社会发展与人的发展理论的同时，也创造了把自己的理论转化为群众的思想、行为的理论和方法，特别是中国共产党人所创造的思想政治教育理论，是中国化马克思主义理论的重要内容，在我国革命与建设中发挥了巨大作用。思想政治教育学科既以马克思主义理论为指导，又以马克思主义理论为教育内容，这既是党的思想政治教育的优良传统，也是思想政治教育学科的本质特性。如果不以马克思主义理论说服人、教育人，就不是真正的思想政治教育。同样，马克思主义理

---

① 《马克思恩格斯选集》第 1 卷，人民出版社 1995 年版，第 9 页。

论研究也必须以中国的实际为基础，以满足广大群众的实践需要为目的。否则，也不是真正的马克思主义理论研究。

总之，马克思主义理论一级学科通过更高层次的学科方式，把马克思主义理论学科与思想政治教育学科联系起来、统一起来。马克思主义理论学科为思想政治教育学科提供理论研究成果，思想政治教育学科为马克思主义理论学科提供价值实现，这样就可以形成相互促进、共同发展的广阔平台。

二、思想政治教育学科理论体系的丰富与发展

思想政治教育学科理论体系既要随着我国社会主义现代化建设实践的发展而发展，也要随着理论成果的丰富而发展。

（一）科学发展观对思想政治教育学科体系的丰富与发展

我们党提出的以人为本，坚持全面、协调、可持续发展的科学发展观，其内涵是极其丰富的。其中，以人为本是科学发展观的核心，更是思想政治教育的根本宗旨，因为思想政治教育的对象是人。坚持思想政治教育以人为本，就是既要把人作为教育的对象，又要把人作为教育的主体；既要把人的全面发展作为社会和人的根本目标与根本利益，又要把人的全面发展作为社会发展的基础与手段；既要尊重人、关心人，又要培养人、教育人；既要充分发挥思想政治教育在人才资源开发中的作用，又要把我国的人口压力转化为人力资源。

围绕人的问题，思想政治教育学科有一系列需要深化研究和发展的课题。首先，要以人本发展观改变文本发展观。所谓文本发展观，就是以书为本、从理论出发的发展观，就是在教育过程中，只重视备课，忽视"备人"；只讲抽象理论，忽视人的实际；只注重文本逻辑，忽视人的需要；只强调文本阐释，忽视社会实践；等等。概括起来，就是只重书本，不重人本。这种文本发展观的基本特征是理论脱离实际、教育脱离人。它既会扼杀马克思主义理论的生命力，又导致人实践的自发性，对社会发展与人的发展不利。改革开放以来，我国在解放思想、实事求是思想路线的指导下，虽然在一定程度上克服了思想政治教育的教条主义、形式主义，但是，思想政治教育脱离现代社会发展和人们学习、生活实际的现象依然存在，满足人们在竞争、信息、网络等新的领域发展需要的理论、价值、心理健康教育还比较缺乏，思想政治教育与人们业务学习和业务工作分离的状况还没有得到很好

的解决，一些教育工作者、领导者在市场竞争中为了自身现实利益和职级提升而简单应付教育的倾向比较明显，传统、单一的思想政治教育方法与人们的多样化需求和个性化发展产生矛盾，等等。这些现象的特征仍然是理论脱离实际，是忽视人的需要与发展的教育倾向。人们在这种针对性不强的教育倾向中往往难以感受到教育的价值而对之产生质疑与疏离，使教育的有效性下降，这是当前思想政治教育不容忽视的问题。我们应当以人本发展观反省教育的文本发展观，改革教育脱离社会和人们实际的倾向，真正使教育成为人们的发展需要。

其次，坚持全面发展观，克服片面发展观。坚持社会与人的全面发展，是科学发展观的中心内容，也是思想政治教育的根本目标。所谓人的全面发展，就是按照人的本质，"以一种全面的方式，也就是说，作为一个完整的人，占有自己全面的本质"①。生活在一定社会条件下的人，既要拥有生存与发展的物质条件，又要不断丰富社会关系，还要有自己的精神生活。在发展取向上，既坚持全面又有所侧重，既发展特色又互不替代，以物质、社会、精神的全面方式发展自己，才能坚持全面发展。在不同历史时期，全面发展观的内涵是不同的，全面发展观是相对于片面发展观而言的。在历史发展进程中，由于受生产力水平和社会政治制度的制约，人往往呈现片面发展状态，并在不断克服片面发展的过程中走向全面。在市场竞争和文化多元化条件下，人的发展面临许多新的矛盾并引发许多社会问题。如一些人将物质交换原则引入政治领域，大搞钱权交易；一些人迷信金钱至上；一些人诚信缺失；等等。由此，出现了价值取向上的以金钱为本、科技为本、宗教迷信为本的倾向。这些倾向导致一些人在思想上产生迷惘与困惑，不自觉地表现出"心躁"情绪，不明白"人无远虑，必有近忧"的古训；有的人由于内在精神缺乏支撑，患上各种精神疾病而遭受精神折磨。这些我们可以大量感受到的事实，不仅给社会和个人发展增加了阻力，还要社会对其所造成的损失做出补偿。对此，我们只能理解为，这是精神与道德生活滞后或乏力所导致的惩罚。面对我国社会和人的发展的复杂状况，思想政治教育学科要以科学发展观为指导，在理论上启发人们重新学习马克思主义关于人的本质与全面发展的理论，克服实用主义倾向与片面性理解，切实确立全面发展目标；在实践中帮助人们适应社会发展的多样性与丰富性，改变过去非此即彼和抑此扬彼的简单化方式，切实在坚持全面发展中形成重点与特色。

---

① 《马克思恩格斯全集》第 42 卷，人民出版社 1979 年版，第 123 页。

最后，树立协调发展观，避免对立发展观。坚持社会和人的协调发展是科学发展观的重要内容，也是思想政治教育在新的历史条件下应遵循的重要原则。所谓协调发展，是指人在发展过程中与其所处环境、条件的互动与和谐，而不是分裂与对抗。人的全面发展与协调发展是不可分割地联系在一起的，全面发展是协调发展的基础，没有全面发展，就无法进行各方面的协调；而协调发展则是全面发展的保证，没有协调发展，就无法坚持全面发展。人的协调发展主要包括人与社会、人与自然和人自身发展的协调。

人与社会的关系始终是人的生存与发展所面临的主要关系。在社会主义初级阶段，人与社会既存在自然经济条件下的人际依附关系，以及血缘、地缘、业缘关系，也存在市场经济条件下的个人本位、个人中心的倾向。前者表现为主体性不强，后者表现为社会化程度不高。因此，增强人的主体性、提高人的社会化水平，是思想政治教育所面临的双重任务。思想政治教育既要发展人的自主性、竞争性，克服依赖性；又要提高人的社会化、合作性，克服自由化，探索人的主体性与社会化相结合发展的协调状态。

人与自然的关系也是人所面临的基本关系。在我国现阶段，由于科学技术落后，人对自然的开发还不充分，许多人还处在对自然的依赖状态。因此，动员人们提高科学技术水平，提高人认识和开发自然的自觉性，仍然是思想政治教育长期而艰巨的任务。不完成这个任务，人与自然的协调性只会停留在浅层面上。同时，在我国实现现代化的过程中，也出现了人与自然的矛盾与冲突。如一些人在利用科学技术时，为追求自身利益而过分开发稀有资源并造成污染和环境恶化；一些人物欲膨胀，无节制地享用自然珍稀资源和现代物质条件，加速物种灭绝和垃圾遗弃，破坏生态平衡；一些人为眼前利益，对自然资源进行盲目甚至掠夺性开发，已经并还将遭受自然的严厉报复和惩罚。人与自然的这些矛盾与冲突已经威胁到人的生存与发展，如果不在价值观上予以正视和引导，人的发展就会陷于片面，人的根本利益将遭受损害。因此，思想政治教育学科必须重视这一重大现实课题，探索人与自然协调发展的格局。

人自身的协调发展亦可被称为人的可持续发展，是指人实现眼前发展与长远发展的结合并坚持对自身不断超越的发展状态。市场经济体制下的激烈竞争，现代科学技术发展的日新月异，社会信息传播的千变万化，以及终身教育与学习型社会的形成，既要求每个人持续发展，也为每个人的持续发展创造了条件。但是，不少人由于受眼前利益、局部利益的驱使和局限，往往只重视个人的眼前发展而忽视长远发展，结果导致发展缓慢甚至发展间断。

为此，思想政治教育学科要根据现代社会的客观要求，按照可持续发展战略，引导人们在注重竞争发展的同时，立足长远发展；在关注现实利益的同时，树立远大目标，坚持眼前与长远、现实与理想的协调发展取向。

（二）和谐社会建设的理论与实践对思想政治教育学科体系的丰富与发展

建设社会主义和谐社会，是我们党顺应历史发展趋势，根据全面建设小康社会的需要，为推进中国特色社会主义现代化建设所确立的战略目标。这一战略目标既体现了社会主义的本质，也是我国自古以来世世代代所追求的社会理想。建设社会主义和谐社会具有丰富的外延与内涵，它是一种以社会主义为制度基础的和谐社会，是全体人民各尽所能、各司其职以及充满创造活力的社会，是全体人民各得其所和利益关系不断得到有效协调的社会，是社会管理体制和社会服务网络不断健全的社会，是稳定有序、安定团结、各种矛盾得到妥善处理的社会。思想政治教育学科要适应并推进和谐社会的建设，必须既把建设社会主义和谐社会作为学科建设的目标，又把它作为学科发展的实践基础。思想政治教育学科建设必须立足于我国社会主义现代化建设的实际，围绕和谐社会建设目标，促进社会主义物质文明、政治文明和精神文明的协调发展，为社会发展提供正确的价值导向和精神动力。因此，和谐社会建设的理论与实践为思想政治教育学科建设提出了新的目标与课题，思想政治教育学科必须拓展外延、丰富内涵，在建设实践中不断增强学科的时代特色。

此外，在经济全球化、文化多元化、社会信息化、发展多样化的历史背景下，我国社会主义现代化建设面临着复杂多变的国内外局势，其发展进程无疑会遇到各种矛盾甚至冲突，如果对突出矛盾与冲突不进行深入研究和思想上的引导，我国社会就不可避免地会发生动乱。而社会冲突与动乱，不仅会使我们国家、我国社会主体与个体丧失发展机遇，而且会使我国丧失民族振兴的目标。因此，建设社会主义和谐社会也是站在全局、长远发展的高度提出的策略应对，具有很强的现实针对性。为此，思想政治教育学科要针对忽视社会协调发展的教训，针对我国当前发展过程中存在的某些矛盾与冲突，切实探讨发生这些问题的思想根源，及时对现代化建设中出现的新情况、新问题进行有针对性的研究，发展思想政治教育的导向功能，为建设和谐社会建设进行方向、目标引导，矫正、克服发展偏差，保证我国在主导方向上的共识性与一致性，增强凝聚力与发展动力。同时，还要研究和发展思想政治教育沟通、平衡、稳定的功能，善于协调各方面的利益关系，不断提高正确处理人民内部矛盾的能力。

三、思想政治教育学科理论原则的丰富与发展

马克思指出："一切划时代的体系的真正的内容都是由于产生这些体系的那个时期的需要而形成起来的。"[①] 思想政治教育学科的建设和发展必须立足于全面建设小康社会的客观实际，既要为建设和谐社会服务，又要为人的发展提供目标导向和精神动力。因此，思想政治教育学科建设要在实践发展的基础上，加强对思想政治教育理论的发展研究。

（一）坚持面向世界与立足民族发展相统一的原则，发展主旋律教育

思想政治教育学科建设必须突出主旋律教育，这既是思想政治教育学科建设的基本要求，也是学科发展的价值所在。在以和平与发展为主题的开放时代，全球化与民族化既分化、又整合的发展趋势，要求思想政治教育学科必须立足民族，面向世界，高扬爱国主义、社会主义、集体主义教育的主旋律。在经济全球化过程中，西方发达国家以强大的科学技术和经济实力主导着世界的游戏规则，它们打着"人权高于主权"的幌子向广大发展中国家输出其价值观、推行文化霸权、干涉别国内政，造成了所谓的"文明冲突"，对青年学生的健康成长造成负面影响。民族化发展是世界各国尤其是发展中国家在经济全球化浪潮中为了维护国家的主权和独具特色的民族文化，立足本民族发展的过程和状态。全球化和民族化竞相发展的态势引起了二者在某些领域和层面上的矛盾与冲突。为了正确把握二者关系，思想政治教育学科必须研究面向世界和立足民族发展相统一的原则，坚持和发展主旋律教育，培养面向现代化、面向世界、面向未来的高素质人才。

在全球化与民族化发展趋势中强化主旋律教育，这是由中国的基本国情决定的，也反映了大学生健康成长的内在要求。中国是发展中的社会主义大国，是西方国家始终关注和企图改变其性质的主要对象。大学生是十分宝贵的人才资源，是民族的希望，当然也成了西方国家进行思想渗透的重点。思想政治教育学科的建设和发展必须面对中国社会转型和国际社会激烈竞争的

---

① 《马克思恩格斯全集》第3卷，人民出版社1960版，第544页。

现实，加强主旋律教育以培育民族精神，增强大学生对各种社会思潮的识别能力和免疫能力，帮助大学生树立科学的世界观、人生观和价值观。

中国共产党历来重视主旋律教育。如果说新中国成立前加强主旋律教育是为了民族的独立和解放，新中国成立初期的主旋律教育是为了社会主义制度的建立和巩固，那么当今思想政治教育的主旋律则是为了凝聚人心和力量，建设社会主义和谐社会，培养社会主义事业建设者和接班人。我们坚持的主旋律教育既立足于本民族文化特色和发展实际，又具有世界视野；既引导青年为了民族的发展和振兴刻苦学习、早日成才，又增强我国的民族竞争力、凝聚力。这是实现国家富强、人民富裕的基本条件，也是中国在全球化进程中有所作为的基本前提。

（二）坚持主导性与多样性相统一的原则，发展理想信念教育

主导性与多样性是一个古老的哲学命题，是任何事物发展的基本样态。研究主导性与多样性相统一的原则，实际上是研究普遍性与特殊性、绝对性与相对性、一致性与差异性的辩证关系问题。现代世界是一个文化多元的世界，我们尊重人类的多种文明成果和形式，主张维护世界的多样性。但是，在信息社会化和文化多元化的环境中，仅主张多样性而不坚持主导性就容易使人迷失方向。一些人不同程度地存在着政治信仰迷茫、理想信念模糊、价值取向扭曲、诚信意识淡薄等问题，这在很大程度上是理想信念教育跟不上时代发展的需要造成的。因此，坚持主导性与多样性相统一的原则，在思想政治教育学科建设的过程中，就是发展和强化对大学生的理想信念教育。

发展和强化理想信念教育，就要深入开展科学的世界观、人生观和价值观教育。理想是人的价值意识的最高形态，是人们在社会实践中形成的具有现实可能性的对未来价值目标的向往和追求；信念是人们对某种观念和理想坚信不疑并身体力行的精神状态。理想信念是人们的世界观、人生观和价值观在奋斗目标上的集中体现，是建立在实践基础上的具有神圣性和崇高性的价值追求。社会主义制度在我国的确立决定了我国的意识形态必须以马克思主义为主导，坚持社会主义的性质和方向。因此，发展理想信念教育，就是要坚持社会主义的主导价值观，引导人们正确认识社会发展规律，认识国家的前途和命运，认识自己的社会责任，确立建设中国特色社会主义道路的共同理想和坚定信念，并使一部分先进分子树立起共产主义的远大理想。

开展理想信念教育，必须正确认识主导性与多样性的辩证统一关系。坚持社会主义意识形态的主导性，突出社会的主导价值观，就是发展与强化社

会主义的理想信念，这与强调社会主义的方向性、集体主义原则在本质上是一致的。一定的文化是一定社会的政治和经济在观念形态上的反映。思想政治教育作为社会主义文化的重要组成部分，具有鲜明的意识形态性，因此，坚持社会主义的主导价值观教育一刻也不能松懈。多样性是文化发展的必然状态，主导价值观只有在多样性发展中才能凸显其重要意义。思想政治教育学科建设既要吸取过去学科建设中只讲主导性、排斥多样性的教训，也要防止只讲多样性、忽视主导性的倾向。也就是说，学科建设要在坚持社会主义一元主导的前提下发展多样性，在发展多样性的基础上坚持主导性。

（三）坚持自主性与社会化相统一的原则，发展道德法制教育

社会主义市场经济体制的建立改变了计划经济体制下人的依赖性，增强了人的自主性与竞争性，这是我国社会发展的一个巨大进步。但是，市场经济本身是一种规范性经济，具有社会化与合作性的一面，它要求人们在商品交换中遵纪守法，讲究道德和诚信。然而，目前市场上违法乱纪、缺乏诚信的现象严重背离了社会主义市场经济的运行规则。为此，思想政治教育学科要注意研究个体自主性，以及社会主义、集体主义所强调的整体性、全局性的深刻内涵，引导人们正确认识自主性与社会化、竞争性与合作性、自由性与规范性的关系。不能只注重市场经济的自主性、竞争性、个体性，而忽视社会化、合作性，甚至出现个人中心主义和新的自我封闭现象。要加强研究自主性和社会化相统一的原则，正确进行道德法制教育，通过加强自主性、竞争性教育，增强人们的主体性；通过加强社会化、合作性教育，提高人们的社会化程度。

思想政治教育学科研究道德法制教育，要坚持服务与为利的辩证关系。追求物质生活的改善是人的需要，但是，从事经济活动和追求经济利益要"取之有道"。市场经济体制下的为利改变了小农经济的自给自足状态，是以面向市场和面向社会服务为前提的，没有服务就不可能为利。因此，我们要研究经济、科技与道德之间的内在联系，把握服务与为利的辩证关系，深化市场经济条件下的道德法制教育。同时，思想政治教育学科也要研究现代社会条件下，经济与政治、科技与道德间新的关系、新的矛盾、新的平衡，帮助大学生认识人不仅有物质利益的追求，还有超越物质利益的价值理想，并在追求价值理想的过程中体验做人的自豪与神圣。因此，人们追求物质利益要遵纪守法、讲究道德，以一种理性的态度和共生共在的生活理念指导自己，科学处理个人与他人、社会和自然之间的矛盾，并通过服务社会实现自

身价值。思想政治教育学科建设既要提倡为人民服务的根本宗旨，也要尊重大学生和其他社会成员的合理利益，要科学解决大学生价值取向面临的为利性与服务性的新矛盾，允许并鼓励他们正当为利，并要求他们在社会生活的各个领域讲究服务性，实现个人发展和社会发展的有机统一。

四、思想政治教育学科的分支学科研究与发展

思想政治教育学科伴随着改革开放的伟大实践应运而生，学科领域与内涵不断得以深化和拓展，原有分支学科不断得到充实，新的分支学科也在孕育之中。

（一）思想政治教育学科的分支学科基础

思想政治教育学科研究的主要矛盾是现代社会对人们思想品德发展的要求和人们实际的思想品德水准之间的差异。为解决这一矛盾而确立的学科主体内容是该学科区别于其他学科的中心。思想政治教育学科主要围绕思想政治教育的"史""论""方法"展开，形成了《马克思主义思想政治教育理论基础》《思想政治教育学原理》《思想政治教育学方法论》《思想政治教育史》等成果。在此基础上，分支学科发展迅速，理论教育分支学科的研究成果主要有《唯物史观通论》《政治观教育通论》《人生观通论》《道德观通论》《社会思潮与大学生思想政治教育》等，这些研究成果是在借鉴了多门相关学科的知识的基础上，对《思想政治教育理论基础》《思想政治教育学原理》内容的拓展。教育方法论方面的分支学科主要有《青年学概论》《思想政治教育心理学》《比较思想政治教育学》《思想政治教育案例教学》等，是对《思想政治教育方法论》的拓展和具体化。

马克思主义理论一级学科的设立，必须从综合视角重视马克思主义理论教育分支学科，如马克思主义基本原理教育、中国化马克思主义教育、国外马克思主义研究等的建设。这些新的分支学科都与思想政治教育学科密切相关。

（二）思想政治教育学科要重视人的非智力因素开发

"广义的非智力因素包括智力以外的心理因素、环境因素、生理因素以及道德品质等。狭义的非智力因素则指那些不直接参与认识过程，但对认识过程起直接制约作用的心理因素，主要包括动机、兴趣、情感、意志和性格

等等。"① 在当代社会条件下，非智力因素的突出主要缘于社会的复杂化和人的发展新要求，这与当代社会各学科的研究在人身上聚焦是内在统一的。思想政治教育学科要对人的非智力因素的价值、发展等问题进行审视，并对直接与思想政治教育有关的因素进行研究，形成专业化、科学化的成果，为培养人、开发人服务。与思想政治教育直接有关的非智力因素研究，主要有如下四方面内容。

其一，心理健康、心理咨询研究。心理活动是客观社会的主观反映。现代社会的复杂性、多重性与多变性不可避免地会使一些人，特别是青年学生，产生心理矛盾、困惑、失衡、障碍甚至心理疾病。思想政治教育学科要有效解决人们的思想、情感、观念、信念问题，必须综合运用各种知识与方法，包括心理学知识与方法。心理健康与思想健康、心理问题与思想问题虽有区别，但也有联系。在科学文化教育中需要运用心理学知识，在思想政治教育中更应如此。因此，研究思想政治教育心理学，应当重点研究思想、政治、道德方面的心理现象及其发展变化规律，其直接目的就是帮助人们保持思想健康，能够做到由思想自发转化到思想自觉，由个人经验上升到科学理论的高度。

其二，婚恋道德、婚恋规范研究。恋爱、婚姻、家庭是人们生活的重要内容，更是青年学生关注的热点。随着物质、文化生活水平的提高和社会交往的扩大，恋爱、婚姻、家庭方面出现了许多新问题，其中道德、法纪是关键问题。一方面，在恋爱、婚姻、家庭中，某些传统的道德、法纪正在消解其作用；另一方面，适应开放、市场体制和多样化发展的道德、法纪尚未完全确立和被人们普遍认同。因此，对于作为思想政治教育与实际联系的一个重要方面的恋爱、婚姻、家庭，我们应当予以重视并加强研究。否则，思想政治教育所讲的道德、法纪内容就会脱离人们的生活实际。思想政治教育学科研究恋爱、婚姻、家庭问题，主要是研究道德、规范问题。

其三，事业理想、职业选择研究。从事事业、职业、专业，是每个人投入精力与时间最多的活动，也是每个人有所作为的标志。在市场竞争和科技快速发展的条件下，社会中职业、专业的地位、价值，人们的职业岗位、专业领域，影响职业岗位、专业领域的因素经常发生变化。人们怎样改变过去相对固定的事业、职业观念，既根据社会需要，又结合自身特点与优势，确立事业理想，合理选择职业、专业，这也是一个亟待研究的课题。思想政治

---

① 沈德立、阴国恩：《非智力因素与人才培养》，教育科学出版社1992年版，第7页。

教育结合实际、发挥作用的一个主要方面，就是要把思想政治教育渗透到业务活动中，在学校，就是将其渗透到智育中。过去，思想政治教育存在的主要弊病是"两张皮"现象，也就是思想政治教育与业务活动脱离。现在要克服这种弊病，就必须进行事业理想、职业选择的学科化研究，并进行专业化指导。

其四，现代人际交往研究。人际交往是人与人通过一定方式相互传递信息、沟通思想、交流情感，并在心理上和行为上产生相互影响的过程。在现代社会条件下，便捷的信息传播与发达的交通为人们创造了广泛交往的条件。同时，关系的增多，特别是网络虚拟关系的发展，使人们的交往也与社会一样复杂多变。因此，如何正确认识、把握社会交往，合理选择交往，避免交往风险，就成为人们特别是青年学生必须正视和解决的现实问题。思想政治教育学科研究这个问题，就是要探索现代社会人际交往的理论与方法，把自发、经验交往转到自觉、合理的轨道上，帮助人们在有效交往中发展自己。

（三）思想政治教育学科分支学科的发展

随着思想政治教育学科研究领域的扩大和研究成果的增多，我们必须在进一步分化研究的基础上，进行必要的综合研究，探索新的二级学科。

其一，对主体性思想政治教育的探索。思想政治教育学科，从人的层面讲，就是促进人的全面发展的学科，而人的全面发展就是人的主体性的增强。人的主体性包括人的独立性、自主性与创造性。不断增强人的主体性是适应并促进开放社会、竞争社会、信息社会发展的需要，是衡量人的解放和发展程度的尺度。

主体性思想政治教育是一种适应并推进现代社会与人的发展的教育形态。它除了要实现培养、提高受教育者主体性的目的，还要在教育过程中充分尊重、发挥教育者与受教育者的自主性与积极性，使教育、自我教育活动成为人们自觉的活动方式。因此，主体性思想政治教育的形成与研究就是思想政治教育的丰富与发展。

主体性思想政治教育之所以是一种现代形态的教育，是因为它真正体现了以人为本的精神，能够实现开放式、民主化、参与式、互动性与创造性教育。这种教育比起过去的强迫性、受动性教育是巨大的进步。同时，我们也应当看到，对过去存在某些弊端的思想政治教育进行改革有一个过程，主体性思想政治教育的形成与研究也有一个过程，思想政治教育学科就是要推进这一过程。

其二，对主导性思想政治教育的探索。思想政治教育学科，从社会层面讲，就是要发挥社会主义意识形态的主导作用，维护社会稳定，推进社会全面、协调发展。思想政治教育的主导性主要包括三个方面：一是用马克思主义指导人们的思想与行为；二是用社会主义意识形态主导社会思潮与各种文化；三是用正确的价值观主导经济与业务工作。增强思想政治教育主导性，是适应并促进多样化、复杂化、多变性社会发展的需要，是衡量发挥思想政治教育生命线、中心环节作用的尺度，是维护社会主义意识形态安全的思想保证。

主导性思想政治教育是一种区别于单一性思想政治教育的现代教育形态。它除了要坚持马克思主义的指导和社会主义意识形态的主导，还要继承、借鉴我国古代和国外优秀的思想文化成果，保证和促进人们精神生活的多样化发展；除了要坚持先进性教育目标，还要针对不同的人群，按照不同层次要求进行教育与引导。因此，主导性思想政治教育是一种目标具有多层次性、内容和方法具有多样性的教育，比起在目标上"一刀切"、在教育内容和方法上"一律化"的传统教育，更符合社会实际和人们的需要。因此，主导性思想政治教育研究，实际上是多样性思想政治教育研究，是对思想政治教育学科的丰富与发展。

其三，网络思想政治教育探索。随着网络社会的到来和虚拟空间的出现，网络思想政治教育的探索已经被提上了思想政治教育学科建设的日程。在网络领域这个新空间，人们的虚拟实践是现实实践的延伸、优化和发展。人们在虚拟实践活动中形成的各种关系被称为虚拟关系。虚拟实践和虚拟关系构成了人们在虚拟领域的学习、工作、生活和交往方式。因此，网络领域的出现和发展不仅为人们开辟了一个新的生存与发展空间，而且对人们现实的学习、工作、生活和思维方式产生了广泛而深刻的影响。这种新的空间与新的影响成为思想政治教育学科必须面对和研究的新课题。

同时，网络领域作为信息传播、交流的"集散地"，作为信息选择、整合的"优化场"，作为关系调节、时空运筹的"新空间"，可以为人们提供丰富的学习资源，扩大人们的知识视野和交往空间，让人们通过比较、借鉴优化自身的发展方式和自主培养创新的精神与能力。网络的这些特性与功能也为思想政治教育创设了一个新领域。思想政治教育学科如何根据网络的特点研究虚拟空间思想政治教育的新理论、新形式、新方法，如何发展网络思想政治教育的功能，如何把现实性教育与虚拟性教育结合起来等问题，是网络思想政治教育亟待研究的问题。

试论坚持思想政治教育学科建设的 主导性与前沿性[*]

思想政治教育学科从创立到现在，经过20多年的建设，取得了丰硕成果，为推进思想政治教育发展，提高思想政治教育科学性与实效性做出了重要贡献。我国改革开放的深化和社会主义现代化建设的发展既为思想政治教育发展提供了机遇，也向思想政治教育提出了新要求，思想政治教育学科面临着许多新情况、新问题。在开展学科建设、推进学科发展的过程中，坚持思想政治教育学科建设的主导性和前沿性是一个十分重要的问题。

一、坚持思想政治教育学科建设的主导性

所谓主导，是指决定并且引导事物向某方面发展。所谓思想政治教育学科建设主导性，是指学科建设的指导理论、主要目标、建设重点的主导地位和服务思想政治教育实践发挥主导作用的特性。学科建设主导是学科建设的中心与主体，是相对于学科边缘与辅助而言的。

（一）思想政治教育学科建设主导性的内涵

思想政治教育学科建设主导性的内涵十分丰富。首先，思想政治教育及其学科定位决定其性质、功能和特点。思想政治教育学科是马克思主义理论一级学科所属的二级学科，是具有中国特色、中国风格、中国气派的学科。这个学科所研究的思想政治教育覆盖我国全部领域、全体人员，发挥着引导方向、思想保证、以理服人、科学育人的功能。因而，只有坚持马克思列宁主义、毛泽东思想和中国特色社会主义理论体系的指导，坚持对实践活动、社会活动发挥先导作用，才能保证思想政治教育及其学科建设的根本性质与根本方向，这是思想政治教育学科建设主导性的根本。

其次，思想政治教育学科建设，要以马克思主义关于人的全面发展理论为指导，为培育有理想、有道德、有文化、有纪律的社会主义公民服务，为

---

* 原载于《教学与研究》2012年第2期，收录时有修改。

培养德、智、体、美全面发展的社会主义建设者和接班人服务。前者是我国社会主义精神文明建设的根本目标，后者是我国社会主义教育总的培养目标。为实现这两个目标服务，就是思想政治教育学科建设的主导目标。

再次，思想政治教育学科建设要坚持社会主义意识形态主导。社会主义意识形态的各种意识形式，主要包括马克思主义哲学、政治经济学、科学社会主义理论，以及社会主义政治、法律、道德，还有我国革命、改革和建设的时代内容、实际内容等。思想政治教育要研究这些内容的整合，要坚持多元文化交汇背景下的中华民族文化主导，多种意识形态并存条件下的社会主义意识形态主导，多样化价值取向过程中的社会主义核心价值体系主导，多样化知识、信息影响下的人本主导。

最后，思想政治教育学科建设还要坚持思想政治教育理论发展与创新主导。思想政治教育理论发展与创新必须立足我国实际，坚持思想政治教育继承、发展、创新的连续性，既要反对思想政治教育上的历史虚无主义倾向，又要克服思想政治教育的保守思想；必须把握思想政治教育学科建设的主题，坚持发展的主导方向，既要反对以相关学科主题替代思想政治教育学科的倾向，又要克服拒绝吸收、借鉴相关学科最新成果，孤立地进行思想政治教育学科建设的倾向。

（二）坚持思想政治教育学科建设主导性就是要始终坚持主旋律教育

坚持思想政治教育学科建设主导性，形象地讲就是"唱响学科建设主旋律"，也就是坚持"主旋律教育"。胡锦涛同志曾在全国宣传部长会议上，对宣传思想工作提出"唱响主旋律、打好主动仗"的基本要求。他指出："我们讲'唱响主旋律'最主要的就是要高举马列主义、毛泽东思想和邓小平理论的伟大旗帜，坚持用党的基本理论、基本路线、基本纲领宣传教育干部和群众，用爱国主义、集体主义、社会主义和艰苦创业精神宣传教育干部和群众，用一切有益于人们身心健康的精神产品占领思想文化阵地，大力弘扬社会正气和时代精神，以激励、调动和发挥人民群众建设有中国特色社会主义的积极性，不断推进改革开放和现代化建设的各项事业。"①《中共中央关于深化文化体制改革推动社会主义文化大发展大繁荣若干重大问题的决

---

① 胡锦涛：《在全国宣传部长会议上发表重要讲话要求宣传思想战线 唱响主旋律 打好主动仗》，载《人民日报》2000年1月12日。

定》强调："推进社会主义核心价值体系建设，巩固全党全国各族人民团结奋斗的共同思想道德基础。"①

思想政治教育的主旋律就是"主旋律教育"。所谓主旋律教育，就是在各种教育中居于主导地位、具有主导作用的教育，包括爱国主义教育、集体主义教育与社会主义教育。这三项教育都是以国家为对象和内容的教育。爱国主义讲的是公民对国家的立场、态度、责任与情感，以及国家给予公民的保护、权利与安全。爱国主义教育是包含政治、道德、思想内容的综合性教育。每个人总是属于社会和某个国家的，研究和处理公民与国家的关系，是个体和国家面对的基本问题。因而，进行爱国主义教育始终是古今中外各个国家永恒的教育主题。我国实行的是社会主义制度，即坚持以公有制、按劳分配为主体，多种所有制与分配方式并存的经济制度；坚持人民代表大会的根本政治制度，是我国人民民主政权和人民管理自己国家的组织形式。这样的经济、政治制度决定我国必须坚持爱国主义、集体主义、社会主义具有内在逻辑联系的思想体系，作为我国社会的主旋律。我国坚持主旋律教育，就是为了坚持和保证我国的社会主义性质与制度。

（三）坚持思想政治教育学科建设的主导性就是要始终遵循学科规范

坚持思想政治教育学科建设的主导性，从学术层面讲，就是遵循学术规范、遵守学科纪律。这是因为学科都是按知识性质或学术领域分类的，学科知识的性质是学科中心（或内涵）与学科外延（或边缘）的统一，学科的标志是学科主要概念和范畴体系。所以，西方国家用"subject""discipline"两个单词表达学科概念，与"主题""纪律"同义。也就是说，一个依托某个学科并研究这个学科的学者，必须围绕这个学科的主题、遵循这个学科的规范，否则就会突破学科范畴，违反学科纪律。思想政治教育学科的规范是有层次要求的，思想政治教育的社会主义意识形态性是其根本属性，因而，坚持这一属性是最根本的规范；发挥思想政治教育的正确导向、思想保证、以育人为本的功能，增强针对性与实效性是基本规范；按照科学性与价值性统一、综合性与系统性统一、内化性与外化性统一的特点进行学科建设和开展教育是关键规范；运用思想政治教育学科概念、范畴体系进行教育和研究

---

① 中共中央文献研究室：《十七大以来重要文献选编》（下），中央文献出版社 2013 年版，第538 页。

是重要规范。

应当承认，在思想政治教育及其学科建设上，疏远甚至脱离以上规范的情况是存在的。诸如，有些思想政治教育者热衷于所谓"中性"和"边缘性"教育与研究，有的甚至崇尚资产阶级教育内容和宗教内容；有些教育者和研究者身在思想政治教育学科，却突破学科边界，或设立其他学科的研究方向，或选择其他学科的研究选题，形象地讲，就是"耕别人的田，荒自己的地"；也有些思想政治教育者和研究者不仅对思想政治教育的理论、特点不掌握、不研究，缺乏学科知识体系，还对这个学科说三道四甚至贬低学科地位，损害学科形象；还有的思想政治教育者不用"思想政治教育"这一概念，而试图以思想教育学、思想关系学、思想工程学等概念改变、替代思想政治教育概念，其边缘化倾向明显，或以博雅教育、通识教育、普世教育等西方国家不同历史时期的主概念，冲击思想政治教育主概念；甚至有人企图用自己所理解的"公民教育"取代其所说的"党化教育"（即思想政治教育），并试图改变我国教育方针所提出的培养目标，建立"一种崭新的教育目标体系"；等等。这些冲击和疏离学科规范的言行不仅阻碍了思想政治教育的发展，而且导致一些单位缺乏思想政治教育特色与人才特长，教育与研究方向不明、效果不好。为此，我们一定要认识到坚持思想政治教育学科建设的主导性、遵循思想政治教育及其学科建设规范的重要作用与价值。

（四）正确认识和处理思想政治教育学科建设主导性与学科发展多样性的关系

主导性与多样性的关系实际上是普遍性与特殊性、一致性与差异性的辩证关系。坚持思想政治教育学科建设的主导性，并不是忽视和否定思想政治教育学科建设的多样性，而是为了更好地推进学科的多样性发展。所谓思想政治教育多样性发展，主要指不同层次目标、不同内容、不同类型、不同方式的思想政治教育的发展，以及继承民族优秀文化传统、借鉴国外有益知识与经验、吸收相关学科最新研究成果，以保证思想政治教育的丰富性与生动性。

思想政治教育学科建设的主导性与多样性是思想政治教育的一体两面，两者相互制约、相互依存、相互渗透、相互贯通，不存在没有多样发展的主导性，也不存在没有主导性的多样发展。主导性以多样性为基础，多样性以主导性为根据；主导性包容、协调多样性，多样性包含、服务主导性。我们既要在主导性前提下发展多样性，又要在多样性基础上坚持主导性；既不能以主导性排斥多样性，也不能以多样性冲击主导性。为此，我们既要吸取过去只讲主导性、排斥多样性的教训，也要防止只讲多样性、忽视主导性的倾向；既要在坚持主导性的前提下发展多样性，也要在发展多样性的基础上坚持主导性。主导性和多样性的脱节不是导致理论脱离实际的教条主义和形式主义，就是导致盲目和冲突，这两种情况虽然形态不同，但其扼杀马克思主义理论的生命力、使人思想僵化保守的结果是一致的。因此，"主导过度""多样不及"或"主导不及""多样过度"都会阻碍甚至损害思想政治教育的发展。

二、坚持思想政治教育学科建设的前沿性

所谓前沿，字面解释是前方（面、线）边沿或前部的边沿，泛指最前线或第一线，隐意为最新、最先的现象与动向。前沿包括前沿理论和前沿实际两个方面的内容，是具有趋势性、发展性、探索性的问题。前沿不是边缘，也不是对过去的沿袭。把古代的思想照搬过来而不进行现代转化，把西方国家已有的教育概念、理论套用过来制约我国思想政治教育实际，这不是前沿，而是后退，更不是创新，而是复制。对古代的优秀文化成果应当继承，但要结合现代实际进行转化和弘扬；对国外教育理论与经验需要借鉴，但要坚持以我为主、为我所用。思想政治教育学科建设的前沿性是指思想政治教育及其学科建设迫切需要解决的重要理论与实际问题。

对什么是思想政治教育的前沿问题，有学者认为有三重规定：一是学科建设发展紧迫需要而又尚待研究的重要理论问题；二是学科领域中理论与实践发生矛盾而又亟待解决的重大问题；三是学科理论逻辑演进中生发出来而又必须解决的新问题。① 对思想政治教育学科建设的前沿问题，不同教育者、研究者根据自己的研究方向、教育基础，往往有不同的判断，因而会提出各种各样的前沿问题。因此，我们首先要明确从什么层面、视角来确定思想政治教育学科建设的前沿问题。

马克思和恩格斯在《德意志意识形态》一文中指出："一切划时代的体系的真正的内容都是由于产生这些体系的那个时期的需要而形成起来的。"②

---

① 张澍军：《试论思想政治教育学科前沿的若干重大问题》，载《马克思主义研究》2011年第1期，第128页。

② 《马克思恩格斯全集》第3卷，人民出版社1960年版，第544页。

马克思还强调："人的思维是否具有客观的真理性，这不是一个理论的问题，而是一个实践的问题。"① 也就是说，最新的、前沿的理论产生于时代的需要和社会实践，理论是实践的呼唤和时代的要求。每个时代都有属于自己的课题，准确把握和解决这些课题，就会把思想理论向前推进。马克思主义和中国特色社会主义理论体系的与时俱进，都产生于党和人民事业发展的实践进程中，也都是为党和人民事业发展需要服务的。因此，我们确立思想政治教育学科建设的前沿问题时，要遵循恩格斯所强调的"不是从原则出发，而是从事实出发"② 的原则，要以实际需要、社会实践为基础。只有根据实际需要和以实践为基础而形成的理论，才如列宁在阅读黑格尔的《逻辑学》时所做的一个批注，"换句话说：人的意识不仅反映客观世界，并且创造客观世界"③。意识反映客观世界，就是思维符合规律性；意识创造客观世界，就是运用正确理论指导实践，就能取得成果。

因此，现实社会背景和人们的实践活动既是思想政治教育的客观基础，也是确立思想政治教育学科建设前沿问题的依据。这是因为思想政治教育要在现实社会背景下展开，教育者与受教育者都在现实社会背景中生活，思想政治教育所要解决的问题也来源于现实社会和实践活动。当今我们所面对的现实社会背景，一是开放环境、信息社会、风险频发状况交错；二是竞争领域、虚拟领域、多元文化领域交叉；三是人们所面临的竞争压力、信息压力、文化选择压力交汇。这些客观状况是改革开放前没有的。每个社会要素形成的时间不长，而且相互交汇并处在不断发展变化之中，呈现复杂多样、快速多变、不断衍生新要素的特点。对每个社会要素的本质、功能、价值、规范、心理适应等问题，人们有所认识、有所适应；特别是各种要素纵横交错，展现出复杂关系与众多不确定性时，人们会遇到认识与适应的困难，诸如客观外在压力的适应与转化、面对多元文化的选择、风险危机预防与化解等，都是现实的、前沿的难题。解决这些难题既是思想政治教育的任务，也是人们的迫切需要。

现实社会背景和人们的实践活动不断提出思想政治教育的新问题、新要求，我们必须着力研究以下思想政治教育的发展问题。

第一，在对外开放、经济全球化、社会信息化条件下发展主旋律教育。

---

① 《马克思恩格斯选集》第 1 卷，人民出版社 1995 年版，第 55 页。
② 《马克思恩格斯全集》第 4 卷，人民出版社 1958 年版，第 311-312 页。
③ 《列宁全集》第 55 卷，人民出版社 1990 年版，第 182 页。

人们所面对的社会条件不再是过去封闭、相对单一、变化缓慢的状况，而是大量的、多样的、多重的影响因素。这些影响因素容易使一些人从自身利益的角度做出判断和取舍而限于自发性。而要适应对外开放、经济全球化、社会信息化的发展，又需要全局性、长远性观念，特别是要有面向世界的民族精神。民族精神的自觉性往往难以与有些人追求切身利益直接结合，但它又深刻关联和影响着每个人的切身利益。因此，思想政治教育必须研究如何促进人们获得对外开放、经济全球化、社会信息化所提供的利益，还要深入研究面向经济全球化与立足民族发展、经济全球化与政治多极化的关系，研究主旋律教育的结构理论、功能理论、价值理论，引导人们从现代自发走向现代自觉，确立与中华民族相一致的目标和与现代社会发展相一致的取向。就像革命战争时期引导人们确立阶级意识与阶级目标，完成由自发革命向自觉革命转变的道理一样，引导人们把自己融入中华民族和现代社会之中，是当前爱国主义、集体主义、社会主义教育的前沿课题。

第二，在激烈竞争、经济科技强劲发展条件下发展价值观教育。随着我国社会主义市场经济体制的形成，我国社会竞争、科技创新在规范化过程中加快。竞争使我国社会过去的物质与精神、科技与人文的二分格局发生变化，它一方面赋予社会和个体竞争动力，另一方面也在一定程度上影响精神发挥作用。这是因为，不仅经济与科技发展呈现强势，而且在竞争评估中，物质的、科技的成果因其有形和能被指标化，可以被用来进行直接比较而显示出价值与利益上的差距，所以人们可直接感受到它的作用，因而其具有价值优位。而隐藏和渗透在这些物质的、科技的成果后面的精神动力、道德品质和政治因素，则因其无形且无法量化、指标化，所以很难显示差距，人们难以直接感受到它的存在与作用。这就容易使一些人的物质价值、工具价值取向突出，而精神价值、人文价值取向淡化。这种物质与精神、科技与人文、经济与政治、眼前与长远不平衡的价值取向，不仅已经引发了诸如各种腐败、假冒伪劣、唯利是图等社会丑恶现象，而且导致了一些人精神动力不足甚至患上精神疾病，影响其工作和生命质量。因此，必须高度重视社会竞争、经济与科技强劲发展条件下，坚持社会主义核心价值体系主导，以及价值观全面、协调发展的前沿课题研究。

第三，在文化多元化、社会发展多样化条件下发展理想信念教育。在社会主义初级阶段，我国坚持公有制为主体、多种所有制经济共同发展，按劳分配为主体、多种分配方式并存，多种社会组织、多种生活方式并存，以及多元文化交汇的发展格局；必须在开放中吸收世界范围内的最新研究成果；

必须大力发展社会主义民主、自由，形成社会生活和意识形态领域丰富多彩的发展局面。这种多样化发展不仅使我国过去的"大一统"社会格局发生了广泛而深刻的变革，而且有力地推进了我国社会的整体、快速发展。但在社会多样化，特别是文化多元化、价值观多样化的影响下，一些人不仅容易脱离正确目标而产生偏差，而且难以形成正确的理想信念。而理想信念是人们世界观、人生观和价值观在奋斗目标上的集中体现，是建立在实践基础上具有神圣性和崇高性的价值追求。资本主义社会信奉个人主义价值观，追求的是物质与享乐。在社会主义制度下，集体主义原则要求有共同的奋斗目标，现阶段就是要树立中国特色社会主义共同理想，把我国建设成为富强、民主、文明、和谐的社会主义强国。为此，思想政治教育必须深入研究在社会主义与资本主义并存竞争中如何坚持社会主义意识形态的主导地位，在多元文化影响下如何增强民族凝聚力，在多样化发展过程中如何树立中国特色社会主义共同理想的问题。

除了以上前沿问题，还有思想政治教育理论发展的前沿问题。由于创立时间不长，思想政治教育学科是一个正在发展中的学科，而且随着社会实践的发展，思想政治教育理论也要不断发展。因此，学科也有一些迫切需要突破的前沿理论，诸如思想政治教育规律的深入揭示、思想政治教育新原则的概括、思想政治教育本源的理论分析、思想政治教育新形态研究、思想政治教育模式发展等。解决这些前沿问题，既是思想政治教育实践的需要，也是为了满足人与社会发展的需要。

三、正确把握思想政治教育学科建设主导性与前沿性的关系

之所以要坚持思想政治教育学科建设的主导性，是为了维护思想政治教育的性质与尊严，发展思想政治教育的理论与特色，巩固思想政治教育的地位与根基，发挥思想政治教育的功能与优势，使思想政治教育更好地成为团结全党和全国各族人民实现党和国家各项任务的中心环节。

之所以要把握思想政治教育学科建设的前沿性，一是因为思想政治教育经常遇到现实性、前沿性难题；二是人们迫切需要回答没有完全被认识和解决的问题；三是这些问题正处在发展变化之中，需要深入研究才能认识其本质、揭示其规律。如果这些前沿问题长时间得不到解决或解决得不好，许多人就会在面对这些问题时感到迷茫困惑、心情郁闷，影响个人工作与发展。

因此，把握和解决思想政治教育学科建设的前沿性问题，是为了适应我国社会科学发展和人的全面发展的需要，不断深化、突破思想政治教育所面临的现实理论与实际问题研究，为人们提供精神动力与行为规范，使思想政治教育更富有创新性与实效性。

思想政治教育学科建设的主导性与思想政治教育学科建设的前沿性既有区别，也有联系。主导性主要讲学科建设的性质和方向；前沿性主要指学科建设的方位或部位，这是二者的区别。思想政治教育学科建设的主导性不能等同于前沿性；思想政治教育学科建设的前沿性也不能替代主导性。

思想政治教育学科建设的主导性与思想政治教育学科建设的前沿性也有内在联系。首先，思想政治教育学科建设主导性指导、规定着思想政治教育学科建设的前沿性。因为思想政治教育学科建设的主导性，是贯穿于学科建设始终、渗透于学科建设各个方面、体现于思想政治教育全过程的特性，所以理所当然地要按照思想政治教育主导方向和要求，确立和解决思想政治教育的前沿问题。其次，思想政治教育学科建设的前沿性蕴含着思想政治教育学科建设的主导性，是思想政治教育及其学科亟待解决的重要实际与理论问题，是思想政治教育学科建设主导性的最新体现。离开思想政治教育学科建设的主导性确立和解决思想政治教育的前沿问题，就会失去方向与准则，甚至可能会把违背主导的问题确立为前沿问题，这样可能会把思想政治教育学科建设引向歧途，造成思想混乱和对学科的损害。忽视学科建设的前沿性而片面强调学科建设的主导性，学科理论便难以取得发展与突破，学科建设也会滞后于社会发展和思想政治教育的发展，这样的学科就会失去它对思想政治教育的支撑地位，其主导作用也会减弱甚至会丧失。因此，我们必须既坚持思想政治教育学科建设的主导性，又重视思想政治教育学科建设的前沿性。

我国思想政治教育及其学科建设是在开放环境与信息化条件下进行的，面对着多样、多变的复杂局面，坚持主导性与前沿性都有难度。坚持主导性的难度在于，一方面，我国思想政治教育不断面临各种错误思潮与西方价值观的影响和冲击。在改革开放过程中，错误思潮与西方价值观的影响和冲击表现为两种形态：其一，企图以理论形态冲击指导思想的统一性和发展目标的一致性，主张改变指导思想或指导思想多元化。诸如，以文明史观代替唯物史观、用所谓的"现代化史观"取代"革命史观"的历史虚无主义思潮冲击马克思主义指导思想；以民主社会主义替代科学社会主义的企图；以民族理论主导为借口否定马克思主义主导；等等。其二，试图以实际形态突破我国政治与道德规范。诸如，企图以资本主义国家的"三权分立"政治体制改变我国政治体制；以享乐主义、功利主义道德冲击社会主义道德；等等。这两种倾向的实质就是用异质的"多样性"取代、淹没社会主义主导性。这是思想政治教育坚持主导性所面临的严峻挑战。要旗帜鲜明地坚持主导性，必须勇敢地面对挑战，坚定不移地维护、坚持、发展马克思主义、中国特色社会主义的主导地位。另一方面，由于受智育和主观主义教育倾向的影响，有些教育者与受教育者在思想政治教育过程中，存在过分注重知识的传播、记忆、应试而忽视思考，过分注重理论的阐述而忽视内化和运用的倾向，致使思想政治教育出现形式化、工具化倾向。这种倾向是在思想政治教育过程中重知而轻情、轻意、轻行，即只注重知识认知，而忽视价值认同、思想内化与行为外化，是缺乏功能主导的表现。

综上所述，思想政治教育所面临的问题、矛盾是复杂多样的，既有社会环境的问题与矛盾，如社会环境影响与思想政治教育效果的矛盾、风险危机冲击与理性思维培养的矛盾、资产阶级价值观影响与社会主义价值观主导的矛盾等；也有思想政治教育过程的问题与矛盾，如精神文化彰显与人文精神缺失的矛盾、人对思想政治的需要与人意识不到该需要的矛盾等。不同的教育者与受教育者在分析、判断这些问题与矛盾时，往往各有侧重，这就涉及对思想政治教育前沿问题的确定。因此，我们要根据思想政治教育学科建设主导性的内涵，进行坚持思想政治教育主导性与前沿性的分析与判断，即进行指导理论判别、教育目标辨别、教育内容分析、概念运用鉴别。

坚持思想政治教育学科的话语权与主导权

思想政治教育学科是在改革开放和中国特色社会主义现代化建设进程中创办的新型学科。思想政治教育包含思想、政治、道德方面的教育内容。这些教育内容蕴含在马克思主义理论之中，是社会主义意识形态的重要组成部分。因而，思想政治教育主要是马克思主义理论教育或社会主义意识形态教育。思想政治教育学科具有鲜明的意识形态性、综合性与实践性特点。

一、高度重视思想政治教育学科的话语权与主导权

思想政治教育的主要内容——社会主义意识形态，集中反映我国社会主体的意志和利益，展现着社会主体对社会本质、目标、运行机制等问题的探索和对未来社会发展方向的预示。因而，社会主义意识形态必定要与国家权力相结合，成为推进社会发展和人的发展的力量。马克思、恩格斯在《德意志意识形态》中提出了一个著名论断："统治阶级的思想在每一时代都是占统治地位的思想。……占统治地位的思想不过是占统治地位的物质关系在观念上的表现，不过是以思想的形式表现出来的占统治地位的物质关系。"[①]

统治阶级为了保证自己的思想占统治地位，必定要进行"思想的生产和分配"[②]，思想政治教育是进行"思想的生产和分配"的重要途径。只要不同性质的国家、政党、制度存在，反映和维护国家、政党、制度的意识形态就一定要通过思想政治教育发挥作用，并对其他意识形态的影响进行辨析、借鉴和批判。因此，现实社会中的话语权之争最重要的是意识形态话语权之争；思想政治教育学科的话语权之争在很大程度上就是意识形态话语权之争。

当今世界，资本主义国家重金雇佣大批思想舆论精英，把资本主义意识形态包装成所谓的"普世价值"在国内向民众进行宣传、灌输，在国际上

* 原载于《思想理论教育》2015年第3期，作者郑永廷、曹群，收录时有修改。
① 《马克思恩格斯选集》第1卷，人民出版社1995年版，第98页。
② 《马克思恩格斯选集》第1卷，人民出版社1995年版，第99页。

进行资本主义意识形态渗透，用西方价值标准评判一切：符合就是好的，不符合就加以妖魔化。早在 20 世纪 50 年代，美国国会议员杜勒斯就提出了"和平演变"的观点，随后该观点被确立为美国的和平演变战略。其中心主张就是发动意识形态"圣战"，"软化"演变社会主义国家，并把和平演变的希望寄托在社会主义国家的第三代、第四代身上。美国历届总统都竭力推行和平演变战略，企图以一种非暴力的衍生变化，改变社会主义国家的性质。

苏联面对和平演变战略，起初是主管意识形态工作的领导人领导宣传、思想政治工作的水平低，导致党政干部信仰迷失、思想混乱。赫鲁晓夫上台后，尝试进行所谓"新闻改革"，向西方出让社会主义意识形态话语权，被美国视为从意识形态上对苏联施加影响的大好时机。到戈尔巴乔夫执政时期，苏联的党政干部均以"西化"为时髦，导致苏联政界和知识界"双面人格""双重话语"盛行，各种攻击、谩骂苏联共产党和社会主义制度的言论、文章纷纷出笼，反马克思主义的思潮泛滥，把社会主义描绘成一团漆黑。由此，被撕开了裂口的社会主义意识形态大堤急剧滑向崩溃的边缘，思想政治教育不再起作用。在一场没有硝烟的思想战争中，苏联最终解体。美国国家安全顾问布热津斯基认为，通过在意识形态领域发动一系列攻势，苏联逐渐被耗尽国力。2005 年，普京在发表年度国情咨文时，十分痛心地说：苏联的解体，是 20 世纪最严重的地缘政治灾难；对于绝大多数俄罗斯人民来讲，它是一场真正的悲剧。

苏联失败的教训告诫我们，军事战争、经济战争有成败，思想战争也有成败。苏联不是败于军事战争和经济战争，而是败在思想战争上，其要害是思想政治领域话语权、主导权、领导权的丧失。因此，党的十八大报告特别强调，要"牢牢掌握意识形态工作领导权和主导权，坚持正确导向，提高引导能力，壮大主流思想舆论"①。这标志着中国共产党对社会主义意识形态建设规律认识的进一步深化。2013 年 8 月 19 日，习近平总书记在全国宣传思想工作会议上特别指出，意识形态工作是党的一项极端重要的工作，能否做好意识形态工作，事关党的前途命运，事关国家长治久安，事关民族凝聚力和向心力。

---

① 胡锦涛：《坚定不移沿着中国特色社会主义道路前进　为全面建成小康社会而奋斗》，人民出版社 2012 年版，第 32 页。

二、思想政治教育学科话语权与主导权的内涵和关系

所谓话语权，就是说话权，就是控制方向、舆论的权力。在当代社会条件下，各种信息广泛传播，各种文化交流交锋，各种思潮涌动更替，牢牢掌握思想政治教育学科的话语权，不仅是维护社会主义意识形态安全的需要，而且是引导、主导人的发展与社会发展方向能力的体现。思想政治教育学科的话语权，就是坚持社会主义方向的权力和促进人的全面发展的能力。具体来说，就是思想政治教育所坚持的社会主义方向、价值判断、理论观点，其有资格和能力主导、指导人的发展与社会发展。葛兰西的"领导权"、福柯的"权力话语"、哈贝马斯的"合法化"理论都有对话语权的论述。葛兰西围绕意识形态斗争提出了话语权问题，他认为："社会集团的领导作用表现在两种形式中——在统治的形式中和'精神和道德领导'的形式中。"① 前一形式表现为上层建筑的国家机器，而后一种形式则体现为思想政治教育话语权。应当肯定，话语与权力是不可分割的，因为真正的权力要通过一定的话语来实现，话语不仅是施展权力的工具，而且是掌握权力的关键。保障思想政治教育学科的话语权，实际上就是保证社会主义的发展方向和人的全面发展目标。

思想政治教育学科的主导权，是指思想政治教育学科对人们的思想认识与行为进行引导、规范和矫正的本领与能力。坚持思想政治教育学科的主导权，实际上就是研究如何实现马克思主义的指导和党的思想领导。党的领导最根本的是思想领导，思想领导就是用马克思主义理论掌握群众，使马克思主义成为党的工作的灵魂和基础。在当今社会价值取向多样化、思想文化多元化的背景下，只有坚定不移地坚持用中国特色社会主义理论教育群众、引导群众，牢牢掌握思想政治教育及其学科建设的主导权，才能切实加强党的思想领导，保证中国特色社会主义建设事业的正确方向。否则，中国特色社会主义建设事业要么走向封闭僵化的老路，要么走向改旗易帜的邪路。因而，坚持思想政治教育及其学科建设的主导权，关系到人们坚持中国特色社会主义发展方向与道路的问题。

由于话语在规范社会结构、社会秩序和人们的实践行为等方面发挥着有效的建构性、保障性作用，因此，各种社会力量都力图通过控制话语权，实

---

① ［意］葛兰西：《狱中札记》，葆煦译，人民出版社1983年版，第316页。

现对社会和人们的影响与作用。这样，思想政治教育学科的话语权和主导权就成为既有内在联系又相互区别的两个概念。只有牢牢掌握思想政治教育学科建设的话语权，才能使思想政治教育学科建设在与其他各种非社会主义意识形态的观点交汇、交流、交锋时，得到权力保证、政策支持和资源占有的优势，并始终占有主导地位和发挥主导作用。同时，只有坚持与时俱进的理论品质，在实践发展的基础上不断丰富、扩大思想政治教育学科建设的话语权，才能增强思想政治教育学科的吸引力和凝聚力，促进人们把马克思主义理论内化于心、外化于行，为思想政治教育学科建设主导权奠定坚实的基础。因而，思想政治教育学科话语权是思想政治教育学科主导权的前提和基础，思想政治教育学科主导权是思想政治教育学科话语权的目标与升华。放弃思想政治教育学科的话语权，思想政治教育学科的主导权必定落空；忽视思想政治教育学科的主导权，思想政治教育学科的话语权只会成为形式。

三、坚持思想政治教育学科的话语权与主导权面临的挑战及对策

当前，我国思想政治领域的情况复杂。在改革开放条件下，在社会信息化发展进程中，围绕发展道路和价值取向的较量日益凸显，各种思想文化交流、交融、交锋日趋活跃，思想政治领域渗透与反渗透的斗争十分尖锐。随着我国改革开放的深入与中国特色社会主义现代化建设的快速发展，西方一些势力总是用资本主义的价值标准来衡量中国的政治、经济制度，时而抛出"中国威胁论"，时而散布"中国崩溃论"，并接连不断地向我国扩展各种错误思潮，企图冲击、改变我国思想政治领域的话语权与主导权。在国内，有些人或不顾我国国情而照搬西方模式，或不管时代发展而推行以古代文化为主导的做法，或不看发展主流而对我国的制度、理论妄加指责。所有这些，都向思想政治教育学科建设的话语权、主导权提出了挑战。这些挑战主要有以下四个方面。

其一，文化交汇、思想渗透、主权冲击的挑战。西方国家凭借经济、文化上的优势，在进行军事威胁、经济制裁的同时，日益重视思想文化渗透。"文化全球化"是西方国家为对我国实施思想渗透而打出的主要旗号，推行普世价值则是渗透的主要方式。我国极少数知识分子混淆世界范围的经济全球化、政治多极化、文化多元化概念，盲目主张在文化和思想政治教育上与西方"接轨"，推崇西方价值观，模糊、抹杀我国思想政治教育与资本主义

国家的思想、政治、道德教育的界线，消解、否定我国思想政治教育学科的话语权和主导权，企图以资本主义国家的思想、政治、道德教育的概念、理论、方法来取代我国思想政治教育学科范畴体系。因而，思想政治教育学科的话语权和主导权之争，聚焦于方向之争、价值观之争。

其二，西方错误思潮与国内错误观点交织的挑战。改革开放以来，西方资本主义国家除了向我国输入蕴含西方价值观的文化产品，还不断鼓吹各种错误思潮，诸如资产阶级自由化思潮、历史虚无主义思潮、新自由主义思潮、宪政民主思潮和民主社会主义思潮等。这些思潮蕴含着资本主义的世界观与价值观，直接冲击我国思想政治教育学科建设。国内理论界有的人不仅对这种外来品极力推崇，还对思想政治教育学科进行批驳，主张指导思想多元化和多元文化自由选择，推行宪政民主，张扬资产阶级民主、自由、人权，贬低思想政治教育学科的积极作用与现实声誉，试图改变社会主义核心价值体系与核心价值观。这些人就是毛泽东在《改造我们的学习》一文中所批判的"言必称希腊"的崇洋媚外者，是照搬资本主义模式的洋教条主义者。他们无视我国在中国特色社会主义理论体系指导下所取得的巨大成就，无视资本主义社会发生严重危机的客观事实，缺乏一个中国人应有的中国情怀。

其三，市场经济条件下功利主义、实用主义的价值观挑战。社会主义市场经济体制的建立增强了利益主体的自主性，形成了社会的竞争机制。这一转变赋予了我国前所未有的发展动力与活力，有效催生了全体社会成员的竞争意识、效率意识、平等意识和权利意识，这是我国社会发展的主流。但是，在市场经济条件下，也出现了一些单位和个人的功利主义、实用主义倾向，对思想政治教育产生了不利影响。功利主义、实用主义价值倾向，就是局限于眼前的、具体的、现实的价值追求，而忽视全局、长远的目标实现。以这种价值观为指导的人，往往拒绝崇高、忽视远大理想，从而陷于自发发展状态。因此，思想政治教育不仅要坚持从实际出发，关注人们眼前的、具体的、现实的利益，而且要坚持面向世界、面向社会、面向未来，帮助人们树立全局、长远观念，形成理想信念。坚持思想政治教育学科建设的话语权和主导权，就是要把局部与全局、眼前与长远结合起来，使人们进入自觉发展状态。

其四，肢解、遮蔽思想政治教育学科的挑战。思想政治教育学科是马克思主义理论一级学科所属的二级学科，是与哲学、政治学、伦理学、教育学等学科有不同程度交叉的综合性学科，它既要以社会发展为基础，又要以促进个体全面发展为目标。但是，有些人肢解了思想政治教育学科的功能，即只强调学科对社会发展的导向、整合和调节功能，而忽视对个人树立理想信念、遵循价值规范、建设精神家园的作用，使思想政治教育学科建设外在于个人生命发展而难以融入个人生活，从而淡化了一些人的社会责任，动摇了其身份认同基础，使这些人成为思想政治教育学科建设的"围观者"、没有精神根底的"漂泊者"。还有一些人肢解了思想政治教育与社会主义意识形态之间的密切关系，其表现是对社会主义意识形态的遮蔽，甚至提出思想政治教育要"去政治"，要用"公民教育"代替"悬在空中"的思想政治教育。严格来讲，对政治不感兴趣，或者逃避政治是不可能的。在现实生活中，政治不仅客观存在，而且有不同性质的政治。对社会主义政治不感兴趣可能是对其他政治感兴趣的借口。遮蔽政治无疑是对思想政治教育学科话语权与主导权的回避，是对思想政治教育学科的隐蔽性挑战。

思想政治教育学科是顺应我国改革开放和中国特色社会主义现代化建设发展的需要创立的，是在我国优秀文化传统和党的思想政治工作传统基础上建设的，是广大群众和思想政治教育工作者坚持研究、敢于创新的成果，蕴含着中华民族的血脉，渗透着人们的期待与艰辛，是富有中国特色的新型学科。我们应当爱护它、珍惜它，赋予它应有的地位与尊严。针对思想政治教育学科话语权与主导权存在的问题，我们必须进一步加强思想政治教育学科建设，增强思想政治教育学科的吸引力和凝聚力。

首先，要切实加强党对思想政治教育学科建设的领导，在坚持党管思想政治教育的前提下，把目标管理与过程管理结合起来。既要根据经济全球化、文化多元化、社会信息化的时代背景，提出思想政治教育学科建设的任务和目标，又要随着形势发展，改进、创新思想政治教育学科建设的方式。

其次，要把政治立场坚定、思想理论素养好、组织领导能力强、熟悉思想政治教育学科建设的干部、专家选拔配备到思想政治教育岗位上，既要克服思想政治教育学科建设的僵化倾向，也要防止思想政治教育学科建设的自由化倾向。要充分发挥思想政治教育工作者和学科研究者坚持思想政治教育学科话语权和主导权的作用，提高思想政治教育学科建设的水平。

最后，要加强对重点思想政治教育学科领域和部门的管理、监督和制度建设，特别要管好高校讲台、报刊和互联网，对违背、反对思想政治教育学科的话语权和主导权，散布、扩大错误思想的言行，要追究责任，及时处理，决不能纵容、迁就、袒护。

思想政治教育学科研究重点与难点辨析[*]

　　当前，确立思想政治教育学科研究的重点与难点是推进学科发展的关键。思想政治教育学科作为马克思主义理论一级学科中的二级学科，是一个既具有理论性，又具有应用性的学科，即它既要坚持以马克思主义理论为指导和教育内容，坚持以理服人，又要坚持理论联系实际的原则，立足于解决人们的思想与实际问题。因此，思想政治教育学科必须根据实践与理论发展的需要，确立研究重点，突破研究难点，在促进社会与人的全面发展进程中丰富和完善学科体系。如果脱离实践与理论发展的需要去进行学科理论建构，思想政治教育则不可能有效解决人们的思想与实际问题，也难以以理服人。

　　思想政治教育学科在形成与发展的过程中，一直以研究大学生思想政治教育为重点。大学生作为正在成长的青年群体，集中而敏锐地反映着社会实际，更需要思想政治教育。因而，本文以大学生思想政治教育的重点与难点作为思想政治教育学科研究的重点与难点。

一、大学生思想政治教育研究重点的确立

　　大学生思想政治教育，涉及的范围广泛，教育的内容丰富，教育的方式多样，需要研究的领域和问题很多。思想政治教育工作者可以根据自己的研究基础与特长，确立研究方向与研究课题。同时，思想政治教育学科必须明确研究重点，并组织力量深化重点研究，以满足思想政治教育实际工作的需要和思想政治教育学科发展的需要。没有研究重点或重点研究不能深化，思想政治教育及其学科就会止步不前，就会滞后于我国社会的快速发展和广大青年学生的迅速成长。

　　在思想政治教育学科确立与形成阶段，学科研究以我国丰富的思想政治教育资源为基础，从需要思想政治教育学科建设的实际出发，一些理论工作者侧重于学科理论体系研究是必要的。学科理论体系初步形成并得到多数人

　　* 原载于《思想教育研究》2007 年第 5 期，收录时有修改。

认同之后，学科体系仍需要进一步深化与完善。思想政治教育学科研究要着重于当前重大理论与现实问题，特别是对大学生在成长过程中遇到的实际难题的研究，这既是实现思想政治教育学科价值的需要，也是深化与完善思想政治教育学科体系的根本途径。

中共中央、国务院颁发的《关于加强和改进大学生思想政治教育的意见》（以下简称《意见》）是在广泛、深入调查的基础上形成的具有战略性与指导性的文件。《意见》分析了大学生思想政治教育所面临的国际、国内新形势与新问题，提出了加强和改进大学生思想政治教育的指导思想和基本原则，强调加强和改进大学生思想政治教育是一项重大而紧迫的战略任务，明确要求要以理想信念教育为核心，深入进行树立正确世界观、人生观和价值观的教育；以爱国主义教育为重点，深入进行弘扬和培育民族精神的教育。教育"核心"与"重点"的确立，既由理想信念、爱国主义在大学生成长过程中的作用所决定，也是大学生现实的迫切需要。在开放、多样、多变、复杂的社会背景下，在市场体制所形成的竞争压力与科技发展所形成的信息压力下，许多学生由于缺乏社会生活经验，世界观、人生观、价值观尚未完全形成与稳定，因此容易产生迷惘与困惑，即迷途不知所向，疑惑不知所解，茫然不知所选。也就是说，许多学生在面对开放、多样、多变、复杂的社会因素时，遇到了适应、取向、选择上的困难。迷惘与困惑是大学生思想领域的矛盾，而不是物质领域、知识领域的问题，其实质是精神需要、价值诉求、目标诉求。因此，帮助大学生认识迷惘与困惑的实质及其产生的原因，引导大学生确立正确的理想信念，培养大学生的爱国主义精神，是促进大学生适应现代社会要求，不断健康成长和全面发展的关键。

同时，《意见》还强调，在新的历史条件下，大学生的健康成长和全面发展是在课堂教育、学校环境和社会条件的综合作用、影响下进行的，因而需要研究这些因素，特别是一些新的因素对学生的影响，开辟多样的、新的教育途径。而影响学生成长和发展的因素都与学生的实际生活相关。大学生思想政治教育再不是过去单一的理论内容、现实途径与课堂方式，而是理论与实践、现实与虚拟、社会与学校、课堂与课外等各个生活层面高度综合化、社会化的体系。为此，大学生思想政治教育在坚持以人为本，即以育人为本的前提下，要贴近实际、贴近生活、贴近学生的要求，研究大学生实际生活中的思想政治教育，以满足学生的实际需要为基本的出发点。

研究理想信念教育、爱国主义教育与实际生活中的思想政治教育，是当前思想政治教育学科的研究重点。前者侧重面向社会、面向未来，以引导学生形成社会理想为追求，后者侧重面向实际、面向生活，以帮助学生提高生活质量为目标；前者为后者提供导向与动力，后者为前者提供前提与基础。两者相互联系、相互依存、相互促进。缺乏前者，实际生活将陷于实用、功利的自发状态；而缺少后者，理想信念则抽象、空洞而难以真正形成。

二、大学生思想政治教育研究重点的深化

思想政治教育的难题在哪里？归根结底在于当代社会的客观影响以及如何运用理论分析和把握这些影响。客观影响和可运用的理论（包括西方理论、知识）既是多因素的相互交织，又有多重性（客观影响、西方理论的正面与负面作用）的共同作用。市场体制和经济全球化冲击、对外开放和多元文化激荡、科技发展和社会信息化环境、社会民主化和个体特色化发展，这些客观因素既相互作用，又发展得很快，在社会和个体生活的各个领域与环节广泛渗透，成为思想政治教育的环境内容、实际内容。马克思主义理论、发展的中国化马克思主义理论、相关学科（哲学、政治学、社会学、伦理学、心理学、教育学）理论、西方价值理论等，都在教育者和学生的可选择、可运用之列，成为思想政治教育的理论内容、知识内容。

环境内容与理论内容的不同结合形成了当代社会与个体以及思想政治教育两个层面的发展状态。

第一，社会层面的主导性与多样性的矛盾状态。所谓社会层面的主导性与多样性，主要是指多元文化交汇背景下的中华民族文化主导，多种意识形态并存条件下的社会主义意识形态主导，多样化价值取向过程中的社会主义核心价值体系主导，多样化知识、信息影响下的人本主导。主导性与多样性的矛盾已经不同程度、不同形式地存在于大学生的思想政治教育过程中，影响着大学生的成长与发展，也影响着思想政治教育的过程与效果。

应当看到，作为社会的基础与客观条件，以上四大客观因素由于发展快、变化大，而且相互交织并形成综合效应，极大地赋予了社会与个体多样化的发展机制。诸如市场体制的竞争机制、信息社会的选择机制、民主发展进程中的参与机制等，都极大地调动了人们，特别是青年学生发展的积极性、主动性与创造性，从而为广大青年学生的个性化、多样化发展提供了极其有利的条件。但是，我们也应当看到，虽然社会的客观因素与竞争机制、选择机制为社会的多样化发展提供了条件、奠定了基础，但这些客观因素与机制本身要发挥作用、发展完善是需要条件的。这个条件就是上层建筑的职

能，其中包括思想上层建筑职能，即通过思想（价值取向）、政治（包括政治目标、原则与法制）、道德（规范）的作用来保证多样化大体都能遵循一致的方向和规范发展，以维护社会的安定与秩序，推动社会与个体全面、协调和可持续发展。主体的多样化发展如果脱离了思想、政治、道德的方向主导与规范，主体相互之间必然产生矛盾、发生冲突，甚至导致社会混乱，主体的多样化发展也就丧失了条件。相反，思想、政治、道德的主导如果离开了主体多样化发展，就会成为教条、形式，甚至成为主体发展的障碍。

大学生思想政治教育在本质上，就是运用思想、政治、道德理论对大学生进行目标、规范方面的引导。而当下的引导是在多种客观因素、多样化理论影响和多种机制作用下进行的，是对多样化的导向与规范。如果不研究客观因素影响的性质与方式，或不正确地选择和运用理论，那么思想政治教育不是陷于空谈，就是背离主导。这两种倾向十分突出地影响着大学生思想政治教育的效果。

为此，思想政治教育学科要综合运用发展的中国化马克思主义理论与相关学科理论，不仅要分别研究社会客观因素对学生思想、行为的具体影响，更要研究这些因素对学生思想、行为的综合影响。重点要研究市场体制和经济全球化推进过程中的国家政治主导、对外开放和多元文化激荡中的民族文化主导、科技发展和社会信息化条件下的人本主导、社会民主化和个体特色化发展中的核心价值主导。这就是新的历史条件下要研究的主导性思想政治教育形态。

主导性思想政治教育，在对象上是对社会多样化以及多样性思想政治教育的概括、超越，没有对多样性的抽象就没有主导性；在功能上就是形成共同理想、核心价值观，没有对多样性取向的规范就不可能有共同目标；在性质上就是维护社会主义意识形态的安全，没有对多样化文化的合理选择、吸纳、鉴别、批判就不能发挥社会主义意识形态的主导作用。

第二，个体层面的个性化与社会化的矛盾状态。所谓个体的个性化与社会化，是指大学生在市场体制条件下拥有自主权和在民主发展条件下拥有自由性，能够独立、自主和创造性地发展自己的主体性与个性特点的同时，必须融入社会的政治、经济、文化与道德生活，接受社会政治、法制与道德规范。个性化与社会化的矛盾也不同程度地存在于一些大学生身上，影响着大学生的成长与发展，也影响着思想政治教育的过程与效果。

应当看到，社会的客观条件既赋予了个体个性化发展机制，同时也提出了社会化发展的新要求。市场体制、社会民主、信息条件赋予了学生自主权、自由性，但有些学生往往只局限于自身范围，珍惜自身的自主权、自由性，难以兼顾全局而忽视制约自主权与自由性的政治、法制与道德规范。也就是说，拥有自主权、自由性的学生往往难以自发社会化，因而需要通过教育、管理来推进其个体社会化。

社会化的实质是促进学生认可、接受、融入社会的发展目标与规范，而思想政治教育在本质上就是运用思想、政治、道德的目标与规范来促进学生的社会化。当下高校学生的社会化是在学生拥有并追求主体性而不是如过去般在依赖性条件下进行的。学生的主体性表现为独立性、自主性与创造性三个层次。一些学生在学习、生活、交往、择业等实际活动中，主体性表现比较充分，而对思想、政治和道德的价值性认识则不够充分，即对社会化的发展取向有所忽视，因而在思想、政治、道德观念和规范的形成与掌握上欠缺主体性。

学生的生活，包括学生的物质生活、学习生活、精神生活等，都是实在的和必不可少的，这些生活本身是社会的一部分，也需要社会规范。要使学生在各项生活中真正富有主体性，必须以实际生活为基础，形成生活的正确目标，遵循生活的规范，自主地在生活过程中进行育德，通过生活实现与社会进行交流及融合。离开学生的实际生活而空讲社会化道理，就会造成实际生活与社会化规范脱节。因此，思想政治教育学科要研究当代社会背景下学生的生活内容、目标与方式，把社会的政治、法制、道德目标与规范融入学生的实际生活，实现个性化与社会化的有机结合，这就是"三贴近"所要求的生活化思想政治教育形态。

马克思在谈到人与动物的区别时指出："动物和自己的生命活动是统一的。动物不把自己同自己的生命活动区别开来。它就是自己的生命活动。人则是自己的生命活动本身变成自己意志的和自己意识的对象。"[1] 马克思在这里所说的人的"生命活动"，就是指人的生活，人的生活是一种有意识、有目的的对象性活动，是创造生存意义的生命活动。生活化思想政治教育的目的，就是研究和赋予大学生生命活动的意义；就是对大学生的生活进行科学性与价值性引导；就是为了提高大学生的生活质量与生命价值。

主导性思想政治教育与生活化思想政治教育，是基于研究与教育的一种划分。两者的区别是：前者主要是面向社会与所有个体的理论教育，后者主要是面向不同类型个体的咨询教育。两者的联系是：前者也要根据个体实际

---

[1] 《马克思恩格斯选集》第1卷，人民出版社1995年版，第46页。

85

思想政治教育学科研究重点与难点辨析

与特点进行内化、铸塑教育，后者也要运用社会理论进行社会化教育。只有前者而没有后者，难以实现理论向学生实际生活的转化，容易导致空泛；相反，只有后者而没有前者，就难以实现学生在实践基础上的超越，容易导致局限。

三、对大学生思想政治教育专业化难题的探讨

大学生思想政治教育主要包括思想政治理论课教育、日常思想政治教育，以及教书育人、管理育人、服务育人活动。思想政治理论课教育是系统的马克思主义理论教育，被纳入了高校的课程体系与教学计划，教书育人、管理育人、服务育人活动则依托业务教学、管理与服务工作进行。日常思想政治教育主要由高校辅导员队伍负责。

这里所说的大学生思想政治教育专业化或专门化，主要是指从事大学生日常思想政治教育的高校辅导员如何运用思想政治教育学科与相关学科的理论，对学生进行科学性与价值性相统一的指导与管理，实现学生的日常生活由自发向自觉、由经验向科学的转变。我们应当清醒地看到，大学生的日常生活的范围是广泛的，内容是丰富多彩的，方式是多种多样的。正因为这一领域具有日常性与综合性的特点，所以这一领域长期处于自发的、经验的状态。学生的日常生活主要靠自己运作和摸索，难以得到科学性与价值性相统一的指导。而高校不少辅导员往往忙于事务而疏忽对学生的教育，陷于经验化管理而缺乏专业化指导。正是这一原因，导致大学生思想政治教育的影响力不大，辅导员在高校的地位不高，德育的首要地位难以得到保证。

学生的日常生活，从教育学视角来划分，多是非智力因素；从人才学视角来划分，多属于"情商"范畴；从德育与智育的范围来划分，多归于德育范围。不管是教育学、人才学还是思想政治教育学，都有比较明确的结论：在教育、培养学生的过程中，非智力因素、情商、德育相对于智力因素、智商、智育（非智力因素、情商、德育是三个同心概念，即中心相近、边界不同），对学生的成长、发展更为重要，也就是学做人比学做事更重要。特别是在当代社会条件下，学生首先面临的问题，是在复杂社会环境中的思想与行为适应，是对多样化、多变性因素的辨析与选择，是对自己成长、发展方向的确认。这些价值判断、目标形成与社会化过程要由学生在教师指导下自主进行。如果这些前提性的问题解决不好，学生的智商会因缺乏条件保证而难以发挥出来，其业务学习也会因心理、思想困扰而效果不佳。

然而，在市场竞争引发的功利价值取向的冲击下，在传统教育观念的影响下，重智育轻德育、重科技轻人文的倾向，使一些高校的领导者和教育工作者忽视了对大学生思想政治教育的研究与开发，致使思想政治教育滞后于科学技术和智育的发展，使一些学生在发展选择和取向上出现偏差，即学生对思想政治教育的需要和教育者满足学生需要的方式，都与社会发展、人才培养的要求有差距。也就是说，学生的专业学习，依托专业、学科的系统知识，实现了学科化与专业化，而学生的非专业活动或日常活动则在很大程度上还处于自发的、经验的状态。在社会与自然一切领域都学科化与专业化的历史条件下，在追求高深学问的高等学校，培养人才仍处于自发的、经验状态，这自然是滞后的表现。因而，我们急需对学生日常生活领域进行探索、研究和开发。这种探索、研究和开发，在很大程度上就是人才资源开发，就是实现大学生思想政治教育的专业化。

由于大学生的生活是一个多层次的系统，因此，我们也要按照大学生的生活结构，分层次开展研究。大学生生活的主要构成以及相关的研究理论和方法大体如下：一是政治生活，主要是党团生活，需要运用党团生活的理论与方法；二是学习生活，主要是学习、实践与研究活动，需要运用学习的理论与方法、社会实践教育的理论与方法和自主创新的理论与方法；三是社会生活，主要是人际交往、社会适应，需要运用人际关系的理论与方法、环境适应和优化的理论与方法；四是职业生活，主要是就业、职业选择与创业，需要运用就业、择业、创业的理论与方法；五是物质生活，主要是经济生活与日常活动，需要运用日常管理的理论与方法；六是精神生活，主要是心理健康与调适，需要运用心理健康与心理调适的理论与方法；七是虚拟生活，主要是网络活动，需要运用网络思想政治教育的理论与方法。这些生活内容，构成了大学生生活结构，即政治生活是主导，学习生活是主体，职业生活、日常生活是基础，社会生活、精神生活是保证，虚拟生活是现实生活的补充与延伸。

运用科学的理论和正确的价值观对学生的实际生活进行指导与引导，解决学生的疑难与苦闷，无疑是十分必要的。但关键在于，用什么样的理论与方法进行指导与引导，形成什么样的指导理论与方法体系，这在实际教育与研究过程中是有不同取向与选择的。如有的满足于具体事务而轻视理论研究；有的局限于狭隘经验而拒绝理论提升；有的照搬西方国家相关学科知识而否定思想政治教育；等等。这些都不利于我国大学生思想政治教育理论与方法体系的形成。因此，思想政治教育学科要从整体上、性质上、特色上把握大学生思想政治教育的专业化研究。

第一，大学生的特点决定大学生思想政治教育专业化的特点。大学生处在迅速成长成才、充满希望与矛盾的特殊阶段和人生关键时刻，具有特殊的生理特点、心理特点、思想特点，以及特殊需要、特殊地位、特殊作用。他们要在矛盾中选择、在曲折中发展、在比较中塑造。因而，在专业化研究中，一定要体现大学生的特点，而不仅仅是一般性的思想政治教育研究。

第二，时代特征决定大学生思想政治教育专业化的特点。时代特征集中体现在前面所讲的四大客观因素上，这些因素既改变着大学生的生活内容与方式，又开辟了大学生新的生活领域。因此，思想政治教育学科要对新的生活内容、方式、领域进行概括、提炼、升华，引导学生自觉进入现代生活。同时，要分别研究客观因素对学生影响的性质、方式与程度，分析、解决学生所共同面临的新情况、新问题，如社会竞争、信息化等对他们学习、交往、择业、创新、心理的影响；要对学生在竞争压力、信息压力下的迷惘、困惑、失衡、失态的表现、危害及根源进行深入分析。

第三，民族特性决定大学生思想政治教育专业化的特点。发达国家高校已基本实现高校辅导员专业化，如美国各个高校均有 10 个左右的专业化教育、咨询项目，每个项目都有学科（综合的）依托，并专门配备职业化的辅导员。发达国家用于辅导的理论与方法是根据发达国家的文化传统与具体国情而形成的，是为发达国家培养人才服务的，我们可以借鉴，但不能照搬。

我国的民族特性集中表现为民族文化性质与社会主义性质。这一特性主要体现在五个方面：一是重德治、德教的伦理文化传统（区别于西方重法治的管理传统）；二是重整体主义、集体主义的价值取向（区别于西方重个体主义、个人主义的价值取向）；三是重世俗的社会理想、民族信念（区别于西方重超世俗的信念与个体理想）；四是重和平和谐的发展追求（区别于西方多战争与不协调发展）；五是重以民为本、以人为本（区别于西方以神为本、以物为本）。以上这些特性是由传统文化与中国化马克思主义理论来体现的。因此，思想政治教育学科在研究中既要明确提出大学生生活的指导理论，又要渗透这些重要的民族特性。

第四，应用性决定大学生思想政治教育专业化的特点。大学生的生活是现实的、具体的，因此，我们只能面向现实的、具体的生活问题进行研究，而不能脱离现实、具体的生活实际空讲道理。在选择理论、研究知识和解决问题时，要有针对性，要根据实际需要选择和运用理论。应用性首先要求研究要有问题意识，要提出问题并围绕问题展开，而不是满足于理论体系的主观建构。同时，要对问题表象进行归纳、对问题本质进行分析、对问题价值进行阐述、对问题根源进行探究，并要有解决问题的途径、方式、手段和技术。

思想政治教育学科建设的前沿课题
及应有态度[*]

　　思想政治教育学科是在改革开放进程中创立的一门富有中国特色的新型学科。它伴随我国经济社会的快速、持续发展，经历了跨越式发展，取得了丰硕成果。思想政治教育学科发展到现在，不仅面临着新的问题，而且学科中的一些基本问题也需要深化与突破。为此，进一步增强学科建设的自信，对学科的前沿问题做梳理，推进学科建设攻坚克难，是很有必要的。

一、思想政治教育学科建设的前沿课题

　　思想政治教育学科建设的前沿课题既有发展过程中的新课题，也有尚未解决的重要问题；既有理论性前沿课题，也有实践性前沿课题。下面把前沿课题分为三个方面简要阐述。

（一）党的十八大提出的思想政治教育学科建设的前沿课题

　　党的十八大不仅提出了思想政治教育学科建设的新的指导思想，而且提出了多个方面的需要深入学习、研究的前沿课题。

　　第一，新的历史条件下的理想信念教育。党的十八大提出的大会主题，中心是要坚定不移沿着中国特色社会主义道路前进。中国特色社会主义道路和中国特色社会主义共同理想是两个有内在联系的概念，即道路为理想实现开辟途径，理想为坚持道路提供动力。因而，坚持中国特色社会主义道路教育同坚持中国特色社会主义共同理想教育在目标、内容上是一致的。

　　党的十八大报告绘制了我国实现共同理想的宏伟蓝图："只要我们胸怀理想、坚定信念，不动摇、不懈怠、不折腾，顽强奋斗、艰苦奋斗、不懈奋斗，就一定能在中国共产党成立一百年时全面建成小康社会，就一定能在新

---

　　* 原载于《思想教育研究》2013 年第 12 期，收录时有修改。

中国成立一百年时建成富强民主文明和谐的社会主义现代化国家。"① 报告不仅提出了到 2020 年实现全面建成小康社会的各项目标与举措，而且强调在新的历史条件下夺取中国特色社会主义新胜利，必须牢牢把握以下基本要求，即必须坚持人民主体地位；必须坚持解放和发展社会生产力；必须坚持推进改革开放；必须坚持维护社会公平正义；必须坚持走共同富裕道路；必须坚持促进社会和谐；必须坚持和平发展；必须坚持党的领导。报告还提出要使这些基本要求成为全党全国各族人民的共同信念。显然，全面建成小康社会的各项目标，在实践中凝练的以上基本要求，既是中国特色社会主义的基本内涵，又是中国特色社会主义共同理想教育的丰富内容。我们要研究这些基本要求的要义、作用与逻辑关系，进一步丰富、深化理想信念教育。

2012 年 11 月 29 日，中共中央总书记习近平带领新一届中央领导集体参观了国家博物馆"复兴之路"展览现场。他说："现在，大家都在讨论中国梦，我以为，实现中华民族伟大复兴，就是中华民族近代以来最伟大的梦想。"② 把实现中华民族伟大复兴概括为"中国梦"，深刻道出了中国近代以来历史发展的主题，深情描绘了近代以来中华民族生生不息、不懈奋斗的历史，充分彰显了全国各族人民的共同愿望。"中国梦"所蕴含的国家富强、民族复兴、人民幸福、社会和谐的深刻内涵，为新的历史阶段开展理想信念教育提供了生动、丰富的内容，赋予了其鲜明的时代特征，为我国全面深化改革、攻坚克难、振作精神、克服懈怠，指出了明确的方向，提供了强大的动力。

第二，积极培育和践行社会主义核心价值观。党的十八大首次提出"倡导富强、民主、文明、和谐，倡导自由、平等、公正、法治，倡导爱国、敬业、诚信、友善，积极培育和践行社会主义核心价值观"③。"三个倡导"的价值观，是反映现阶段全国各族人民"最大公约数"的价值观，是社会主义核心价值体系建设的新成果；"三个倡导"的价值观，既借鉴了人类历史进步的价值思想，又是社会主义价值的展现与超越；"三个倡导"的价值观，在国家、社会、个体三个层面既各有侧重，又相互联系、相互贯通；"三个倡导"的价值观，为思想政治教育提供了新内容，向思想政治教

① 中共中央文献研究室：《十八大以来重要文献选编》（上），中央文献出版社 2014 年版，第 13 页。

② 《习近平谈治国理政》第 1 卷，外文出版社 2018 年版，第 425 页。

③ 中共中央文献研究室：《十八大以来重要文献选编》（上），中央文献出版社 2014 年版，第 25 页。

育学科建设提出了新要求。

所谓核心价值观，是社会群体判断社会事务所依据的根本是非标准和遵循的行为准则。社会主义核心价值观则是指对社会主义价值的性质、构成、标准和评价的根本看法和态度，是社会主义核心价值体系内核的最高抽象。社会主义核心价值观是社会主义意识形态的本质体现，是巩固全党全国各族人民团结奋斗的共同思想基础，是思想政治教育的核心内容。因此，以"三个倡导"的价值观为基础，进一步提炼社会主义核心价值观，是思想政治教育学科建设的前沿理论课题；面向思想政治教育实际，探索培育和践行社会主义核心价值观教育的新途径、新方法，则是思想政治教育学科建设的前沿实践课题。

第三，强调人民地位和加强社会责任感教育。党的十八大报告多处提到"人民"，强调"必须增强宗旨意识，相信群众，依靠群众，始终把人民放在心中最高位置"[①]。报告还分别阐述了要增强党员责任感、教师教书育人的责任感，培养学生社会责任感。

人民是历史的创造者，人民当家作主，党的群众路线是根本的工作路线，这些都是历史唯物主义的基本观点。党的十八大强调人民的地位与作用，要求牢固树立责任意识，牢记对民族、对人民、对党的责任，这是对历史唯物主义的发展，是解决改革开放过程中现实问题的法宝，是坚持和发展中国特色社会主义的根本条件与根本目的。

人民的地位、作用和需要同增强责任感具有内在联系。所谓责任感，是指主体对于责任所产生的主观意识，既包括对自己负责的意识，也包括对他人和社会负责的意识。这种责任意识是决定一个人能否健康发展的核心品质之一，并由这一品质派生出诸如有担当、自律、守信用、忠于信念和感情等健康人格特点。最重要的责任感是服务人民、服务国家的责任感。服务人民的责任感，就是和广大的人民群众保持密切联系，全心全意为人民服务，一刻也不能脱离群众；服务国家的责任感，就是具有鲜明的国家意识，对国家有高度的责任感，愿为国家做贡献。

当前，强调人民地位和加强责任感教育是消除腐败和社会丑恶现象的治本途径；是增强个体与社会活力和动力的源泉；是感受和实现自身存在与价值之所在；是得到人们与社会信赖和尊重的真谛，其意义既现实，又深远。

---

① 中共中央文献研究室：《十八大以来重要文献选编》（上），中央文献出版社 2014 年版，第44 页。

为此，思想政治教育学科建设要紧扣这一既现实又前沿的课题开展研究，为推进党的宗旨教育、服务人民和服务国家的责任感教育提供理论与方法支持。

（二）思想政治教育学科建设的变更性前沿课题

所谓变更性前沿课题，是指在社会发展、形势变化过程中，出现对思想政治教育及其学科建设产生重要影响并不断变动的课题。这里所说的重要影响，主要指社会思潮的影响。

所谓社会思潮，是指在特定的社会历史背景下，以一定的社会心理为基础，具备某种相应的理论形态，在一定范围内具有影响力并带有某种倾向性的思想趋势。社会思潮一般都会反映一定阶段、一定阶层的利益和要求，具有历史性、区域性、群体性、变更性等特点。在我国，除马克思列宁主义、毛泽东思想和中国特色社会主义理论体系以外的思潮都属于非主流社会思潮、错误思潮，诸如宪政民主思潮、新自由主义思潮、普世价值思潮、历史虚无主义思潮、后现代思潮、新儒家思潮等。这些思潮有的来自国外，有的滋生于国内，是一定范围人群的社会心理和社会情感的表征，是社会政治、经济矛盾运动的反映，是某种理论形态的现实表达。当这些思潮产生、郁积甚至蔓延时，就会直接冲击我国社会主义意识形态，冲击马克思主义的指导地位，影响和冲击思想政治教育的效果和思想政治教育学科建设的进程。因此，思想政治教育者必须敢于面对不良社会思潮，及时进行辨析，列举其具体表现，分析其社会危害，追溯其来龙去脉，剖析其理论基础，揭示其政治目的，引导人们抵制、批判错误思潮，更好地接受思想政治教育，从而推进思想政治教育学科建设。

由于非主流社会思潮、错误社会思潮是在不同时间、不同地域产生并形成影响的，思想政治教育者要敏感地察觉错误社会思潮的发展动向，并针对其影响开展必要的研究，进行正确的引导，防止错误社会思潮危害人们的思想和冲击思想政治教育学科建设。

（三）思想政治教育学科建设的立论性前沿课题

学科理论是一门学科能够成立并持续坚持的基石。当对学科中的有些理论问题尚未深化研究或研究不彻底时，这些问题也就成为学科的前沿课题，而深入研究这些问题则是寻求学科安身立命的根本。学科的立论性问题关系到对其他问题的认识与解决。

第一，思想政治教育的本源研究。对思想政治教育本源的探讨从古到今都没有停止过。中外古代先哲都提出过人性预设论、社会聚集论，尽管人性论观点各异甚至相反，但都论述了思想、政治、道德教育的必要性与根源性。这些观点及其论述虽然有其合理的成分，但由于陷于主观，难以科学阐述思想政治教育的本源。目前，思想政治教育学科已有的本源性研究成果，比较突出的有骆郁廷、杨威关于思想政治教育根源的研究，他们对思想政治教育的根源做了有益的探索，并取得了有影响力的成果。

开展思想政治教育的本源研究，要以马克思主义关于人与社会的实践本质、社会本质、需要本质的理论为指导，只有坚持认识与实践、人的思想与物质、人的精神需要与物质需要的辩证统一，才能科学地分析人的认识、人的思想、人的精神需要的根源。马克思主义对人的本质的科学揭示，结束了以往关于人性、人的本质的主观预设与判断，使人性、人的本质建立在历史唯物主义的基础之上，得到了科学的揭示与论证。因而马克思主义既是我们研究思想政治教育本源的指导理论，也是我们研究思想政治教育本源的方法论。

第二，思想政治教育的规律研究。对思想政治教育规律的研究，自学科创立以来就开始了，到目前为止，此研究还在拓展与深化。一是由于研究者对思想政治教育规律的界定不同，研究成果具有多样性。诸如，基本规律与具体规律分层的多样性、基本规律表述的多样性、内部规律与外部规律划分的交叉性。二是研究思想政治教育规律的观点不同，也导致研究成果具有多样性。观点之一是把思想政治教育过程的规律界定为思想政治教育规律；观点之二是思想政治教育规律有广义和狭义之分；观点之三是从思想政治教育矛盾出发界定规律；等等。

关于思想政治教育的规律研究，具有代表性的表述主要有：教育要与受教育者思想品德发展之间保持适度张力的规律；教育与自我教育相统一的规律；协调与控制各种影响因素使之同向发挥作用的规律；思想政治教育过程的基本规律是教育者的教育活动一定要适合受教育者的思想政治品德状况；思想品德形成发展的规律和服从与服务于社会发展的规律是思想政治教育的两条基本规律；思想政治教育的基本规律是社会适应规律、要素协同规律、过程充足规律、人格分析规律、自我同一规律。这些关于思想政治教育规律的表述见之于不同研究者的专著与教材，并各自被不同的读者、引用者、研究者所认同。

思想政治教育规律表述的多样性说明我们对思想政治教育规律的研究还

不够深化与统一，说明对思想政治教育规律的研究还要继续进行。如果思想政治教育的规律，特别是基本规律，还处在各自表达的状态，则难以使思想政治教育学科的地位稳固而持久。因而，加强思想政治教育的规律研究仍然是思想政治教育学科建设的重要前沿课题。

研究思想政治教育的基本规律，一方面要统一对思想政治教育基本规律这一概念的认识，既不可将基本规律泛化为思想政治教育某一方面、某一环节的具体规律，也不可将基本规律多样化为多个规律。只有揭示决定思想政治教育发展方向的规律，才是基本规律。另一方面，思想政治教育是一个影响因素复杂、目标层次和教育环节多样的过程，应根据马克思主义的辩证唯物论、实践论、社会发展规律性，分别研究一般思想、正确思想、社会思想形成与发展的规律和思想政治教育的规律，进而再揭示思想政治教育的基本规律。

二、对待思想政治教育学科建设的应有态度

我们应该如何对待发展中的思想政治教育学科？以下问题值得我们深入思考。

（一）正确对待思想政治教育学科建设的发展与成就

第一，用发展的眼光看思想政治教育学科。目前，思想政治教育学科是马克思主义理论一级学科下属的一个创立早、发展快、规模大的二级学科。经过30年的建设，思想政治教育学科体系基本形成，学科已有明确定位，学科对思想政治教育的支撑广泛、有力。当然，学科建设存在的问题也比较明显，诸如对思想政治教育的根源、本质、规律的研究需要深化和突破，对学科的研究对象、范畴体系还有待完善和统一，等等。对于学科的发展，我们要以发展的眼光来看。这个学科从无到有，从创办本科专业发展到设立博士后流动站，从一般学科到国家重点学科，这些都是思想政治教育学科建设者共同努力的结果。

第二，从社会需要看思想政治教育学科建设的规模体系。思想政治教育学科建设的发展适应了我国社会发展和人的全面发展的需要，体现了思想政治教育的时代特征。思想政治教育学科为我国各条战线，特别是高等学校，培养了成千上万的专门人才，获得了丰硕的教育教学和研究成果，涌现了一批学科领军人物、学术带头人、学科骨干以及"长江学者奖励计划"特聘

教授。思想政治教育学科是马克思主义理论一级学科中拥有博士学位点和硕士学位点最多、学生最多、报考人数最多的二级学科，也是马克思主义理论一级学科中申报成果奖励和获得成果奖励最多的二级学科。这些事实充分说明，思想政治教育及其学科建设在我国社会发展和人的全面发展的过程中，发挥了重要作用。

（二）正确对待思想政治教育学科建设面临的问题

第一，以爱护的姿态对待发展中的思想政治教育学科。思想政治教育学科是一门新兴的学科，它能够快速发展并取得丰硕成果的原因，一是有马克思主义的正确指导；二是有党的思想政治教育的优良传统和丰富经验；三是有新时期思想政治教育改革创新的实践基础。理论基础扎实和实践基础雄厚，是思想政治教育学科能够发展为富有生命力的学科的根本原因。

同时，我们也要清醒看到，一个学科的建设，自其创立就必须不断向前推进。特别是思想政治教育学科是一个综合性、应用性、现实性很强的学科，随着社会实践的发展和社会环境的变化，新情况、新问题不断涌现，人们的思想认识也在发生变化，这就需要思想政治教育者不断适应新形势，坚持开展研究，把学科建设向前推进。学科需要在不断建设的过程中逐步走向成熟和完善，因此，我们不能只满足于找学科建设的问题，而是要积极地解决问题；不是责难学科之短，而是要像爱护自己的孩子那样爱护学科，要以推进学科建设的实际行动促进学科的发展与完善。

第二，正确看待思想政治教育学科的科学性、价值性。有人认为，思想政治教育学科只有价值性，没有科学性。按照这种说法，思想政治教育学科就不成其为学科，因为学科本身就是科学的理论体系。所谓思想政治教育学科的科学性，是指思想政治教育学科的概念、定义和论证等内容的叙述清楚、准确，特别是思想政治教育理论应反映思想政治教育的本质和内在规律。我们确认思想政治教育学科既具有科学性又具有价值性，既是基于我们对学科建设指导思想——马克思主义、毛泽东思想和中国特色社会主义理论体系科学性的确认，又是基于我们从实际出发，努力探索思想政治教育客观规律的坚持。只要坚持马克思主义指导和马克思主义的教育内容，只要坚持从实际出发和理论联系实际的原则，思想政治教育及其学科建设就具有科学性。对思想政治教育及其学科的科学性做出判断，要基于思想政治教育及其学科发展的主导面，如同对一个社会、一个人的发展判断要看其主流，而不能以思想政治教育及其学科发展的支流、存在的问题，甚至个别人提出的不正确观点为根据，做出对思想政治教育及其学科没有科学性的判断。如果不参与、不了解思想政治教育及其学科的建设，只是凭借自己的情绪和研究倾向，对思想政治教育及其学科发展进行评价，则很可能偏离思想政治教育及其学科发展的主流，既看不到思想政治教育及其学科的科学性，又看不到其价值性。

第三，要积极开展多学科协同研究。随着科学技术的发展，我们仍然需要单学科研究，但其在研究复杂问题时存在局限，需要发展多学科研究。思想政治教育学科是一个综合性学科，同不少学科有着不同程度的交叉，因而容易导致有些研究者难以准确把握思想政治教育学科的边界，有的甚至进入别的学科进行研究，这就是我们所说的"种了别人的田，荒了自己的地"的现象。思想政治教育学科作为一个独立的二级学科，既有稳定的内涵，也有明显的边界，还有同其他学科在某些方面的交叉。因此，泛化思想政治教育学科建设不对，用其他学科取代思想政治教育学科也不对。我们主张发展多学科的协同研究，但其前提是思想政治教育者要有自己明确的学科归属。如果没有学科的支撑，多学科协同研究就是空话。为此，我们不能以发展多学科或跨学科研究为借口来模糊学科的界限甚至放弃思想政治教育学科，我们一定要增强思想政治教育学科的实力，在发展多学科或跨学科研究中做贡献。

推进和见证思想政治教育及其学科发展的平台[*]

——纪念《思想教育研究》创办 25 周年

《思想教育研究》杂志创办 25 周年了，这是值得思想政治教育工作者、研究者纪念与庆祝的。它在新时期因应时代发展和改革开放的需要而诞生，是思想政治教育这个具有中国特色的新型学科所创办的第一个学术刊物。它见证并推进了思想政治教育及其学科的发展与创新，形成了特色鲜明的刊物风格，赋予我们学术活力与生命力。

一、《思想教育研究》是推进学科发展的平台与窗口

《思想教育研究》伴随着思想政治教育学科的建立而创办，伴随着思想政治教育学科的发展而提高，它及时反映、推广学科建设的最新成果，成为学科发展的平台与窗口。

从《思想教育研究》25 年来所发表的研究成果来看，其成果内容与成果形态充分体现了思想政治教育及其学科的发展阶段与水平。《思想教育研究》创办初期，也正是思想政治教育学科的创建阶段，思想政治教育及其学科建设面临着解放思想和进行政治思想领域的拨乱反正、实现党的工作重点转移、开启改革开放进程的新形势，我国社会正在发生快速转变，新情况、新问题不断涌现，人们的思想认识、思想观念发生了明显变化。思想政治教育工作者研究的主要内容与成果，一是如何适应时代发展要求，顺应社会各个领域学科化、各项工作科学化的趋势，推进思想政治教育走学科化、科学化的发展道路，并开始进行学科体系的探索，包括学科概念、研究对象、理论基础、主干课程、理论框架等方面的研究；二是在继承思想政治教育传统的基础上，开始对改革开放过程中的新情况、新问题开展分析、研究，总结了许多新经验，有的成果还把新经验上升到理论，形成了以思想政治教育实践为基础的学科探索路径。这两方面研究成果的交汇，既推进了思

* 原载于《思想教育研究》2010 年第 10 期，收录时有修改。

想政治教育工作，也为思想政治教育学科的发展奠定了基础。但同时，我们也要看到，这一阶段毕竟是学科起始阶段，其研究的广度与深度有限，有些成果在很大程度上带有经验性。

随着我国改革的深化和开放的扩大，特别是邓小平理论的形成、思想政治教育及其学科的指导理论不断发展、思想政治教育及其学科的领域不断扩大，这些既为思想政治教育及其学科发展提供了极其有利的条件，也向思想政治教育及其学科发展提出了更高要求。广大思想政治教育工作者与研究者在进行学科基本理论研究的同时，着手从不同层面开展分支学科研究。这些分支学科既包括理论层面的唯物史观教育、政治观教育、人生观教育、道德观教育的分门别类的研究，其目的是使各项教育的理论与方法系统化，也包括实际层面的思想政治教育的对象、功能、方法、心理、案例，以及国外思想政治教育研究。这些研究成果覆盖广泛、丰富多彩，推进了思想政治教育科学化进程，丰富了思想政治教育学科理论体系。因而，这一阶段的研究成果既标志了思想政治教育及其学科体系的确立，也促进了《思想教育研究》走向成熟。

建设小康社会特别是全面建设小康社会的新阶段，是我国新时期完善社会主义市场经济体制和扩大对外开放的关键阶段。这一阶段的显著特点，是强调社会的经济、政治、文化等各个方面的全面发展、综合发展。在这样的历史背景下，思想政治教育及其学科发展也体现了全面性与综合性：一是思想政治教育学科与马克思主义理论教育学科综合形成了二级学科"马克思主义理论与思想政治教育"；二是思想政治教育及其学科研究的理论成果与思想政治教育实践紧密结合；三是开展与哲学、政治学、社会学、教育学等相关学科的交叉领域研究。采取这些综合性举措后，思想政治教育工作者与研究者围绕人们思想、行为的综合性现象和学科建设的综合性特点，展开多层面、多视角的研究，取得了许多标志性成果，增强了思想政治教育及其学科的科学性与有效性，推进了思想政治教育学科与其他学科的交流，扩大了《思想教育研究》的辐射面与影响力。

我国进入新世纪之后，"当今世界正在发生广泛而深刻的变化，当代中国正在发生广泛而深刻的变革。机遇前所未有，挑战也前所未有，机遇大于挑战。"[①] 我国深化改革、扩大开放所取得的成就越来越大，所遇到的深层

---

① 胡锦涛：《高举中国特色社会主义伟大旗帜　为夺取全面建设小康社会新胜利而奋斗》，人民出版社 2007 年版，第 1 页。

次问题也不断涌现，多元文化交汇、交融、交锋更为直接和明显，人们的价值观念与思想认识又面临许多新的问题。为了进一步加强和改进学生思想政治教育，推进科教兴国与人才强国战略的实施，中共中央国务院于2004年分别下发了《关于进一步加强和改进未成年人思想道德建设的若干意见》和《关于进一步加强和改进大学生思想政治教育的意见》，强调加强和改进未成年人思想道德建设、加强和改进大学生思想政治教育是一项重大而紧迫的战略任务。为了保证战略任务的完成，国务院学位委员会决定建立马克思主义理论一级学科，思想政治教育学科作为其下属独立的二级学科，获得了新的发展机遇与建设平台。大学生思想政治教育、高校辅导员工作专业化、高校思想政治理论课改革与教学、大学生实践教育发展，以及大学生理想信念教育、爱国主义教育、道德法制教育、全面发展教育等方面的研究成果，集中在杂志《思想教育研究》的专栏进行刊载，充分反映了高校广大思想政治教育工作者、研究者在大学生思想政治教育实践中的探索精神与创新成果，有力推进了思想政治教育及其学科的快速发展。同时，在纪念改革开放30周年之际，思想政治教育工作者、研究者对30年思想政治教育及其学科的发展历程、研究成果、实践经验、前沿课题、时代要求等重大理论与实际问题进行了系统的梳理、总结与研究，进一步明晰了研究与发展思路，丰富和充实了思想政治教育学科的理论体系，把思想政治教育及其学科建设推向了更高的发展阶段。

总之，思想政治教育及其学科建设丰富了《思想教育研究》的内容，推进了《思想教育研究》的发展；《思想教育研究》见证了思想政治教育及其学科建设的成果，促进了思想政治教育及其学科的不断充实。学术刊物都具有信息、知识、理论传播、交流、争鸣的职能，不同刊物的信息、知识、理论所蕴含的内涵是不同的。杂志《思想教育研究》传播、交流的信息、知识、理论，蕴含着丰富的思想观念、价值观念、理想信念，即凝聚民族的社会主义意识形态，铸塑国魂的民族精神文化，人们需要共同遵循的法制、道德价值与规范，形成团体群魂的思想基础。这些内容是人们灵魂需要之所在，是我们认识世界、改造世界的理论武器。因而，《思想教育研究》是我们进行思想交汇、心灵交流的窗口。

二、《思想教育研究》是育德、育才的良师与益友

《思想教育研究》的任务与宗旨是以马克思列宁主义、毛泽东思想，特

别是中国特色社会主义理论体系为指导，围绕党的中心工作，服务于我国社会各个领域、各个单位、各类人员的思想政治教育，推进社会科学发展和人的全面发展，因而，其政治性、思想性、道德与法制性很强，并担当着专门的育德职能。《思想教育研究》的育德作用主要通过两个途径来实现。一是思想政治教育工作者与研究者在进行教育与研究过程中，要学习政治、思想、道德与法制方面的理论、知识，并要结合社会与教育对象的实际开展研究，分析和解决思想问题，提高认识。这既是增强思想政治教育针对性与实效性的过程，也是教育者与研究者自身提高政治思想素质与道德水平的过程，即所谓教育者先受教育。因此，《思想教育研究》刊登的成果既是教育者与研究者的学术研究成果，也是教育者与研究者进行思想锤炼的结晶。二是刊物上的研究成果被很多读者学习、参考，并在思想政治教育实践中被运用、在研究中被引用，促进了读者对政治、思想、道德认识的深化，引导读者坚定正确方向，帮助读者丰富精神家园，从而起到孕育德性的作用。

《思想教育研究》之所以是育才的良师与益友，是因为她是思想政治教育的学术性刊物，其刊登的研究成果体现着思想政治教育及其学科的特点与特长。这些研究成果不仅体现了教育者与研究者的才干，而且对提高读者的才能具有重要作用。

首先，围绕思想政治教育及其学科的理论性特点，《思想教育研究》始终注重研究成果的学理性。研究成果的学理性，既由思想政治教育的理论基础、研究内容所决定，也是思想政治教育的功能要求。思想政治教育的理论基础是马克思主义，教育与研究的主要内容也是马克思主义，正是马克思主义理论的科学性、系统性与价值性，赋予了思想政治教育及其学科的理论性。同时，思想政治教育活动和学科建设的内容既有内在主观因素，也有外在客观条件；既有观念形态，也有行为方式；既有各种现实思想表现，也有各种实际问题。面对这样复杂多样、发展多变的环境与要素，只有认识其本质性、把握其规律性，才能获得教育效果与研究成果。同时，思想政治教育的主要功能是以理服人。马克思对此早就进行过阐述："理论一经掌握群众，也会变成物质力量。理论只要说服人，就能掌握群众；而理论只要彻底，就能说服人。所谓彻底，就是抓住事物的根本。"[1] 马克思的这段话既论述了理论的价值性与科学性，也揭示了教育的目的与功能。思想政治教育及其学科的理论性特点就是要提高以理服人的能力，达到以理服人的教育效

---

[1]《马克思恩格斯选集》第 1 卷，人民出版社 1995 年版，第 9 页。

果。在当代社会条件下，社会的多样化与复杂性、人的思想观念的开放性与丰富性，使以理服人由过去的以逻辑推理服人，即以真理服人，发展到以科学理论指导实践所取得的成果——事理服人，以及对科学理论指导实践活动富有真情实感的言行——情理感人。真理是规律性的揭示，事理是规律性与价值性的体现，情理是真理与事理的内在融合，只有真理、事理与情理相结合，才是当代社会育德树人所需要的才干，才能有效推进思想政治教育及其学科建设。基于这一认识，《思想教育研究》刊载了一系列以马克思主义基本原理、中国特色社会主义理论指导思想政治教育发展与发挥作用的研究成果，刊登了较多关于思想政治教育基本规律与具体规律、特点、发展趋势的学术论文。正是这些成果，体现了思想政治教育学科的理论性特点，展示了《思想教育研究》杂志的学术性特征。

其次，根据思想政治教育及其学科的综合性特点，《思想教育研究》杂志一直强调研究成果的综合性。研究成果的综合性，既由人们正确思想的形成与错误思想的产生均是多因素作用的结果所决定，也由思想政治教育及其学科建设内容的多样性所体现。理论教育的主要内容是马克思主义基本原理和中国特色社会主义理论体系，其本身具有政治、经济、文化、道德等多方面的内容。要使理论教育卓有成效，必须研究如何把理论体系转化为认识体系，把理论与实际、科学性与价值性、个体与社会、继承与创新紧密结合；必须根据思想问题形成的影响要素，有针对性地选择相关理论进行综合分析和解决。因而，思想政治教育及其学科的综合性既是推进我国社会科学发展的需要，也是促进人的全面发展的要求。

我国全面建设小康社会、和谐社会的伟大实践，推进物质文明、政治文明、精神文明、社会文明、生态文明协调发展与人的全面发展，更需要发挥思想政治教育的综合作用。同时，思想政治教育及其学科建设面向的是现实的人与人们的实际生活，而人们的实际生活往往具有思想、道德、职业、情感的内容与方式，这些内容与方式总是相互渗透而难以分离。特别是在当代社会条件下，社会与人在开放环境、竞争状态、信息社会与多元文化条件下发展，自主选择、个性多样，决定人们的思想与行为，不再像过去那样由简单因素所导致，而是复杂因素综合作用的结果。为此，思想政治教育工作者与研究者在教育与研究过程中，必须学习、运用马克思主义理论，借鉴相关学科的知识与方法，坚持开放视野，贴近实际与生活，根据社会与人的全面发展的需要，开展综合、系统的教育与研究。虽然发表在《思想教育研究》上的成果虽然只是综合性、系统性教育与研究成果的一部分，但也正是这些体现时代特征与学科特点的成果，引导了教育与研究向纵深发展，帮助教育者与研究者增长才干。

最后，按照思想政治教育及其学科的应用性特点，《思想教育研究》十分重视刊登关于思想政治教育方法的研究成果。学科的应用性特点也是由思想政治教育的现实性与实践性决定的。思想政治教育的对象是现实社会与现实的人，因而必须为促进社会发展和人的全面发展服务。思想政治教育工作者与研究者不应仅限于自己学习、理解马克思主义理论，还必须运用马克思主义理论与学科理论，通过各种符合环境与教育对象特点的途径、方式，将正确理论转化为受教育者的思想与行为，改变其错误的思想与行为。这种要进行塑造思想、培养行为和改造思想、转化行为的工作，需要采用正确方法，面向实际解决问题。不解决实际问题，而仅仅陷于理论与概念的传授，这不是有效的思想政治教育，而是形式主义或教条主义。因此，思想政治教育工作者同时也是思想政治教育的研究者，既要研究教育的时代内容、理论内容、实际内容、相关内容的整合，形成具有充分说服力的内容体系，又要根据教育目的与内容的要求，采用适合教育对象特点的方法。

《思想教育研究》刊登的思想政治教育方法方面的研究成果所占篇幅较大。从方法层次研究看，有思想政治教育的各种原则方法、一般方法、操作方式、运用艺术的研究成果；从方法功能研究看，有思想政治教育的各种认识方法、实施方法、反馈调节方法、检测评估方法、总结提高方法的研究成果；从载体方式研究看，有思想政治教育的各种语言载体、活动载体、文化载体、传媒载体、网络载体的研究成果；从实践教育方式研究看，有对思想政治教育的各种实地考察、参观访问、劳动锻炼、志愿者活动、"三下乡"活动等的研究成果；从方法论研究看，有思想政治教育方法的理论研究、发展研究、体系研究等成果。这些研究成果源于思想政治教育的改革与实践，既体现了教育者与研究者的学术专长，也为其他教育者与研究者提高教育与研究能力提供了学习的园地。

总之，《思想教育研究》所走过的历程是不平凡的。它不断发展，影响力、凝聚力不断增强。我们喜欢它，是因为它为我们提供了丰富的精神食粮；我们爱护它，是因为它是我们学习、交流和增长才干的园地；我们珍惜它，是因为它是我们共同创造的结晶。

三、《思想教育研究》是探索学科发展的前锋与园地

为了把《思想教育研究》办成思想政治教育及其学科探索的前锋与园地，杂志的负责人与编辑始终把发展作为办刊要务，追踪学科前沿，把握思想政治教育的热点、难点问题，组织学科专家研究，提供有创新性的成果。25年来，思想政治教育发展研究始终是《思想教育研究》的主题。围绕这一主题，《思想教育研究》在不同阶段确定了不同研究重点，推出了富有时代特征的研究成果。这些研究成果可以归纳为四个方面：一是以中国特色社会主义理论为指导，坚持跟踪理论前沿，及时宣传、阐述中国化马克思主义理论最新成果，努力引导、实现理论向认识、实践的转化，不断提供启发人们解放思想的新认识；研究思想政治教育在新的历史条件下，目标、内容与原则的新发展，推进思想政治教育紧跟时代步伐，承担新的职责与使命。二是根据社会发展与人的发展需要，研究思想政治教育面向开放领域、竞争领域、网络领域、生态领域的拓展；研究思想政治教育预测预防功能、沟通协调功能、育人开发功能、聚集整合功能的发展；研究思想政治教育的政治价值与道德价值、精神价值与经济价值、人文价值与科技价值、社会价值与个体价值的关系与实现方式的发展。三是按照思想政治教育指导理论、目标内容的发展要求，研究思想政治教育原则、途径、载体、方法的新发展。四是组织学术研讨会，及时跟踪思想政治教育专家在学科领域的攻关与突破，把学科研究的最新成果在刊物上推出。这些前沿性研究成果的刊发不仅起到了交流与推广的作用，把广大教育者与研究者引领到思想政治教育及其学科的发展前沿，而且为社会其他领域的工作者与学者提供了解和认识思想政治教育及其学科发展与价值的窗口。

紧跟时代步伐，做探索思想政治教育及其学科发展的前锋，始终是《思想教育研究》的职责。当前，《思想教育研究》组织稿件和刊载研究成果着重于以下前沿研究领域。

一是关于我国精神文化发展与价值研究的成果。党的十七大报告突出强调了加强文化建设，特别是精神文化建设的重要性和紧迫性："文化越来越成为民族凝聚力和创造力的重要源泉，越来越成为综合国力竞争的重要因

素，丰富精神文化生活越来越成为我国人民的热切愿望。"① 精神文化价值的凸显，既是经济、科技快速发展的要求，也为经济、科技快速发展提供条件。《思想教育研究》根据我国社会要增强软实力、广大人民要提高精神生活质量的需求，不断探询我国精神文化发展前沿，开展社会主义核心价值体系教育研究，引领社会与个体的正确价值取向，为推进解放思想、增强民族凝聚、丰富精神生活做出贡献。同时，还要敢于正视我国多元文化现实，勇于面对各种社会思潮的冲击，针对影响我国社会正确价值取向的错误思潮，诸如历史虚无主义、民主社会主义、经济自由主义、普世价值观等，运用马克思主义对之进行辨析、批判，旗帜鲜明地发挥社会主义先进文化的主导作用。

二是追踪思想政治教育及其学科前沿课题研究。马克思指出："一切划时代的体系的真正的内容都是由于产生这些体系的那个时期的需要而形成起来的。"② 思想政治教育及其学科的发展只能立足于中国特色社会主义现代化建设与人的全面发展的实际。而我们所面临的实际是多样化、特色化迅速发展，经济与科技快速发展，现实领域与虚拟领域并存发展的实际。为了保证这些发展的正确取向和推进这些发展有序进行，思想政治教育工作者与研究者必须注重研究：坚持主导性与多样性的辩证关系，发展主导性思想政治教育；坚持以人为本思想，发展人本思想政治教育；坚持现实性与虚拟性辩证统一，发展网络思想政治教育。同时，还要继续研究坚持面向世界与立足民族发展的辩证关系、精神文化彰显与人文精神缺失的失衡、人的发展便捷与人的发展阻抗的矛盾等前沿课题。应当看到，在面对这些现实性问题时，一些人存在迷途不知所向、茫然不知所措、困惑不知所解的倾向，因而需要思想政治教育工作者与研究者深入研究，以新的研究成果为人们释疑解惑，帮助人们适应并推进社会发展。

三是深化思想政治教育学科理论研究。思想政治教育学科经过 20 多年的建设，虽然已经初步确立学科理论体系，形成系列研究成果，有效提高了思想政治教育的科学水平，但是，还要进一步充实、完善学科理论体系，学科更要随着时代与社会的发展不断向前发展。学科理论研究的重点是要从哲学高度回答思想政治教育的基本问题。例如，为什么事实上各个社会都有思

① 胡锦涛：《高举中国特色社会主义伟大旗帜　为夺取全面建设小康社会新胜利而奋斗》，人民出版社 2007 年版，第 33 页。

② 《马克思恩格斯全集》第 3 卷，人民出版社 1960 年版，第 544 页。

想政治教育以及各种人群都需要思想政治教育（有的社会没有思想政治教育概念，但都有思想教育、政治教育、道德教育），这是思想政治教育的本源性问题。如果不从理论上彻底解决这个问题，就会使人们产生思想政治教育只在我国存在、思想政治教育是外在施加的误解。又如，为什么不同社会、不同国家、不同人群有不同的思想政治教育？梳理古今中外思想政治教育的历史演进，分析思想政治教育时段性、区域性与国度性的特征，揭示思想政治教育连续性发展与阶段性发展的辩证关系，把历史逻辑上升到理论逻辑高度，也是思想政治教育学科研究的前沿课题。再如，思想政治教育的本质与规律究竟是什么，这是思想政治教育的根本问题，需要思想政治教育的工作者与研究者根据思想政治教育的实际，研究、概括其内在联系，揭示其基本规律，而不是搬用社会发展规律与其他领域的规律。这是思想政治教育学科研究的艰巨任务。

总之，从思想政治教育产生的必然性，到思想政治教育发展的普遍性，再到思想政治教育遵循的规律性，这些都是思想政治教育学科的立论基础。只有把思想政治教育的立论做扎实，思想政治教育学科才有牢固的根基。

积极推进思想政治教育学科发展[*]

2016 年 5 月 17 日，习近平主持召开哲学社会科学工作座谈会并发表重要讲话，以党和国家事业长远发展的战略视野，深刻论述了哲学社会科学的重要地位和作用，深入阐述了必须坚持马克思主义在我国哲学社会科学领域的指导地位，系统讲述了哲学社会科学发展的历史与时代背景，明确提出了构建中国特色哲学社会科学的目标，特别强调了党对哲学社会科学的领导。讲话充分体现了党中央对哲学社会科学工作的高度重视和对哲学社会科学工作者的殷切期待，是一篇加快中国特色哲学社会科学发展的纲领性文献。我们要深入学习、认真贯彻讲话精神，坚持以马克思主义为指导，坚持以人民为中心的研究导向，抓住理论创新、学术繁荣的时代机遇，构建中国特色哲学社会科学。

一、习近平对哲学社会科学的高度重视与明确定位为思想政治教育的开展和发挥更大作用创造了有利条件

习近平在哲学社会科学工作座谈会上的讲话，站在历史发展和社会进步、国家强盛和民族兴旺的高度，阐述了哲学社会科学的重要性。"哲学社会科学是人们认识世界、改造世界的重要工具，是推动历史发展和社会进步的重要力量，其发展水平反映了一个民族的思维能力、精神品格、文明素质，体现了一个国家的综合国力和国际竞争力。一个国家的发展水平，既取决于自然科学发展水平，也取决于哲学社会科学发展水平。""哲学社会科学具有不可替代的重要地位，哲学社会科学工作者具有不可替代的重要作用。"[1] 习近平对哲学社会科学的高度重视与明确定位，极大地鼓舞了广大哲学社会科学工作者和思想政治教育者的积极性、主动性与创造性。我们要根据讲话精神，进一步认识哲学社会科学的各个学科在国家发展、社会进步

---

* 原载于《思想教育研究》2016 年第 6 期，作者郑永廷、胡子祥，收录时有修改。

[1] 《习近平主持召开哲学社会科学工作座谈会强调：结合中国特色社会主义伟大实践加快构建中国特色哲学社会科学》，载《人民日报》2016 年 5 月 18 日。

中的重要地位；进一步明确哲学社会科学工作者、思想政治教育者的历史使命与工作职责；进一步发展哲学社会科学各个学科的功能，为充分发挥哲学社会科学、思想政治教育的重要作用，为推进我国"四个全面"战略布局进程做贡献。

习近平在讲话中还深刻分析了我国当前面临的形势与任务，认为我国正在经历"历史上最为广泛而深刻的社会变革，也正在进行着人类历史上最为宏大而独特的实践创新。这种前无古人的伟大实践，必将给理论创造、学术繁荣提供强大动力和广阔空间。这是一个需要理论而且一定能够产生理论的时代，这是一个需要思想而且一定能够产生思想的时代。我们不能辜负了这个时代"①。他殷切希望："面对社会思想观念和价值取向日趋活跃、主流和非主流同时并存、社会思潮纷纭激荡的新形势，如何巩固马克思主义在意识形态领域的指导地位，培育和践行社会主义核心价值观，巩固全党全国各族人民团结奋斗的共同思想基础，迫切需要哲学社会科学更好发挥作用。"②

哲学社会科学包括哲学学科和诸多相关文科学科。思想政治教育学科是哲学社会科学中的一个新型学科，也是一个富有中国特色的学科。我国在革命战争和社会主义建设的伟大实践中，创立了系统的思想政治教育理论与方法；在改革开放和中国特色社会主义现代化建设过程中，创立了思想政治教育学科。思想政治教育学科是关于人的思想和行为的变化规律，以及根据这一规律有效进行思想政治教育并帮助人们形成正确思想与行为的科学。哲学社会科学中的多数学科同思想政治教育学科具有密切关系。这种密切关系，一是体现在性质与内容上。哲学社会科学中的绝大部分学科同思想政治教育学科一样，都具有鲜明的意识形态属性，都要坚持社会主义意识形态主导并以社会主义意识形态影响、引导和教育人们。思想政治教育所教导的哲学、政治、法律、道德、历史等内容，都是哲学社会科学中一些学科所研究的内容。因而，我国的思想政治教育实际上是社会主义意识形态教育。二是体现在功能与价值上。哲学社会科学中的多数学科同思想政治教育学科的某些功能与价值是相同的，即都要发挥坚持正确思想指导和正确价值取向的作用。所以，2004年中共中央颁发的《关于进一步繁荣发展哲学社会科学的意见》充分肯定了哲学社会科学在思想政治教育方面的贡献："十一届三中全会以

---

① 《习近平主持召开哲学社会科学工作座谈会强调：结合中国特色社会主义伟大实践加快构建中国特色哲学社会科学》，载《人民日报》2016年5月18日。

② 《习近平主持召开哲学社会科学工作座谈会强调：结合中国特色社会主义伟大实践加快构建中国特色哲学社会科学》，载《人民日报》2016年5月18日。

来，哲学社会科学对于党的思想路线的重新确立和指导思想的丰富发展，对于用马克思列宁主义、毛泽东思想、邓小平理论和'三个代表'重要思想武装全党、教育干部和人民……对于弘扬和培育民族精神，引导人们树立有利于中国特色社会主义事业发展的思想观念，作出了重要贡献。"中共中央、国务院发布的《关于进一步加强和改进大学生思想政治教育的意见》也明确阐述了"哲学社会科学课程负有思想政治教育的重要职责"，"哲学社会科学中的绝大部分学科都具有鲜明的意识形态属性，对于帮助大学生坚定正确的政治方向，正确认识和分析复杂的社会现象，提高思想道德修养和精神境界具有十分重要的作用。要坚持和巩固马克思主义在意识形态领域的指导地位，在哲学社会科学教学中充分体现马克思主义中国化的最新理论成果，用科学理论武装大学生，用优秀文化培育大学生。要发扬理论联系实际的优良学风，发挥哲学社会科学的优势，紧密围绕大学生普遍关心的、改革开放和现代化建设中的重大问题，做好释疑解惑和教育引导工作"。

习近平对哲学社会科学的高度重视与明确定位，既是对思想政治教育学科的关心与重视，也将为思想政治教育的开展和发挥更大作用创造更加有利的条件。

二、思想政治教育要自觉坚持以马克思主义为指导

习近平在哲学社会科学工作座谈会上强调，在我国哲学社会科学领域必须坚持马克思主义的指导地位："坚持以马克思主义为指导，是当代中国哲学社会科学区别于其他哲学社会科学的根本标志，必须旗帜鲜明加以坚持。"[1] 习近平的这一论述不仅明确规定了我国哲学社会科学的社会主义性质，而且强调了我国哲学社会科学的民族特性，这是繁荣、发展哲学社会科学，开展思想政治教育的根本方向与根本原则，不容有任何含糊与动摇。我国实行改革开放政策和推进社会信息化发展以来，一方面在推进哲学社会科学和思想政治教育面向世界、面向社会、面向未来快速发展上，取得了举世瞩目的成果；另一方面，意识形态领域也呈现多样、复杂的状况，封建主义意识形态残余存在、资产阶级意识形态的渗透、各种新的文化形态与社会思潮不断涌现，使哲学社会科学建设和思想政治教育环境面临许多新问题与新

---

[1] 《习近平主持召开哲学社会科学工作座谈会强调：结合中国特色社会主义伟大实践加快构建中国特色哲学社会科学》，载《人民日报》2016 年 5 月 18 日。

挑战。有些人缺乏分辨能力，理论水平不高，也有些人别有用心，主张所谓"指导思想多元化"，鼓吹消解"国家意识形态"，盲目崇拜西方文化，散布资本主义错误思潮，导致一些青少年迷茫困惑，造成少数人思想混乱、行为失控，甚至违法乱纪。这种复杂、多样、多变的现实状况既向哲学社会科学建设和思想政治教育提出了新课题，又向哲学社会科学建设和思想政治教育提出了新要求。

哲学社会科学建设和思想政治教育只能坚持一元主导与多样发展（或并存）的辩证关系。坚持一元主导，最重要的就是坚持马克思列宁主义、毛泽东思想和中国特色社会主义理论体系的指导，就是要坚定不移地坚持正确方向和正确原则。只有坚持一元主导，才能目标坚定、头脑清醒、认识明确；淡化、忽视甚至否定一元主导，必定迷途不知所向、茫然不知所措、困惑不知所解，甚至可能陷于错误。坚持多样发展就是坚持多层次、多途径、多样式、多侧面的个性化发展。只有多样发展，才能活跃思想、充实生活，使个人与社会发展丰富多彩。在人类社会发展的历史进程中，任何国家和社会的指导思想都是一元的。为此，中共中央于 2004 年颁发的《关于进一步繁荣发展哲学社会科学的意见》强调"繁荣发展哲学社会科学必须坚持马克思主义的指导地位"，要"善于把马克思主义的基本原理同中国具体实际相结合，把马克思主义的立场、观点和方法贯穿到哲学社会科学工作中，用发展着的马克思主义指导哲学社会科学。决不能搞指导思想多元化"。

思想政治教育是中国共产党动员、组织人民群众进行革命、建设和改革的重要方式，是坚持马克思主义指导、实行思想领导的中心环节，在党的事业中具有重要地位，发挥了巨大作用。思想政治教育的指导理论、主要内容同中国共产党的指导思想是完全一致的。坚持马克思主义的指导，就是要从整体上学习、领会和运用马克思列宁主义、毛泽东思想和中国特色社会主义理论体系。在思想政治教育过程中，既要把马克思主义作为教育的主要内容，又要坚持用马克思主义的立场、观点和方法，分析和解决人们的思想问题和实际问题。所谓立场，就是观察、认识和解决问题的立足点。马克思主义的立场就是无产阶级和广大人民的立场，"坚持以马克思主义为指导，核心要解决好为什么人的问题。为什么人的问题是哲学社会科学研究的根本性、原则性问题"①。哲学社会科学、思想政治教育必须坚持为人民服务，把人民放在心中的最高位置，切实做到一切为了人民、一切相信人民、一切

---

① 习近平：《在哲学社会科学工作座谈会上的讲话》，人民出版社 2016 年版，第 12 页。

依靠人民，这就是哲学社会科学工作者、思想政治教育工作者必须坚持的根本立场。所谓观点，就是人们对事物的看法和评价。马克思主义关于辩证唯物主义和历史唯物主义的基本观点，关于认识与实践的基本观点，关于社会主义必然代替资本主义的基本观点，关于社会主义本质的基本观点，关于人的全面发展的基本观点，等等，都是思想政治教育必须坚持的基本观点。所谓方法是指为达到某种目的而采取的途径、步骤和方式。马克思主义方法，是指导我们正确认识和改造世界的根本思想和工作方法。"马克思的整个世界观不是教义，而是方法。它提供的不是现成的教条，而是进一步研究的出发点和供这种研究使用的方法。"[①] 思想政治教育者"要自觉坚持以马克思主义为指导，自觉把中国特色社会主义理论体系贯穿研究和教学全过程，转化为清醒的理论自觉、坚定的政治信念、科学的思维方法"[②]。

三、思想政治教育学科的建设和发展必须体现继承性与民族性、原创性与时代性、系统性与专业性

习近平在哲学社会科学工作座谈会上，向广大哲学社会科学工作者提出了明确而具体的要求："要按照立足中国、借鉴国外，挖掘历史、把握当代，关怀人类、面向未来的思路，着力构建中国特色哲学社会科学，在指导思想、学科体系、学术体系、话语体系等方面充分体现中国特色、中国风格、中国气派。"[③] 这一要求既有远大的发展目标，也有鲜明的发展理念，还有明确的发展途径，是繁荣和发展我国哲学社会科学的指导方针。根据习近平提出的中国特色哲学社会科学应该把握的准则，思想政治教育学科在建设与发展的过程中，必须体现继承性与民族性、原创性与时代性、系统性与专业性。

第一，思想政治教育学科建设与发展必须体现继承性与民族性。所谓继承性，也可称之为历史继承性，体现的是社会意识、知识、理论的前后相继关系，表明每一种社会意识、知识、理论的出现，都是在之前社会意识、知识、理论的基础上展开和发展的。所谓民族性，一般指文化的民族性，强调

---

① 《马克思恩格斯文集》第 10 卷，人民出版社 2009 年版，第 691 页。

② 《习近平主持召开哲学社会科学工作座谈会强调：结合中国特色社会主义伟大实践加快构建中国特色哲学社会科学》，载《人民日报》2016 年 5 月 18 日。

③ 《习近平主持召开哲学社会科学工作座谈会强调：结合中国特色社会主义伟大实践加快构建中国特色哲学社会科学》，载《人民日报》2016 年 5 月 18 日。

的是文化认同。民族性是文化的脊梁，是文化的价值所在，是文化能够发挥积极作用的基础和前提。学科建设与发展的继承性与民族性就是要善于融通古今中外各种资源，丰富和发展哲学社会科学。

思想政治教育学科在建设和发展的过程中，较好地体现了继承性与民族性。一是思想政治教育学科是在我国思想政治教育实践的基础上创立起来的，继承了党的思想政治教育的优良传统。思想政治教育是中国共产党领导人民在革命、建设和改革伟大实践中所创造的实践性活动，形成了系统的理论、方法和优良传统，在革命、建设和改革进程中发挥了巨大作用，取得了丰硕成果，为思想政治教育学科的创立与建设奠定了坚实基础。没有党的思想政治教育的经验、理论和传统，思想政治教育学科就难以创立。因此，进一步总结、升华思想政治教育历史经验，继承、弘扬党的思想政治教育的优良传统，发掘思想政治教育的丰富资源，仍然是思想政治教育学科建设的重要任务。二是思想政治教育学科的建设与发展，要继承我国优秀传统文化和传统美德。思想政治教育及其学科建设继承了我国古代社会重德治和德教的传统，吸收、转化了传统道德教育的进步理念、原则与方法，在我国具有广泛的社会效用和心理认同。为了更好地继承中华优秀传统文化，中共中央政治局于 2014 年就培育和弘扬社会主义核心价值观、弘扬中华传统美德进行了第十三次集体学习。习近平在学习会上强调："抛弃传统、丢掉根本，就等于割断了自己的精神命脉。博大精深的中华优秀传统文化是我们在世界文化激荡中站稳脚跟的根基。中华文化源远流长，积淀着中华民族最深层的精神追求，代表着中华民族独特的精神标识，为中华民族生生不息、发展壮大提供了丰厚滋养。中华传统美德是中华文化精髓，蕴含着丰富的思想道德资源。"① 为贯彻落实党的十八届三中全会关于完善中华优秀传统文化教育的精神，落实立德树人的根本任务，教育部印发了《完善中华优秀传统文化教育指导纲要》，为思想政治教育学科建设与发展进一步体现继承性与民族性提供了明确而具体的指导。

从上面的分析可以看出，继承性与民族性是不可分割地联系在一起的。继承性是民族性的基础，民族性是继承性的结果。思想政治教育学科只有充分继承中华优秀传统文化和传统美德，才能充分体现其民族性特点。思想政治教育学科的研究对象、范畴体系、内容体系、历史发展、原则与方法等都

---

① 《中共中央政治局 2 月 24 日下午就培育和弘扬社会主义核心价值观、弘扬中华传统美德进行第十三次集体学习》，新华网，2014 年 3 月 17 日。

富有中国特色，都是在中国社会实践、中华民族文化和思想政治教育基础上孕育出来的。广大思想政治教育者"要推动中华文明创造性转化、创新性发展，激活其生命力，让中华文明同各国人民创造的多彩文明一道，为人类提供正确精神指引。要围绕我国和世界发展面临的重大问题，着力提出能够体现中国立场、中国智慧、中国价值的理念、主张、方案"①。

第二，思想政治教育学科建设与发展必须体现原创性与时代性。所谓原创性，就是指研究成果是首创的，内容和形式都具有独特的个性。原创性一言以蔽之就是"发前人所未发，想前人所未想"，其目标是创造新知识、新理论或新事物。所谓时代性，就是指从当下现实的发展方向观察、分析和研究问题。原创性与时代性不可分割地联系在一起：原创性强调紧跟时代发展，把握前沿领域，开展创新研究，取得最新成果；时代性则要求突破传统局限，抓住时代特征，推进发展创新，因而两者具有内在联系。思想政治教育学科既具有继承性，也具有原创性。其原创性体现在思想政治教育学原理、思想政治教育方法论等教材和论著是原来没有的，是思想政治教育者、研究者以马克思主义理论为指导，在已有思想政治教育理论与方法的基础上，继承、借鉴古代和国外思想政治教育的有益成果，立足新时期思想政治教育实践的创造。时代在发展，社会实践、社会环境和各类人员都在快速、全面发展，新情况、新问题不断涌现，人们的思想与行为不断变化，因而思想政治教育总是面临着各种新课题，需要不断进行理论创新、实践创新，丰富和发展思想政治教育学科理论。

党的十八大以来，以习近平同志为核心的党中央提出了一系列思想政治教育的指导思想，确立并部署了一系列新的战略，需要我们认真学习、深入研究，形成适应新的历史条件的理论与方法，诸如深化理想信念教育的理论与方法、加强意识形态工作和思想政治教育重要性的理论、开展立德树人和社会主义核心价值观教育的理论、"四个全面"战略布局进程中思想政治教育创新发展理论等；还有网络思想政治教育研究、生态文明教育研究、社区思想政治教育研究、法治教育研究等，都需要根据时代发展的要求，进行深化研究，创新理论与方法。广大思想政治教育者一定要牢记习近平关于"理论的生命力在于创新。创新是哲学社会科学发展的永恒主题，也是社会发展、实践深化、历史前进对哲学社会科学的必然要求"，"以我国实际为

---

① 《习近平主持召开哲学社会科学工作座谈会强调：结合中国特色社会主义伟大实践加快构建中国特色哲学社会科学》，载《人民日报》2016 年 5 月 18 日。

研究起点，提出具有主体性、原创性的理论观点，构建具有自身特质的学科体系、学术体系、话语体系"的讲话①，形成具有中国特色、中国风格、中国气派的思想政治教育学科。

第三，思想政治教育学科建设与发展必须体现系统性、专业性。所谓系统，是指若干相互联系、相互作用、相互依赖的要素结合而成的具有一定结构和功能的有机整体，因而系统性就是强调整体性或综合性。所谓专业性，是指专业的特长与特性。专业性有强弱之别，专业性强是指没有认真学过这个专业的人干不了这个专业的工作。系统性与专业性具有内在联系：系统性是专业性的标志，专业性是系统性的结果；没有系统性就谈不上专业性，没有专业性就不可能有系统性。习近平关于哲学社会科学要体现系统性、专业性的讲话，就是强调中国特色哲学社会科学涵盖的全面性，学科体系、学术体系、话语体系的系统性，其目的是要"努力构建一个全方位、全领域、全要素的哲学社会科学体系"。习近平既肯定了我国哲学社会科学学科体系已基本确立，也指出了其存在一些亟待解决的问题，要求"突出优势、拓展领域、补齐短板、完善体系"②。这一肯定与要求完全符合思想政治教育学科的实际。

思想政治教育学科自创立以来，经过思想政治教育者的共同建设，实现了持续、快速的发展，初步建构了思想政治教育学科体系，包括思想政治教育学科人才培养的课程、教材体系；思想政治教育学科体系、学术体系、话语体系；思想政治教育学科的分支学科体系；等等。这些体系内部和这些体系相互之间都有一定的系统性或内在联系。由于思想政治教育学科创立时间不长，加上思想政治教育的部分人员来自其他学科，因此，思想政治教育学科的系统性不可能在短期内形成，学科发展难免存在短板，学科体系有待完善。

体现思想政治教育学科的系统性，就是要研究和把握思想政治教育同一理论要素的内在联系，研究和把握思想政治教育相关理论之间的逻辑关系。只有这样，才能使思想政治教育学科理论具有系统性或逻辑性。思想政治教育学科理论在各个时期的研究成果虽然可以各有侧重、各显特色，但不管其研究成果多么与众不同，都必须遵循思想政治教育的内涵、外延与规范，必

---

① 《习近平主持召开哲学社会科学工作座谈会强调：结合中国特色社会主义伟大实践加快构建中国特色哲学社会科学》，载《人民日报》2016年5月18日。
② 《习近平主持召开哲学社会科学工作座谈会强调：结合中国特色社会主义伟大实践加快构建中国特色哲学社会科学》，载《人民日报》2016年5月18日。

须坚持学科的学术体系和话语体系，必须共同为形成严密的逻辑体系做贡献。缺乏系统性的思想政治教育理论则难以使思想政治教育学科立足扎根，也难以使思想政治教育学科具有专业性与影响力。因此，思想政治教育学科必须在理论上形成体系，不仅要研究思想政治教育各要素、各环节的理论体系，诸如思想政治教育概念体系、思想政治教育原则体系、思想政治教育规律体系（即基本规律与具体规律的关系、具体规律之间的关系）、思想政治教育目标体系、思想政治教育内容体系、思想政治教育方法体系等，还要研究各要素、各环节之间的内在联系，构成思想政治教育学科的理论体系。只有这样，思想政治教育学科才能支撑思想政治教育专业和实践，才能担当培养思想政治教育人才的重任，才能赋予思想政治教育科学性与价值性。

总之，思想政治教育学科建设与发展要体现继承性与民族性、原创性与时代性、系统性与专业性，就是要把思想政治教育学科建设成为面向现代化、面向世界、面向未来，具有中国特色、中国风格和中国气派的学科。

马克思主义理论与思想政治教育学科
发展的历程与使命[*]

马克思主义理论与思想政治教育学科自改革开放以来，经历了准备、确立、跨越式发展三个阶段。它植根于马克思主义理论体系与党的思想政治工作的伟大实践，具有鲜明的民族特色与学科特点。在全面建设小康社会的新阶段，马克思主义理论与思想政治教育学科面临着发展的重大课题与使命。

一、学科的跨越式发展及其源泉

（一）学科发展的可喜局面

自改革开放以来，我国社会实现了历史性跨越，现代化建设取得了历史性成就。在改革开放中形成和发展起来的马克思主义理论与思想政治教育学科也同样经历了跨越式发展。该学科于 20 世纪 80 年代中期创建，最初被称为思想政治教育学科，于 1984 年招收第一届本科生，后来建立了马克思主义理论教育方面的哲学、党史、政治经济学等方向的硕士学位点。该学科经过 10 年建设，从学士、硕士到博士的完整人才培养体系，之后再经过 5 年的建设，实现了由博士点到国家重点学科的发展。目前，该学科有近 200 个本科专业点，100 多个硕士学位点，13 个博士学位点，3 个国家重点学科。

2002 年，该学科的硕士学位点、博士学位点申报盛况空前，有近 50 所高校（含一级学科申报）申报博士学位点，许多高校申报硕士学位点。从申报的情况看，有几个明显的特点：一是各地教育部门及高等学校对该学科十分重视，多数都是各地、各高校的重点学科；二是相当一部分高校该学科的学术水平明显高于以往申报的高校，教育质量与学术成果十分喜人；三是该学科点的专家以及全体教师对该学科点的发展十分关切，基本形成了富有活力的竞争发展局面；四是与该学科相关的诸如哲学、历史、科学社会主义等学科的专家、教师加入该学科建设的队伍，增加了学科建设的力量。

总之，该学科的专业点、专业覆盖面、在校学生、具有高级职称的专业

---

* 原载于《高校理论战线》2003 年第 7 期，收录时有修改。

人才，以及研究成果、社会作用等各个方面，在全国高校人文社会科学中，已有相当的规模和影响，具有明显的发展优势。

（二）学科发展的艰巨历程

马克思主义理论与思想政治教育学科在改革开放的伟大实践中，伴随我国社会的全面进步，在探索中不断突破，在曲折中不断发展，大体经历了拨乱反正、恢复形象，为学科形成做准备、学科主体确立、分支学科发展、综合深化发展四个阶段。

我国粉碎"四人帮"以后的拨乱反正阶段，是学科形成的准备阶段。在"文化大革命"中，思想政治教育的形象遭受严重损害，进行拨乱反正、恢复应有形象的唯一出路就是按照解放思想、实事求是的思想路线，适应时代发展需要，走科学化发展的道路。

学科主体确立阶段主要是探索学科主体理论内容与理论体系，确立学科主干课程，并编写、出版专业主干教材：《马克思主义思想政治教育理论基础》《思想政治教育学原理》《思想政治教育方法论》《思想政治教育史》。这些主干课程与教材经过多次修改与充实，不断完善、丰富，经实践检验，是有生命力的。

在分支学科发展阶段，主干课程从不同层面延伸，形成了几种类型的分支学科。理论教育分支的主要研究成果有《唯物史观通论》《政治观通论》《人生观通论》《道德观通论》。这些论著是《马克思主义思想政治教育理论基础》的扩展，在理论上几乎覆盖了马克思主义唯物史观的全部内容，在知识上借鉴了多门相关学科的资料，在实践上始终围绕人的世界观、人生观、价值观形成与发展这些主题展开，建构了贯穿认识—实践这一线索并富有教育特点的理论体系，充分体现了该学科的理论性特点。教育方法论方面分支学科的研究成果主要有《青年学概论》《思想政治教育案例教学》《思想政治教育心理学》等。这些教材是《思想政治教育方法论》的具体化，围绕教育对象的认识、心理、发展过程展开，具有现实的可操作性，充分体现了该学科的应用性特点。思想政治教育社会学方面分支学科的研究成果主要有《比较思想政治教育学》《社会思潮与大学生思想政治教育》等。这些成果围绕思想热点、焦点和思想教育的普遍性与特殊性展开，拓展了学科的领域与视野。

综合深化发展阶段是指在马克思主义理论与思想政治教育学科博士点批准之后的几年。这一阶段发展的特点是，马克思主义理论教育的理论成果以及思想政治教育学的理论与方法，通过人才培养、培训和教育者学习、研究等途径，向理论教育与各种不同类型的思想教育扩展、渗透，扩大了学科成果在高校思想政治教育与社会思想政治工作中的运用，带动并促进了各种内容的政治教育、思想教育、道德教育的学科化与科学化。同时，其他学科如教育学、管理学、心理学、文化学等与该学科相结合，进行学科之间的交叉与渗透，形成了一些富有特色的探索领域与研究成果，如以弘扬、开发我国传统文化为特色的思想政治教育文化学；以研究人的全面发展为重点的人格发展理论与方法；探讨思想教育与行政管理相结合的思想政治教育管理学；等等。扩展渗透与交叉渗透所形成的研究成果，推进了思想政治教育学科的普及与深化，为思想政治教育学科的发展及其作用的发挥提供了广阔的空间，体现了学科渗透性与综合性的特点。

（三）学科发展的深厚源泉

马克思主义理论与思想政治教育学科之所以能够在改革开放的伟大实践中实现跨越式发展，是因为该学科在我国具有深厚的发展源泉。

马克思主义理论是该学科发展的理论源泉。马克思主义基本原理是学科的指导理论；马克思主义哲学、政治经济学、科学社会主义、党的建设等方面的理论是该学科教育、研究的中心内容；马克思主义理论的不断发展，特别是中国特色社会主义理论的发展，为该学科的发展提供了丰富的理论源泉。该学科既是建立在马克思主义理论基础上的学科，又是以马克思主义理论为主导研究和教育内容的学科。马克思主义理论是我们党和国家的指导思想，是社会主义意识形态的主要内容，是当代中华民族文化的核心。指导思想、意识形态、民族文化是三个"同心"的范畴和层面，马克思主义理论与思想政治教育学科所担当的是具有综合性、群众性的社会主义意识形态建设、民族精神文化建设的任务。

思想政治工作是该学科发展的实践源泉。思想政治工作是党的优良传统与政治优势。思想政治工作包括思想教育、政治教育、道德教育与政治工作、群众工作、统战工作等。党的各级组织主要通过这些教育与工作实行思想领导与政治领导，保证经济工作与各项业务工作的顺利进行。思想政治工作遍布我国的各个领域与各条战线，形成了广阔的实践领域，积淀了深厚的实践基础，创造了丰富的实践经验，为马克思主义理论与思想政治教育学科提供源源不断的思想素材。

马克思主义理论与思想政治教育学科的形成与发展是工作领域学科化与

实际工作科学化的必然发展趋势。理论教育工作者与思想政治工作者的专业化、职业化只能通过学科培养、训练来实现。因此，马克思主义理论与思想政治教育学科所面对的工作领域与人才市场是广泛的。

（四）学科发展的鲜明特色

马克思主义理论与思想政治教育学科是有中国特色的学科。这一学科继承了我国注重伦理、讲究美德的历史传统，继承了党一向重视思想政治工作的优良传统，在我国社会具有明显的作用与优势；与发达国家的法治传统深厚、法治作用强大而思想道德教育分散、乏力相比较，显示了我国文化教育的民族传统与特色。

这一学科以社会主义意识形态为主导，以为人民服务为核心，以集体主义为原则，坚持社会主义方向；与发达国家以资本主义意识形态为主导，以个人主义为核心，坚持资本主义价值取向相比较，具有鲜明的社会主义特性。

这一学科覆盖思想教育、政治教育、道德教育、职业教育等内容；与发达国家的人文教育、政治社会化、道德教育（或宗教教育）、职业咨询等相互独立相比较，具有在教育目标、教育内容、教育方法上相互结合与渗透的综合性特点。

这一学科的宗旨是以理服人、以情感人、以行导人，不仅重视理论的研究与发展，具有理论性，更重视正确理论、思想的内化与外化，立足于形成人的思想政治素质并指导其行为，其基点落实在教育上；与哲学、伦理学、政治经济学、历史学、政治学等基础理论学科相比较，具有较强的应用性。

马克思主义理论与思想政治教育学科的鲜明特色，表明它具有自身的内在本质，具有它所遵循的基本规律，具有反映其本质与规律的范畴、概念体系，这正是该学科得以确立与迅速发展的根本所在。学科的特色是学科的生命。以西方的学科名称为准则来衡量学科的科学性与价值性，是一种忽视中国文化国情的形势判断与西化倾向。西方国家也需要思想教育、政治教育、道德教育与职业教育，只不过这些教育分属于不同的学科罢了。

二、学科发展面临的课题

发展是当代社会的主题，是时代的特征。把发展的概念引入马克思主义理论与思想政治教育学科，称之为学科发展。学科的发展既是当代社会迅速发展和人的全面发展提出的客观要求，又为当代社会发展和人的全面发展提供了条件。引入发展概念，是为了多角度、多层面对学科进行认识、研究，增强科学性，克服经验性；增强创新性，克服滞后性；增强系统性，克服分散性；增强有效性，克服一般化。其目的就是从理论上，从学科与现代社会发展和人的发展关系上，探讨和把握马克思主义理论教育与思想政治教育的规律。

学科发展的内容是十分丰富的，包括在时代内容、环境内容、理论内容不断发展的条件下，马克思主义理论教育与思想政治教育的本质发展、观念发展、目标发展、领域发展、功能发展、价值发展，以及教育内容、模式、方法、载体等方面的发展。

新世纪之后，我国进入了全面建设小康社会的新阶段，马克思主义理论有了新的发展；加入 WTO 标志着我国在经济全球化发展进程中迈出了关键性的步伐；现代科学技术的迅速发展广泛、深刻地改变着我国的社会面貌与学科结构；全民学习、终身学习的学习型社会的逐步形成将有力促进人的全面发展。为此，党的十六大特别强调保持与时俱进的精神状态，把发展确定为党执政兴国的第一要务。所有这些正在发生变化并还将继续发展的社会现实都是马克思主义理论与思想政治教育学科所面临的新的历史性课题。

（一）学科理论的丰富与发展

马克思主义理论与思想政治教育学科的理论体系经过该学科众多专家和实践工作者 20 多年的研究，已经初步确立并不断丰富。而随着理论与实践的发展，学科的理论体系必须不断调整与充实。

第一，学科指导理论的新发展。党的十六大将"三个代表"重要思想确立为党的指导思想，指出："中国共产党以马克思列宁主义、毛泽东思想、邓小平理论和'三个代表'重要思想作为自己的行动指南，'三个代表'重要思想是党必须长期坚持的指导思想。这对于保证我们党统一思想、统一行动，团结和带领全国各族人民，实现推进现代化建设、完成祖国统一、维护世界和平与促进共同发展这三大历史任务，在中国特色社会主义道路上实现中华民族的伟大复兴，具有重大而深远的意义。"① 同样，"三个代表"重要思想也是马克思主义理论与思想政治教育学科的指导理论。

以"三个代表"重要思想为指导进行学科建设，首先必须更加明确学

_____

① 中共中央文献研究室：《十六大以来重要文献选编》（上），中央文献出版社 2005 年版，第 46 页。

科的建设基础与服务对象，就是要把学科建设置于我国社会的经济基础与生产力发展水平之上，使学科能更好地坚持以经济建设为中心，为解放和发展生产力，特别是为发展现代科学技术服务，大力促进人民群众学习、运用、创造科学技术，在提高自身科学文化素质的过程中，不断将潜在的生产力转化为现实生产力。防止学科建设脱离经济基础与生产力发展水平而走向纯理论化轨道。其次，学科建设必须以中国特色社会主义文化为依托，把学科建设成为继承我国优秀传统文化、借鉴别国有益文化、创造适应时代发展的新文化的开放体系，为促进人的全面发展提供科学范式，为丰富、发展中国特色社会主义文化做贡献。避免学科建设丧失文化背景而陷于肤浅的状况。最后，学科建设必须更加体现以人为本的精神，更加明确地把关心人、尊重人、发展人、开发人的潜能作为学科宗旨，作为新的历史条件下代表人民群众根本利益的体现。

第二，学科理论体系的充实。党的十三届四中全会以来，中国特色社会主义理论有了重大的突破与发展，诸如党的思想路线、指导思想以及党的性质的新发展；所有制结构理论、分配理论、新型工业化理论的新发展；政治文明建设、党的执政能力建设的提出；人的全面发展理论的丰富；弘扬和培育民族精神的思想；等等，都是马克思主义理论在当今中国的发展。马克思主义理论与思想政治教育学科必须及时吸收这些理论或根据这些理论的要求进行学科理论体系的调整和充实。要研究如何把与时俱进和发展作为第一要务的思想贯穿到本学科的主观与客观、思想与行为的范畴中，适应当代社会迅速发展的形势，使学科理论体系更具开放性、发展性与创新性；要根据当代社会人的发展实际和人的全面发展理论的新要求，深入研究人的主体性理论、人的价值理论以及人与社会、自然协调发展的理论，深化学科理论体系和对人力资源的开发；要按照我国社会物质文明建设、政治文明建设、精神文明建设的理论，探讨人在"三个文明建设"中的作用与文明水平的提高，整合人与社会综合发展的理路。

（二）学科面临新的实践性课题

我国进入全面建设小康社会的新阶段以后，新的实践性课题不断涌现，其中最主要的是我国加入世界贸易组织和加快融入经济全球化大潮向主旋律教育提出新挑战，市场经济体制的建立和科学技术的迅猛发展向人的发展提出新要求，全面建设小康社会的新阶段把文化、教育和人的发展提到了新高度。

首先，在经济全球化浪潮的冲击下，特别是我国加入 WTO 以后，主旋律教育即爱国主义、集体主义、社会主义教育面临着经济全球化与民族化、本土化的矛盾。经济全球化发展与民族化发展是当代社会互动发展的两种趋势，这两种趋势反映在主观层面，就是全球观念与民族观念的关系。经济全球化发展与民族化发展是既矛盾、又统一的辩证发展关系，这一关系既揭示了当代社会发展的必然性，也警示了当代社会发展的风险性。在新的历史条件下，我们要站在国际舞台上，在同西方发达国家进行直接比较、竞争的过程中，在国家的时空界限相对模糊的条件下进行主旋律教育，教育的条件、内容、目标都发生了一定变化。今天，我们的爱国主义教育就是要面向全球，立足于民族经济、文化的发展，维护国家的安全和利益。因而，我们应当合理地把当代的主旋律教育引导到增强民族凝聚力与竞争力、面向世界发展的层面，按照江泽民同志在第三次全国教育工作会议上所提出的内容和要求来进行，即"在当今世界上，综合国力的竞争，越来越表现为经济实力、国际实力和民族凝聚力的竞争。无论就其中哪一个方面实力的增强来说，教育都具有基础性的地位"[1]。探索经济全球化条件下主旋律教育的背景、价值、内容、方式、矛盾等理论与实际问题，是当前学科面临的新的重大课题。

其次，社会主义市场经济体制的建立和科学技术的迅速发展，改变了计划经济体制下人的依赖性与保守性，增强了人的自主性、竞争性与创造性，这是人的发展的一个很大的进步。但是，如果只看到市场经济体制所要求的自主性与竞争性的一面，而忽视了市场经济体制的另一面——社会化与合作性的一面，以为自主性就是个人的完全独立，就是孤立的自我奋斗，则是一种新的封闭观念。市场经济是商品经济高度发展的结果，是社会化程度很高的一种经济形态，正因为如此，它才能推进生产、资源配置的社会化和经济全球化。同时，我国社会主义市场经济体制不仅反映市场经济体制的社会化要求，以及社会主义、集体主义所强调的整体性、全局性，而且包含着社会化、服务性的深刻内涵。因此，在社会主义市场经济体制下，人既要增强自主性、独立性、竞争性，又要进一步培养社会化、合作性、集体性。在现实社会生活中，一些人只注重市场经济的自主性、竞争性、趋利性，忽视社会化、合作性、服务性，由此走向了个人本位、个人中心。这种情况说明了思想政治教育及其学科在理论上对社会主义市场经济体制的研究还有待深化。为此，我们既要强化自主性、竞争性教育，以此增强人的主体性，提高人的素质和品位，也要强化社会化、合作性教育，以此丰富人的社会关系，发挥

---

① 中共中央文献研究室：《十五大以来重要文献选编》（中），人民出版社2001年版，第876页。

人的社会作用。这是新形势下人的全面发展相互联系、不可分割的两个方面。割裂、对立这两个方面，不是走向自我本位和自我封闭，就是导致平均主义和依赖倾向。

最后，我国进入全面建设小康社会的新阶段，标志着多数人民群众的基本物质生活条件得到解决，而更高层次的需要，即对文化、教育的需要将更加迫切，人们对自身的发展将更加关注。为此，马克思主义理论与思想政治教育学科必须根据人的主体性、创造性不断提高的实际与需要，发展主体性、创造性教育。所谓主体性、创造性教育，就是教育主体、教育客体，以及教育的目的、价值等各个方面，都体现自主性、目的性、超越性与创造性。发展主体性教育，就是要增强教育及其学科的创造性，为培养创新精神和具有特色的各种人才服务。增强教育的创造性，就是满足社会和人快速发展的要求，不断根据新的发展情况增强教育的针对性、有效性，发展教育的个性。现代社会的激烈竞争，已经向教育提出了培养人们创新精神和实际能力的迫切要求。创造，是人的主体性的最充分的发挥，是人的内在潜能的最大限度的发展。创造不仅包括创造能力，而且包括创新精神。创新精神是比人的主动性、积极性层次更高的精神，它既要有远大的目标、执着的追求以提供强大的创新动力，也要有顽强的意志、勇敢的拼搏精神去克服困难和阻力，还要有不怕挫折的冒险精神、不怕失败的牺牲精神去面对创造的风险。因此，培养这种创新精神不是一般性教育所能实现的。我们需要研究人的内在潜能开发，拓展教育的开发功能。

三、学科自身面临的发展难题

马克思主义理论与思想政治教育学科在复杂的社会环境中的发展过程不是一帆风顺的，始终面临着困难与曲折，其主要表现在以下三个方面。

第一，当代社会实践发展和人的发展变化快，而学科理论与方法往往跟不上时代与社会的发展步伐，显得滞后。特别是作为社会基础的经济发展、科学技术发展，不仅不断向上层建筑和思想领域提出新的价值观、道德观问题，而且开辟了诸如社会竞争、现代传媒、互联网络、生态环境等新的领域。对层出不穷的新问题和新领域，虽然可以运用已有的理论与经验加以引导和解决，但新的实际毕竟需要新的教育理念和思路，以及新的经验与方法，因此，学科内涵发展的任务是艰巨的。

第二，学科在建设过程中，由于人们对其本质属性、功能属性、社会属性的不同认识而存在不同取向。一是课程取向。即把马克思主义理论课与思想品德课等同于学科，认为这一学科的功能就是以理服人，只要把理论讲授清楚了、彻底了，就是科学。这一取向实际上是以理论为本的取向，注重理论的系统性、专业性，而对教育对象、实际发展、教育方法的注意与研究不够，忽视了价值性。在当代社会条件下，一切领域都在科学化与学科化，也都在复杂化与综合化，只注重课程的理论内容，忽视理论与社会和教育对象的综合研究，教育是难有实效的。二是知识取向，也可称之为中性取向。这一取向受国外高校人文教育与通识教育的影响，认为直接讲授政治理论、道德原则、思想观点效果不好，主张淡化政治内容，通过开设较多知识性课程来传授思想道德观念。这一取向是以知识为本位的取向，价值取向比较模糊，比较注重古今中外的人文知识，自觉或不自觉地把政治理论、道德原则排斥在知识之外，有时为了追求教育效果，常常按学生意愿选择教育内容，表现出"教育市场化"倾向。三是实用取向，也可称之为工具取向。这一取向注重在教育方法上下功夫，对教育的规律性、学科的学理性重视不够，认为教育效果不好的原因主要是方法不科学。为了解决方法的科学性问题，往往较多地将社会上比较有效和流行的方法，如管理方法、心理方法、文化方法等运用在思想政治教育和研究中，有的甚至主张用管理学、心理学、文化学取代马克思主义理论与思想政治教育学科。

在教育活动和学科建设过程中出现以上这些取向是可以理解的。但这些取向存在明显偏颇，其共同特征是对马克思主义理论与思想政治教育的本质缺乏认识和研究。从教育对象和社会的实际出发，根据我国社会发展的要求和人的发展目标，遵循思想形成和发展的规律，把马克思主义理论、正确的价值观念和道德原则转化为对象的思想与行为，提高其思想道德素质，这才是该学科的特殊本质，是该学科区别于其他学科的根本所在。

第三，本学科与相关学科的关系问题。由于本学科需要的人才多，吸引了许多其他学科的人才，这符合本学科在理论、知识、方法上的综合性特点，对学科发展有利。但是，如果其他学科的人才不能在学科取向、理论指导、知识结构方面实现由原学科向本学科的转移，仍然固守原有学科甚至否定本学科，不仅会影响、冲击本学科的特色，增加本学科建设的内部摩擦，阻滞学科发展，而且会引起人们的误解，以为不管什么专业的人才都可以不加改变地进行本学科的研究与教育，这无疑是对本学科专业性、科学性的怀疑与否定。因此，马克思主义理论与思想政治教育学科建设还要调整与其他学科的关系。

研究和解决思想理论教育的新课题[*]

在迈向新世纪的过程中，各国都会面向未来进行筹划，以求新的发展。因此，世界范围的经济竞争、科技竞争、人才竞争仍将日趋激烈，并由此将不断拓展新的领域，提出一系列政治、经济和社会发展的新课题。

在世纪之交的历史条件下，我国正处在改革的攻坚阶段和发展的关键时期，社会正在经历由传统向现代的转变，人们的思想、行为都面临着新与旧、继承与发展、批判与借鉴等复杂而深刻的矛盾。加上经济与科技的迅速发展和激烈竞争，多种思想文化的相互激荡，以及媒介环境的强化、信息网络的拓展和社会生态环境问题的突出等新情况的出现，已经并将继续提出一系列新的理论与实际问题。这些新情况、新问题，一方面深刻地改变着社会的面貌和人们的思维方式，推动社会和人的发展；另一方面，也折射出大量的思想认识问题，使一些人产生价值取向上和思想上的困惑。所以，人们都在以不同的方式寻求着新的精神寄托和道德追求。党的十四届六中全会已经十分严肃地把这个问题提到了全党和全国人民的面前，指出："在新形势下加强精神文明建设，是对全党同志的一个重要考验。如何在经济建设为中心的前提下，使物质文明建设和精神文明建设相互促进，协调发展，防止和克服一手硬、一手软；如何在深化改革、建设社会主义市场经济体制的条件下，形成有利于社会主义现代化建设的共同理想、价值观念和道德规范，防止和遏制腐朽思想和丑恶现象的滋长蔓延；如何在扩大对外开放、迎接世界新科技革命的情况下，吸收外国优秀文明成果，弘扬祖国传统文化精华，防止和消除文化垃圾的传播，抵御敌对势力对我'西化'、'分化'的图谋，这是在社会主义现代化进程中必须认真解决的历史性课题。"①

自 20 世纪 90 年代中期以来，经济全球化趋势日益明显，各国经济的相互联系与依存加强，在世界范围内形成生产体系，全球性市场日渐孕育发展。但是，经济全球化的发展趋势并没有改变国家利益格局，阶级利益和民

* 原载于《思想理论教育导刊》2000 年第 2 期，收录时有修改。

① 中共中央文献研究室：《十四大以来重要文献选编》（下），人民出版社 1999 年版，第 2049-2050 页。

族利益决定当代政治格局的基本态势，世界向多极政治格局演变。经济全球化与世界政治格局多极化既为我国经济、政治发展提供机遇，也向我国经济、政治的发展提出一系列新课题。在西方经济强国凭借经济和科技优势继续推行强权政治，力图使各国政治制度"西方化""美国化"的情况下，我们如何在发展经济的过程中坚持社会主义意识形态的主导地位，坚持社会主义道路，这是思想理论教育经常要面对和回答的理论与实际问题。

同时，我国根据社会主义初级阶段生产力发展水平，确立了以公有制为主体、多种所有制经济共同发展的基本经济制度，并强调公有制实现形式可以而且应当多样化，确立了按劳分配为主体、多种分配方式并存的分配制度，允许和鼓励一部分人通过诚实劳动和合法经营先富起来。经济制度、分配制度是社会的基础，它直接决定和影响人们的思想道德观念。公有制为主体、按劳分配为主体，决定我国必须坚持社会主义、集体主义的价值取向，必须坚持以为人民服务为核心、集体主义为原则的社会主义道德。同时，多种所有制经济共同发展、多种分配方式并存又决定和影响人们价值取向和思想道德的多样性、层次性。因此，在我国思想道德领域，既要坚持主导性，又要发展多样性。

另外，在开放条件下，思想道德领域也会出现互渗与冲突的状况。也就是说，社会主义思想道德与资本主义思想道德既有相互包容、涵化、吸纳的一面，也有相互矛盾和冲突的一面。两种思想道德都会在意识形态领域保持自己的独立体系而相互对立，都会力图在意识形态领域发挥主导作用从而影响、消解对方，因而资产阶级自由化的进攻不会停止，我们也不会放弃社会主义意识形态的主导地位。社会主义思想道德与资本主义思想道德的这种冲突性、斗争性要求我们必须坚持社会主义思想道德的主导性。在开放条件下，思想道德领域的这种互渗性与冲突性总是随着形势的变化，彼消此长地联系在一起。如何在各种思想道德相互激荡的条件下坚持社会主义思想道德的主导性，如何合理和有效地吸收资本主义有用的东西来丰富和发展社会主义思想道德的多样性，这些都是需要进一步探讨的理论与实际问题。

总之，国际政治、经济的发展趋势以及我国社会的发展状况向思想理论教育提出了如何坚持主导性与多样性辩证统一的问题。在新的历史条件下，思想理论教育在价值取向、内容选择、教育要求等诸多方面的多样性、层次性、独特性空前增强，这些多样性丰富了主导性的内容，推动了主导性的发展，使主导性能够充分发挥其主导作用。但这些多样性也不能离开主导性的支配和制约，否则，多样性就会迷失思想理论教育所应坚持的正确方向，思想理论教育会因无法把握中心内容和基本准则而陷于混乱。同时，应带动、促进多样性的发展，主导性如果脱离了多样性，或限制多样性的丰富与发展，主导性就会成为形式、教条而不起作用。不起作用的主导性在现代社会条件下，一般不会抑制多样性发展，但会给多样性的无序发展提供条件，而无序发展的多样性在一定时候会产生出另一种不正确的主导性。因此，坚持思想理论教育主导性与多样性的辩证统一，是保证思想理论教育生动活泼局面的重要理论问题。

主导性与多样性的关系，是马克思主义社会历史发展观的统一性与多样性原则的体现。统一性与多样性是事物存在的基本样态，即基本关系，它回答了事物如何统一，又何以会有千差万别的形态的问题。思想理论教育的统一性，是指教育的内容和要求的普遍的、共同的规定性，是思想理论教育发展的前后一贯性和质的稳定性。思想理论教育的多样性，是指教育的具体内容、形式和要求在不同领域、群体中各自有其特殊性而相互区别，并在其发展过程中显示出层次性、阶段性和差异性。统一性保证思想理论教育有共同的准则、一致的方向、基本的要求，以多样性为基础和存在的条件；多样性使思想理论教育丰富多彩，生动活泼，富有生机与活力，以统一性为前提和发展的条件。思想理论教育的统一性与多样性相互融合、相互补充、辩证统一、不可分割，统一性蕴含在具体多样的发展形式之中，多样性则服从于统一的发展方向。思想理论教育不讲统一性，只讲多样性，必定导致放任主义、自由主义。相反，如果只讲统一性，不讲多样性，就必定陷于教条主义、形式主义。所以，邓小平同志说："我们在鼓励帮助每个人勤奋努力的同时，仍然不能不承认各个人在成长过程中所表现出来的才能和品德的差异，并且按照这种差异给以区别对待，尽可能使每个人按不同的条件向社会主义和共产主义的总目标前进。"① 在坚持以经济建设为中心的前提下，在社会主义市场经济体制下着力于经济的发展，注重物质利益，为社会发展和人的发展提供基础和条件，这既是和平与发展这一时代主题的要求，也是人们的正当价值追求之一，是决不能动摇的。因此，在强调发展经济、注重物质利益的同时，思想理论教育有没有作用，有什么作用，事实上已经成为一个有歧义的问题。一些人埋头业务工作，忽视思想武装；追求物质利益，忽视精神需求，在强大的经济竞争和物质诱惑下，对内心世界缺乏应有的关照，对精神家园缺少必要的投入，其结果是给错误思想留下了自发滋生的空

---

① 《邓小平文选》第 2 卷，人民出版社 1994 年版，第 106 页。

间，给内心世界增添了矛盾和负荷，这就是我们所看到的社会生活中一些新的矛盾现象。精神的内在复杂化与人格认同的困惑，人际关系的隔膜与自我心理紧张亟须调解的矛盾，外部激烈竞争与内心极度不平衡带来的苦恼，多元价值取向与对共同价值理解的不一致，追求物质利益与获取动机、手段不道德带来的内心矛盾和社会问题，生活现代化、商品化与理想信念相对贫困化的矛盾，等等，这些新的矛盾向思想理论教育提出了如何认识物质价值与精神价值、实践价值与理论价值的关系问题。要解决这些矛盾，满足社会经济发展的动力保证和人们的精神需求，必须贯彻物质文明建设和精神文明建设"两手抓、两手都要硬"的方针，在强调物质价值的同时，要大力研究、宣传思想理论教育的价值、精神的价值。要转变只把物质当作财富、只承认物质价值的观念，树立起社会主义文化、民族凝聚力同样是财富和综合国力的重要标志的观念，并深刻认识到思想理论教育在实现"精神可以变成物质"的过程中所体现的经济价值、在提高人的思想理论素质上的精神价值。只有承认思想理论教育的价值，注重马克思主义理论的价值性，思想理论教育才能被认可、被接受和富有成效。

同时，思想理论教育工作者也要转变只重观念而忽视资源意识的传统，即在教育过程中，既要重视观念意识，分清观念的正确与错误，讲究科学性，又要树立资源意识，力求教育有效，讲究价值性。要把思想理论教育的价值定位在人们的思想政治素质的提高上，把思想理论教育的过程看作资源利用、资源创造和人力资源开发的过程，避免思想理论教育的教条主义和形式主义倾向。

因此，在新的历史条件下，我们要加强思想理论教育的价值研究和宣传，这是保证教育的有效性，克服"一手硬、一手软"现象的重要方面。

随着知识经济的到来，现代科学技术的地位和作用不断提高，"科学技术是第一生产力"的著名论断深刻阐述了现代经济的发展与现代科学技术的本质关系。科教兴国的战略方针使科学技术的价值在发展战略上、在政策上得到了确认和保证。科学技术价值的彰显激发了人们学习业务、掌握科学知识的热情和愿望，改变了社会的风气和面貌，推动了我国经济的发展和社会的进步。科学技术价值的彰显也会使一些人只重视业务、知识，而忽视思想理论素质的培养和提高，有的人甚至会放松警觉，被错误的思想观念和道德倾向侵蚀。

科学技术和思想道德向来都是不可分割地联系在一起的。科学技术是以认识、改造世界，探究自然为中心的理性，我们称之为"科学理性"；思想道德是以认识、改造社会和人类自身，探讨精神追求、伦理道德为中心的理性，我们称之为"价值理性"。科学理性和价值理性都是人的能动性表现。科学理性主要回答世界"是什么""怎么样"的问题，是对客观规律的探索和运用，是对"真"的追求；价值理性主要回答世界"应当是什么""怎样更好"的问题，是人的主体性和本质力量的体现，是对"善"和"美"的追求。人作为体现主观与客观统一的结晶，应当既掌握客观规律，又体现主观意识；既掌握科学技术，又讲究思想道德。这就是人追求真、善、美的统一。如果没有科学技术，财富无法创造，经济无法发展，思想道德就没有基础；如果没有思想道德，社会就会混乱，科学技术就会缺乏正确的导引和控制而成为一种盲目甚至有害的力量。在现代社会条件下，随着科学技术的发展及其价值的凸现，不仅要强化思想理论教育，而且要改革思想理论教育。这是因为在世界科技和经济发展呈现综合化、全球化趋势的情况下，在人才竞争日趋国际化的情况下，在掌握科学技术与为谁服务之间，在利用高新技术谋求物质利益与追求社会公正之间，在提高科学文化水平与提高思想理论素质之间，在寻求经济发展和经济利益与保护环境、资源之间，等等，都有一个权衡、选择、取向的新问题。这些新问题都不是单纯的业务问题，而在很大程度上是思想理论问题。要解决这些问题，仅靠科学技术是无能为力的，必须发挥思想理论教育的作用。同时，思想理论教育必须渗透到人们的业务活动中，深入高新科技领域，拓展到科技发展前沿，一方面为科技创新发展提供动力、创造条件，做好服务工作；另一方面，也要以社会主义思想导引科学技术的发展方向，保证科学技术为社会主义现代化建设服务。

在现代社会条件下，经济发展和科技的进步不断为人们开辟新的发展领域，大众传媒不断为人们提供新的信息，社会竞争不断激发人们的发展期望和动力，人们自觉性和选择性的增强，为其价值实现提供了主客观条件。因此，人们所面临的发展、成功的机遇是很多的。但是，由于社会的变化加快及其复杂性加大，社会的竞争性及其多样性加强，人们在自身发展的选择和决策过程中会受到大量不确定因素的影响，会面临许多不良因素的诱惑，这就是所谓的风险。当代社会实际上是机遇与风险并存的社会。其中，机遇给人们的发展提供有利条件和机会，风险给人们的发展带来困难和挫折。人的思想道德和事业发展也有风险，其风险由社会的不确定因素和个人主观选择不当所导致。在当代社会条件下，不可能每个人在竞争中都一帆风顺，经济收入、事业成就上的差别会客观存在，一时的挫折、失意、落伍、失败都是在所难免的。面对这些新情况，思想理论教育要关心人们，特别是青年学生的成长和发展，要探索、研究人们适应当代社会，对自身发展进行科学预测、选择、决策的理论和方法，帮助人们学会抓住机遇，防范风险，提高发展自身的能力和水平。如果思想理论教育不能正确、有效地帮助人们应对风险，正视差距，维护公正，帮助人们以积极态度参与竞争，以科学态度进行选择，那么，不仅群体的竞争会呈现无序，而且一些人会因为激烈的竞争和差距的拉大而产生心理失衡、心理障碍，有的人甚至会认为失败、挫折是命运的安排，从而滋生消极情绪，逃避社会现实，并自发地倾向于迷信以寻求自慰，甚至丧失生存的勇气。这就是在科技发达、经济繁荣的同时，一些地方和单位迷信抬头的原因。因此，思想理论教育不仅要大力倡导科学，反对迷信，宣传唯物论，抵制唯心论，还要研究竞争心理、竞争道德，探索个人发展的科学预测、决策方法，帮助人们适应当代社会发展的要求。只有这样，才能有效地抵制迷信、唯心论等错误思想的影响和危害。

马克思主义理论学科建设定位研究*

马克思主义理论学科是一个资源丰富、基础宽厚的学科，也是一个覆盖面广、内容综合的学科，还是一个学科点多、刚刚建立的学科。马克思主义理论学科与社会各个领域有着广泛联系，其内容与边界与其他的马克思主义学科具有广泛的交叉性。学科的"位"是什么，"位"定在哪里，这是新学科建设初始阶段必须高度重视并要认真研究的问题。

一、正确处理"三个体系"的关系，确立学科定位

在马克思主义理论学科与所属二级学科体系建构上，要正确认识和处理马克思主义理论体系、马克思主义理论学科体系、思想政治理论课教材体系的关系。

马克思主义理论体系是马克思主义理论学科体系建立的基础。马克思主义理论学科所属的马克思主义基本原理、马克思主义发展史、马克思主义中国化、思想政治教育二级学科，就是以马克思主义理论、中国化马克思主义理论及其所指导的实践为研究对象的，决不能离开马克思主义理论、中国化马克思主义理论及其所指导的实践来建构学科体系。但马克思主义理论体系并不只是马克思主义理论学科体系建立的基础，而是指导所有学科建设的理论基础，因此，所有学科都应结合本学科实际，学习、研究、发展马克思主义。

马克思主义理论学科，是把马克思主义作为研究对象并从整体上综合研究马克思主义的学科。这个学科就是要论证马克思主义理论体系的科学性与价值性，确立马克思主义理论体系在学科领域的地位。在一切领域都学科化与科学化，学科与科学范式成为全社会通用范式的背景下，仅仅承认马克思主义理论体系是科学，而不在学科领域确立其应有的学科地位，往往导致一些人把马克思主义排除在学科领域之外而否定其科学性。所以，马克思主义理论学科的定位是适应社会通用范式并推进学科发展的定位，我们不能以马

* 原载于《马克思主义研究》2006 年第 10 期，收录时有修改。

克思主义理论体系的科学性来代替马克思主义理论的学科定位。

马克思主义理论学科体系是思想政治理论课教材体系的基础，思想政治理论课教材体系则是马克思主义理论学科体系的展开与运用。马克思主义理论学科既要把马克思主义基本理论的横向（马克思主义基本原理、中国化马克思主义理论）和纵向（马克思主义发展史、马克思主义中国化过程）两个层面综合起来，并面向实际进行运用，推进其发展，也要把马克思主义在不同历史时期的个别结论与基本原理区别开来，形成综合的、系统的学科理论体系，并把学科理论体系转化为思想政治理论课程的教材体系，用于学习和指导。

马克思主义理论学科体系与思想政治理论课教材体系是不能完全等同的，马克思主义理论学科体系从名称到内容都是比较稳定的，而思想政治理论课教材体系则需要根据实践的发展和需要修改教材的名称和内容。马克思主义理论学科强调理论体系的综合性、系统性、逻辑性，而思想政治理论课教材则要根据实际需要突出重点、联系实际、解决问题。所以，我们既要避免思想政治理论课教材脱离马克思主义理论学科支撑的非学科化倾向，也要避免以思想政治理论课教材体系代替马克思主义理论学科体系的简单化倾向，从而真正确立马克思主义理论研究、理论教育的学科地位。

总之，确立马克思主义理论的学科定位，是确认马克思主义理论整体的科学地位，弥补只把马克思主义某一方面内容纳入学科范围的不足，克服把马克思主义理论排除在学科领域之外的举措。这是社会领域一切学科化和科学化的客观要求，也是丰富与发展我国学科体系建设的一个创举。

二、建构马克思主义理论学科的概念体系，确定范畴定位

任何学科都要针对该学科特定研究对象或领域，运用特定概念、范畴表达或反映本学科的本质特性、功能特性与社会特性，建构学科概念体系，形成学科标志。缺乏或没有概念体系，则难以揭示学科的内涵，亦无法确定学科的边界，这样是不可能真正形成和发展独立学科的。

在马克思主义理论一级学科所属的二级学科中，思想政治教育学科从创立到现在，经过20余年的探索、研究，初步确定了学科的概念、范畴体系；尽管在探索过程中有不同的思路与表述，但经过争鸣、交流，学者们在主要概念、范畴上基本达成共识，当然，其还需要进一步的完善、发展。

马克思主义理论一级学科所属的马克思主义基本原理、马克思主义发展

史、马克思主义中国化研究学科，都是新建立的二级学科。对于这些二级学科的概念体系是什么，过去缺乏专门的探讨，现在必须进行深入的研究。在研究过程中，我们面临的矛盾和困难是，从事这些学科建设的理论工作者都只有其他学科的知识背景，许多人习惯于运用原有学科的概念体系从事研究。如果在方向设计、研究成果上仍然沿用原来学科的概念体系，事实上就是固守原来学科的范畴而忽视、放弃新的学科领域的开发、研究，这样必定使新的学科成为一个形式或空壳。因此，从事新学科建设的学者、教师应当借鉴原有学科建设的经验与成果，立足新的学科领域，建构新学科的概念体系，确立新学科的边界与范畴。

同时，我们还要看到，马克思主义理论已有的马克思主义哲学、政治经济学、科学社会主义等不同层面的二级学科形成了丰富而系统的概念体系。这些概念体系中的有些概念是可以运用的，但不能因为要研究马克思主义基本原理中的哲学、政治经济学、科学社会主义，就在学科方向设计和研究上完全照搬原有的马克思主义哲学、政治经济学、科学社会主义等学科的概念体系。忽视新学科的概念体系建构或照搬原有学科的概念体系，事实上也会造成"种别人的田，荒自己地"的结果，使新学科徒有虚名。

马克思主义基本原理、马克思主义发展史、马克思主义中国化研究学科的概念体系，应当根据学科特点进行建构。这些学科与原有马克思主义学科相比，最明显的特点就是综合性，即从整体上系统地研究马克思主义，包括从纵向层面系统研究马克思主义以及中国化马克思主义的形成与发展；从横向层面全面研究马克思主义以及中国化马克思主义的理论体系。马克思主义理论是一个内涵与外延都极其丰富的体系，在其形成与发展的进程中，在其发挥指导作用的过程中，既具有综合性，也具有专门性；既具有普遍性，也具有特殊性。因而，以马克思主义经典著作为基础，综合研究马克思主义的基本原理、马克思主义发展史、马克思主义中国化，与在各个学科领域专门研究马克思主义的指导作用和意义一样，都是必要的。此外，综合研究马克思主义理论既是综合发展马克思主义的需要，也是综合认识和解决我国社会与人的全面、协调发展的需要。

综合的马克思主义概念在马克思主义经典著作中已有论述。如马克思主义基本原理学科，可围绕学科名称展开社会发展原理（包括生产发展原理、文化发展原理、阶级斗争原理等）、人的发展原理（包括人的认识理论、人的全面发展理论、社会关系理论、人的异化理论等）、思想形成发展原理（包括社会存在与社会意识关系理论、思想文化继承发展理论等）等概念；

马克思主义中国化研究学科，可围绕学科名称展开马克思主义中国化理论（或中国化马克思主义理论）、马克思主义中国化实践、马克思主义中国化过程等概念。根据学科的综合性特点，马克思主义基本原理的学科概念可向新的研究领域拓展，如意识形式与社会思潮、意识形态主导性与意识形式多样性、世界观与方法论、主体性与社会化等。马克思主义中国化研究学科的综合性概念更加丰富多样。新的学科需要研究学科的基本概念与相关概念、概念外延与概念内涵、概念形成与概念发展，以及概念与概念之间的内在联系。只有认真深化研究，概念体系才能建立起来。

总之，马克思主义理论学科的范畴定位，就是要运用马克思主义理论一级学科以及所属的二级学科的概念体系，明确学科边界以区别于其他学科；确立学科研究领域以形成本学科的标志性成果；开发学科前沿以拓宽学科的发展空间。

三、坚持马克思主义理论学科的价值取向，发展功能定位

事物的价值与功能是事物的本质表现。马克思主义的阶级性、人民性是马克思主义价值的集中体现。马克思主义是无产阶级和人民群众的理论武器与行动指南，是马克思主义功能的科学表达。马克思主义理论学科建设必须从价值与功能上充分展现马克思主义的本质。

但是，在马克思主义理论学科建设的过程中，学科将面临面向与取向的定位问题，即主要面向实际还是主要面向理论，主要取向理论研究还是主要取向指导实践，这是关系到马克思主义理论学科的生命力与价值性的关键问题。马克思和恩格斯曾经针对把马克思主义教条化的倾向，反复强调他们的学说不是教条，而是方法，是行动的指南。[①] 马克思主义理论来源于实践而又指导实践，这是马克思主义的本质特性。马克思主义理论学科建设必须体现这一本质特性，坚持两个坚实基础，即马克思主义理论基础和我国社会主义现代化建设的实践基础。

从理论基础层面看，马克思主义理论之所以是科学的，就在于它揭示了自然、社会、人与思想发展变化的规律性。马克思主义所揭示的规律性，是在当时历史条件下对自然、社会、人与思想发展的本质认识，为我们把握自然、社会、人与思想发展的趋势提供了方法论指导，但它不能代替我们在实

---

① 《马克思恩格斯选集》第 4 卷，人民出版社 1995 年版，第 680-681 页。

践中对客观规律的把握。同时，人们对规律的认识并不是一次完成的，需要随着实践的发展而不断深化。在当代社会条件下，经济全球化、文化多元化、信息社会化、主体个性化的发展趋势，使自然、社会、人与思想发展的状况更加复杂多变，新的领域呈现新的发展规律。因此，我们不能仅仅局限于已有理论成果的研究，而必须以马克思主义基本原理为指导，研究新情况、新问题、新领域，深化对客观规律的认识，把马克思主义对客观规律的揭示转化为人们把握发展趋势、预测发展前景、预防发展风险、优化发展资源的方法论。因而，发展预测、预防和优化、整合的综合性功能是对马克思主义指导、导向功能的发展，是马克思主义理论学科应当担负的职责。

从实践基础层面看，我国社会主义现代化建设是马克思主义理论学科建设的实践基础。全面、协调、和谐是我国当代社会实践的突出特点。马克思主义理论学科建设只有体现这一特点，才能与实践发展相一致并推进实践发展。但是，在实践中，以人为本的全面发展取向遭受着以物为本、以器为本、以神为本的发展取向的冲击；人与社会、自然协调发展的趋向面临着社会诚信缺失、自然环境污染的挑战；人的眼前与长远、身与心、主体性与社会化、德与智的和谐发展状况，承受着片面追求经济和业务指标的政绩工程、数字工程以及片面追求升学率与眼前利益的压力。这些困境与难题是当代不少青年思想迷茫、精神困惑、理想信念难以确立的现实原因。如果马克思主义理论学科忽视和回避这些实际问题而限于理论研究，就会使这一学科脱离实践基础而丧失功能。为此，马克思主义理论学科必须发展综合教育功能。这种新的综合教育功能的主要内容包括促进社会多样化、个体特色化发展的主导功能，坚持全面发展、进行正确辨别与选择的批判功能，增强人的主体性、推进个体社会化的沟通功能，寻求和而不同、兼顾利益关系的协调功能。

总之，马克思主义理论学科的功能定位旨在全面、充分地发挥学科的作用。马克思主义理论学科不仅要发展其认识功能，更重要的是要发展其实践功能，即要为人们认识和改造自然界、社会和人自身提供科学的理论和方法，确立正确的价值目标。随着社会实践的发展和新问题、新领域的不断涌现，马克思主义理论学科必须发展认识功能与实践功能，唯有如此，马克思主义理论才能富有生命力和活力。

四、坚持马克思主义与时俱进的理论品质，明确发展定位

坚持马克思主义理论学科建设与时俱进，就是要在运用马克思主义指导实践和在实践中丰富、发展马克思主义。

马克思主义与时俱进的理论品质也是马克思主义的本质体现。马克思主义的批判性和革命性，是马克思主义与时俱进理论品质的内在依据。批判性与革命性是理性怀疑的体现与延伸。新的理论总是在对旧思想的怀疑、批判和否定中形成的，没有批判性与革命性，就不可能有科学的建树，也不可能有学科的发展。马克思主义就是在对德国古典哲学、英国古典政治经济学和英法空想社会主义理论进行批判过程中诞生的，就是在批判形形色色的唯心主义与资产阶级政治、经济理论中发展的。列宁、毛泽东、邓小平在创立自己的理论的过程中，都坚持了批判性与革命性。毛泽东还从理论发展规律的高度，论述了批判性与革命性的作用："正确的东西总是在同错误的东西做斗争的过程中发展起来的，真的、善的、美的东西总是在同假的、恶的、丑的东西相比较而存在，相斗争而发展的。"①

马克思主义理论学科是在经济全球化、文化多元化、社会信息化背景下开展建设的。马克思主义不仅面临着经济、科技、社会发展的一系列新情况、新问题，而且面临着各种文化和不断兴起、更迭的社会思潮的激荡与挑战。马克思主义理论学科建设必须坚持开放的视野，对各种文化与思潮进行分析、鉴别，借鉴、吸取其有益的成分，批判、排斥其有害的内容，在辩证扬弃的过程中，增强马克思主义的批判性与革命性，发展马克思主义的先进性与主导性。

马克思主义在我国社会的先进性与主导性，是靠马克思主义的科学性引导非科学性，靠马克思主义与时俱进的时代性克服思想文化的落后性来实现的。因而，马克思主义必须与其他社会文明对话，必须与各种社会思潮交汇。如果马克思主义理论学科建设只限于马克思主义本身的理论建构，把多元文化与复杂社会思潮的影响排除在学科建设之外，这无疑就是将马克思主义封闭起来、孤立起来。这种现象在我国当前的马克思主义研究、教育教学过程中是存在的。它不仅消磨马克思主义的批判性与革命性，阻碍马克思主义的发展，而且在客观上为错误思想、思潮的影响提供了空间。

---

① 《毛泽东著作选读》（下），人民出版社1986年版，第785页。

马克思主义的批判性与革命性，说到底，就是按照事物发展的客观规律与合理的价值取向，进行分析、判断和取舍，坚持科学的、先进的发展取向，克服非科学的、落后的取向；就是坚持列宁主张的"对具体情况作具体分析"和邓小平提出的"实事求是是马克思主义的精髓"的论断。因此，马克思主义学科建设所要坚持的批判性与革命性，绝不是形而上学的全盘肯定与全盘否定，而是建设性与批判性、继承性与革命性的高度统一，是辩证的扬弃。

马克思主义理论学科建设的基础与视野[*]

马克思主义理论学科是一门从整体上研究马克思主义科学体系及其指导价值的学科。它研究马克思主义的形成与发展、内容与体系、地位与作用；研究马克思主义中国化的理论与实践；研究如何运用马克思主义理论进行思想政治教育和思想政治工作。将马克思主义理论学科作为一个新的一级学科建立起来，既是我国社会发展与人的全面发展的实际需要，也是马克思主义理论发展的需要。以马克思主义理论和我国全面建设小康社会的伟大实践为基础，以面向世界的广阔视野，开展马克思主义理论学科的建设，是马克思主义理论工作者的艰巨任务。

一、建设马克思主义理论学科，必须以马克思主义经典著作为根据，以马克思主义基本原理为基础

马克思主义是马克思和恩格斯在工人运动和科学技术发展的推动下，在分析资本主义社会的矛盾，批判继承人类在历史上创造的优秀思想成果，总结社会实践经验的基础上形成的科学理论。马克思主义产生 150 多年以来，经历了从理论形态到实践形态，再到制度形态的发展，经历了从部分地区向全世界广泛传播的过程，在世界上形成了许多马克思主义流派，对人类社会发展和人们的思想行为均产生了深刻影响。马克思主义理论不仅是无产阶级和人民群众的思想武器，而且是人类社会的精神财富；不仅是我国社会的指导思想，而且是世界文化的重要内容。

马克思主义理论体现在马克思主义的经典著作之中。建设马克思主义理论学科，必须以马克思主义经典著作为根据，以马克思主义基本原理为基础。离开马克思主义经典著作和马克思主义基本原理来建设马克思主义理论学科，就会脱离马克思主义和歪曲马克思主义。马克思主义经典著作既包括马克思主义创始人的主要著作，也包括各个历史时期马克思主义经典作家如列宁、毛泽东等的主要著作。这些论著集中阐明了马克思主义的唯物史观和

---

* 原载于《思想理论教育导刊》2005 年第 10 期，收录时有修改。

剩余价值学说，以及以此为理论基础的科学社会主义。在社会主义革命、社会主义建设和现代科学技术的推动下，马克思主义者遵循马克思主义基本原理同本国具体实践相结合的发展特点与历史趋势，形成了具有民族特色的马克思主义理论。中国化的马克思主义，就是马克思主义基本原理同中国具体实践相结合的理论成果。这是马克思主义理论发展过程中多样性和生动性的表现，是马克思主义理论发展的普遍性与特殊性的一种辩证的统一。

马克思主义理论的实践性与发展性、人民性与社会性的理论品质，决定了马克思主义是理论与实践、历史与现实、科学与价值相统一的综合化理论，决定了马克思主义是涵盖哲学、法学、政治学、经济学、社会学等领域，并不断凝聚时代与民族精华，对社会各个领域和人的发展有重大影响和指导作用的理论。在社会主义国家，学者们对马克思主义理论进行多层次、多视角的研究，形成了一系列相对独立的学科，如马克思主义哲学、政治经济学、科学社会主义等，还有马克思主义政治思想、马克思主义文艺思想、马克思主义军事思想、马克思主义教育思想、马克思主义科技思想研究等。其学科与研究成果极其丰富，这为马克思主义理论学科建设提供了借鉴，奠定了基础。应当肯定，在各个领域、各个学科要坚持马克思主义的指导与研究，掌握专业化的马克思主义是十分必要的，它有利于发挥马克思主义在各个领域、各个学科的主导作用，有利于从各个方面丰富和发展马克思主义。同时，我们也要从整体上系统地研究马克思主义，包括从纵向层面系统研究马克思主义以及中国化马克思主义的形成与发展，从横向层面全面研究马克思主义以及中国化马克思主义的理论体系。只有这样，才能坚持马克思主义的基本立场、观点与方法，才能完整、准确地学习和运用马克思主义，才能推进社会主义现代化建设的全面、协调、可持续发展和人的全面发展。马克思主义理论是一个内涵与外延都极其丰富的体系，在其形成与发展的进程中，在其发挥指导作用的过程中，既具有综合性，也具有专门性；既具有普遍性，也具有特殊性。因而，以马克思主义经典著作为基础，综合研究马克思主义的基本原理，与在各个学科领域分门别类地研究马克思主义一样，都是必要的。

在世界范围内，既有侧重于在某一学科的角度研究马克思主义的流派和学者，也有对马克思主义理论进行多层面、多学科研究的理论与流派。诸如社会主义国家和不少共产党组织对马克思主义的研究、各种社会主义流派、西方马克思主义流派等，多是对马克思主义的综合研究。这些研究的理论与流派既向我们提出了综合研究马克思主义的必要性，也为马克思主义理论学科建设提供了参照与借鉴。因此，马克思主义理论既要在实践基础上发展，也要在同各种理论、文化的比较、鉴别中发展。

二、马克思主义理论学科必须围绕我国社会发展与人的发展的实际问题开展研究

马克思主义理论既源于实践，又指导实践。马克思主义理论的实践性特点，要求马克思主义理论学科建设必须面向实践、服务实践，以我国社会主义现代化建设为实践基础。同时，科学研究的目的与要求是要从问题出发，认识问题和解决问题，探索规律和促进发展。马克思主义理论学科所面对的问题，主要是我国社会发展与人的发展的综合性问题。

随着经济全球化、文化多样化、社会信息化的发展和市场机制所引发的社会竞争的日益激烈，我国社会的复杂程度加大，发展速度加快，并不断涌现出许多新情况、新问题。诸如，在经济全球化发展进程中，我国社会主义意识形态和民族精神的继承与发展的问题；在多样文化相互激荡的背景下，坚持马克思主义主导与维护民族文化安全的问题；在社会信息化环境中，坚持社会主义的价值取向与协调科技和人文的关系的问题；在市场经济体制下，探索社会主义物质文明、政治文明、精神文明全面、协调发展的问题；等等。这些实际问题都具有全局性、综合性、变更性的特点。

面对国际国内形势发展的新变化，党中央制定了全面建设小康社会的战略目标，明确提出了物质文明、政治文明、精神文明全面、协调发展的战略措施，并吸取了西方发达国家在实现现代化过程中只重经济发展、忽视社会发展的经验教训，强调要树立和落实以人为本，全面、协调、可持续发展的科学发展观，提出了建设社会主义和谐社会的目标与要求。这就充分表明，随着我国社会全面、协调、可持续发展问题的凸显，马克思主义理论指导的全面性、系统性也相应突出。因此，马克思主义理论学科必须以马克思主义基本原理为指导，综合运用马克思主义哲学、经济学、政治学、社会学等理论，围绕我国当代社会的重要实际问题开展研究，探索新的理论成果，不断扩大学科外延，丰富学科内涵，赋予学科时代特征。

我国在建设社会主义和谐社会过程中所面临的另一个突出问题，是人的全面发展问题。诸如，在经济和科技强劲、快速发展的形势下，如何坚持以人为本的问题；在文化、价值取向和生活方式多样的社会背景下，如何选择、坚定正确的理想信念的问题；在竞争激烈、关系复杂的现实环境中，如

何保持个人与社会、生理与心理的协调发展的问题；在信息化社会与网络领域，如何认识和处理学习与创新、虚拟与现实的关系的问题；等等。这些实际问题也都具有复杂性、综合性、发展性的特点。

针对以上问题，党中央在相继提出科教兴国战略、可持续发展战略和人才强国战略之后，又先后发布了关于未成年人思想道德建设、大学生思想政治教育、党员先进性教育等方面的一系列文件，把人的全面发展提到了前所未有的战略高度。为此，马克思主义理论学科必须以马克思主义关于人的全面发展理论为指导，运用多学科知识，围绕人发展中的实际问题，特别是大学生成长过程中的矛盾开展研究，切实发挥马克思主义理论学科在教育人、培养人、开发人、促进人的全面发展中的作用。

三、建设马克思主义理论学科必须有开放的国际视野

马克思主义的形成与发展有着深刻的国际背景，不仅因为它是全世界无产阶级和广大人民的学说，还因为它吸收了人类的文明成果，是人类社会的精神财富。因而，马克思主义在形成之后便在世界范围内广泛传播，成为世界无产阶级和人民群众的思想武器，推动社会主义运动风起云涌地发展，打破了资本主义的一统格局，为全世界展示了社会主义的光明前景。同时，马克思主义理论是揭示人类社会发展规律的科学，因而，它能够广泛而深刻地影响人类历史进程和人们的思想。马克思主义的创立者马克思、恩格斯在当今西方世界仍有巨大的影响力。

自马克思主义产生以来，人们就从不同的角度研究马克思主义，以马克思主义文本为主要内容的理论研究在世界范围内持续不断，各种各样有关马克思主义的理论、思潮和流派风起云涌，斑斓多彩。诸如，国外共产党人和社会主义国家执政的共产党组织根据时代变化和本国实际对马克思主义的研究；对资本主义持批判态度的左翼学者对马克思主义的研究；既批判资本主义，又批评现实社会主义的西方马克思主义的研究；等等。即使在苏联、东欧发生剧变，社会主义运动处于低潮的形势下，马克思主义也没有像西方敌对势力所预言的那样"终结""失败"，全世界马克思主义者或马克思主义的研究者重新聚集起来，兴起了研究马克思主义的热潮。在这些研究中，有的取得了丰富的理论成果，为发展马克思主义做出了贡献；有的学说和思潮尽管并不科学，但毕竟是复杂多变的时代的一种反映，并在实际生活中曾经或者还在产生较大的影响；有的则对马克思主义理论提出了严峻挑战。

　　随着我国对外开放的扩大和各种思潮交汇、激荡局面的出现，思想文化的相互交流与影响加强，国外马克思主义、社会主义流派的理论，特别是西方马克思主义流派的理论在我国思想文化领域的影响逐步增大，迫切需要马克思主义理论学科从历史与现实、理论与实践相结合的层面，对国外马克思主义的各种观点、理论、流派进行梳理、分析、鉴别。这对我们借鉴国外马克思主义研究的有益成果，批判其错误观点，深化对马克思主义的认识，坚持和发展马克思主义，无疑具有重要而深远的意义。同时，随着我国国际地位的提高和中国化马克思主义理论的发展，我国的国际竞争力、中国化马克思主义理论在世界范围内的影响力不断增强。为此，马克思主义理论学科不仅要面向世界研究国外马克思主义与思潮，而且要面向世界研究中国化马克思主义的影响与价值。我们只有把这两方面的研究结合起来，才能正确认识和把握全球化与民族化发展的辩证关系。因此，马克思主义理论学科的建设必须有开放的国际视野。

马克思主义理论学科建设的形势与对策[*]

2006 年 3 月 18—19 日，全国高等学校思想政治教育研究会学术委员会第二次会议在南京师范大学召开。25 位学术委员会委员出席会议，全国高等学校思想政治教育研究会常务副会长徐文良、教育部思想政治工作司司长杨振斌、副司长冯刚出席会议并讲话，江苏省教育厅、南京师范大学负责同志参加了会议。会议由全国高等学校思想政治教育研究会学术委员会主任委员郑永廷主持。

会议在全体学术委员会委员进行调查、研究的基础上，围绕加强马克思主义理论学科及其所属思想政治教育学科建设的问题进行研究、交流和讨论，形成了一些共识与建议。

一、充分认识马克思主义理论学科建设的形势与任务

委员们一致认为，马克思主义理论一级学科的建立，对于巩固和加强马克思主义的指导地位，研究和发展马克思主义理论，增强思想政治教育效果，促进社会主义现代化建设和人的全面发展；对于建设具有中国特色的学科体系与教材体系，促进学科发展，都具有重大现实意义与深远历史意义。马克思主义理论一级学科的建立，为广大马克思主义理论工作者和思想政治教育工作者提供了新的发展机遇与发挥作用的舞台，为高校思想政治教育创造了十分有利的条件。

同时，委员们也认为，马克思主义理论一级学科是一个政治性、理论性、综合性、应用性都很强的新学科。虽然我们已经积累了建设马克思主义理论学科的丰富经验，拥有马克思主义理论的丰富资源，但要从整体上研究马克思主义，建立综合性的马克思主义理论学科，教师的学科意识、知识背景都面临挑战，研究的任务十分艰巨而繁重。对此，我们必须高度重视，切实规划，担当起马克思主义理论学科建设的历史重任。

会议对马克思主义理论学科点的增设状况进行了分析。经 2006 年 1 月

---

* 原载于《思想理论教育导刊》2006 年第 4 期，作者郑永廷、王宏维、李辉，收录时有修改。

国务院学位委员会第 22 次会议批准，马克思主义理论一级学科博士点、二级学科博士点和马克思主义理论一级学科硕士点、二级学科硕士点的数量大大增加，初步统计如下：全国该学科已有一级硕士授予权单位 94 个，一级博士授予权单位 21 个；二级学科硕士点 842 个，其中马克思主义基本原理 204 个、马克思主义发展史 100 个、马克思主义中国化研究 189 个、国外马克思主义研究 96 个、思想政治教育 253 个；二级学科博士点 210 个，其中马克思主义基本原理 52 个、马克思主义发展史 24 个、马克思主义中国化研究 46 个、国外马克思主义研究 22 个、思想政治教育 66 个。根据调查，马克思主义理论学科点具有发展速度快、新增数量大、覆盖院校广、学科队伍建设参差不齐等特点。其中，大部分博士点和硕士点是 2005 年第 10 次申报获批的新点，学科建设的经验不足，水平有待提高。因此，与其他学科相比较，马克思主义理论学科所面临的建设任务十分紧迫。

二、认真研究和解决学科建设中的几个重要问题

委员们认为，马克思主义理论学科经历了从原来的马克思主义理论与思想政治教育学科，到确立马克思主义理论学科的跨越式发展，已经在我国学术界与思想政治教育领域产生了广泛而深刻的影响，为马克思主义理论学科的建设奠定了良好的基础。但是，由于在学科建设上的指导、引导不够，有的学位点在方向设计、课程设置、研究生培养方面，存在突破学科界限，忽视学科建设的状况，这不仅影响学科的进一步发展，而且不利于队伍建设。为了避免类似问题发生，需要在以下四个方面达成共识。

（一）正确认识和处理"三个体系"的关系

在马克思主义理论学科与所属二级学科体系的建构上，要正确认识和处理马克思主义理论体系、马克思主义理论学科体系、思想政治理论课教材体系的关系。任何学科理论都要针对该学科特定的研究对象或领域，运用特定概念、范畴、原理等理论要素进行表述与阐释，揭示研究对象的规律性，构成在逻辑上具有自洽性的理论体系。学科理论的功能一方面是为实践提供指导，另一方面是对理论成果进行整合和深化。

马克思主义理论体系是马克思主义理论学科体系建立的基础。马克思主义理论学科所属的马克思主义基本原理、马克思主义发展史、马克思主义中国化研究，就是以马克思主义理论、中国化马克思主义理论为研究对象的，

绝不能离开马克思主义理论、中国化马克思主义理论来建构学科体系。马克思主义理论学科则为马克思主义理论做科学论证并确立马克思主义理论的学科地位。马克思主义理论学科体系是思想政治理论课教材体系的依托，思想政治理论课教材体系则是马克思主义理论学科体系的展开与运用。因此，我们既要避免马克思主义理论研究、理论教育的非学科化倾向，也要避免以思想政治理论课教材体系代替马克思主义理论学科体系的简单化倾向，从而真正确立起马克思主义理论研究、理论教育的学科地位与科学性。

委员们认为，要提高马克思主义理论研究和思想政治教育的质量与实效，教育主管部门及教育工作者必须增强学科意识，加强学科建设，改变满足于经验积累的传统的管理方式和教育方式，从根本上提高马克思主义理论的学科地位，形成马克思主义研究与思想政治教育的长效机制。

（二）明确学科边界与特色

学科特定的研究对象与领域规定了学科的边界，也决定了学科的特色。马克思主义理论学科是在原来的政治学一级学科所属二级学科——马克思主义理论与思想政治教育的基础上建立起来的，具有理论综合性、实践指导性（或教育性）、价值主导性（或意识形态性）及开放性等特点。这些特点既体现了马克思主义理论学科及其所属二级学科的相对独立性，也反映了该学科与其他马克思主义学科的相关性。明确学科边界，是深化学科建设的保证；保持和发展学科特点，是学科生命力的保证。模糊马克思主义理论学科及其所属二级学科的边界，忽视其学科特点，是当前学科建设需要解决的突出问题。

要把握各个学科点的方向设计。马克思主义理论学科及其所属二级学科的方向设计，既要区别于原来的马克思主义理论与思想政治教育学科，也要区别于马克思主义哲学、政治经济学、科学社会主义等相关学科。要严格按照国务院学位委员会下发的马克思主义理论学科的规范进行方向设计，防止两种倾向：一是不顾学科范围与学科特点，以教师个人原有的学科背景、研究兴趣为依据设计方向，研究方向混同于其他学科，甚至存在以马克思主义理论学科为名、以其他学科研究为实的现象，影响马克思主义理论学科的建设；二是为了吸引考生和所谓有利于学生就业，脱离本学科范围，盲目靠近某些"热门"学科或专业，使马克思主义理论研究与思想政治教育学科边缘化。

（三）注重学科的层次结构与课程结构建设

马克思主义作为一级学科，不仅覆盖面广泛，而且学科本身也具有明显的层次性。人才培养可分为本（专）科、硕士、博士三个层次；学科理论可分为学科基本知识与基础理论、专门知识与专业理论、前沿知识与前沿理论三个层次。目前，在一些学位点上，这三个层次的人才培养与学科理论的区分还不够明显。究其原因，主要是研究、建设、评估不够，这样势必影响学科发展与人才培养质量。

为此，委员们建议，学科建设要有重点地按三个层次进行，即本（专）科层次重点抓学科基本知识与基础理论的研究与教育，硕士层次重点进行专门知识与专业理论的研究与教育，博士层次重点开展前沿知识与前沿理论研究。鉴于马克思主义理论学科的硕士学位点、博士学位点数量多，而本科则只有思想政治教育专业，建议在有条件的高校增设本科专业"马克思主义基本理论"，一是满足社会对本科层次人才的需要，二是为硕士、博士学位点提供生源。

马克思主义理论学科的三个水平层次主要是通过课程与教材来体现的，因而，要重点抓好课程体系的建构与教材建设，形成合理的知识结构。本科层次的思想政治教育专业已经基本形成相对稳定的课程体系与教材体系，其教材是 20 世纪 90 年代由国家教育部社会科学研究与思想政治工作司组织编写的。马克思主义理论学科建立后，应当对思想政治教育专业的课程体系与教材体系进行调整，需要增加覆盖一级学科知识面的课程，教材也需要进行相应修订。

（四）组建、培训学科队伍

调查发现，各院校在申报马克思主义理论一级学科和二级学科的博士、硕士点时，大都采取了集中全校教学、科研力量的方式，跨专业、跨学科申报的情况比较普遍。这一方面有利于动员、组织力量加强学科建设，另一方面也提出了组建、培训学科队伍的任务。从总的情况来看，全国高校学科建设的基础是好的，队伍的积极性和整体素质较高。但从实际要求来看，专门从事马克思主义理论研究和思想政治教育的队伍，无论在人员数量上，还是在教学、研究质量上仍需进一步提高。因此，我们要十分注意学科繁荣局面背后隐藏着的问题，切不可以发展意识取代建设意识，要主动预防并积极解决问题，凝聚队伍，培养人才，特别是要培养有造诣、有影响的学术带头人。

此外，委员们还集中讨论了思想政治教育二级学科建设的问题；讨论了思想政治教育学科与马克思主义理论学科的内在联系，思想政治教育学科的作用，思想政治教育学科需要研究的几个前沿理论与实际问题，等等。

马克思主义理论学科建设的发展与任务[*]

一、马克思主义理论学科建设的发展

党的十六大召开后，党中央根据我国改革开放与中国特色社会主义现代化建设对人才培养的需要，颁发了《关于进一步加强和改进大学生思想政治教育的意见》的文件，确立了大学生思想政治教育的战略地位，并于2005年建立了马克思主义理论一级学科和所属的二级学科。经过几年建设，马克思主义理论学科建设取得了很大的成绩，积累了宝贵的经验。

（一）学科学位点大幅增加，学科建设覆盖广、推进快

增设马克思主义理论学科之后，2006年初经国务院学位委员会第22次会议批准，马克思主义理论一级学科博士点、二级学科博士点分别增加21个和210多个；一级学科硕士点、二级学科硕士点分别增加94个和840多个。经过几年的建设，马克思主义理论一级学科博士点、一级学科硕士点又分别增加了10多个和近80个。在不到10年的时间内，马克思主义理论一级学科博士点、硕士点，二级学科博士点、硕士点覆盖了部分高校、党校与社会科学研究系统，具有发展速度快、新增数量多、覆盖院校广、学科队伍大的特点，不仅有力推进了学科化与科学化进程，而且培养了一大批专业人才。

（二）围绕我国重大理论与实际问题开展研究与教育成效显著

马克思主义理论学科自创立以来，广泛开展了社会主义核心价值体系建设与教育，"六个为什么"的研究与教育，社会主义荣辱观教育与实践，马克思主义中国化、时代化、大众化的研究与推广，等等。这些研究与教育对坚持走中国特色社会主义道路，树立中国特色社会主义共同理想，增强民族凝聚力，推进改革开放和社会主义现代化建设，起了巨大的推进作用。为更

* 原载于《思想政治教育研究》2013年第1期，收录时有修改。

好地回答当前干部和群众普遍关注的热点、难点问题，中共中央宣传部理论局组织马克思主义理论学科专家，坚持以中国特色社会主义理论体系为指导，坚持"三贴近"原则，每年编写、出版发行《理论热点面对面》等通俗理论读物，及时对重大理论与实际问题进行分析和引导，提出了一系列新见解、新思想，既为推进社会发展做出了贡献，也有力推进了马克思主义理论学科的建设。

（三）有效加强和推进了马克思主义理论学科队伍建设

学科队伍建设是学科建设的关键。中央党政机关、高等学校、各级党校和研究机构以马克思主义理论学科为依托，制定政策，采取措施，有效加强了马克思主义理论学科的队伍建设。2006年，教育部颁发《普通高等学校辅导员队伍建设规定》，强调"辅导员是开展大学生思想政治教育的骨干力量，是高校学生日常思想政治教育和管理工作的组织者、实施者和指导者"[①]。文件对辅导员的要求与职责、配备与选聘、培养与发展、管理与考核做出了明确规定。2008年，中共中央宣传部、教育部下发了《关于进一步加强高等学校思想政治理论课教师队伍建设的意见》，强调要"把思想政治理论课教师队伍纳入教育事业发展和人才队伍建设的总体规划"[②]，加强领导，统筹安排。文件在教学科研组织建设，教师的选聘配备，教师队伍的培养培训，提供学科支撑和政策、制度保障等方面，提出了明确的要求与目标。

中共中央宣传部、教育部和各省市自治区、各高等院校按照文件要求，自2006年以来，每年举办思想政治理论课教师培训班、辅导员班主任骨干培训班；有计划地分期分批组织思想政治理论课教师、辅导员到国内外考察；召开各种类型的研讨会，交流教育、管理与研究成果；部分省市区教育部门和高校组织了思想政治教育的现场观摩、教学比赛；教育部有关部门和部分省市区教育部门每年专门设立马克思主义理论教育、思想政治教育专项课题，供思想政治理论课教师、辅导员申报和研究；教育部于2007年建立了21个高校辅导员培训和研修基地，广泛开展辅导员岗前培训、专题培训、专业化培训活动；教育部分别划拨了几千个马克思主义理论学科博士学位、

---

① 教育部：《普通高等学校辅导员队伍建设规定》，见百度百科网（http://baike.baidu.com/view/441333.htm）。

② 中共中央宣传部、教育部：《关于进一步加强高等学校思想政治理论课教师队伍建设的实施意见》。

硕士学位指标，供思想政治理论课教师和优秀辅导员报考、攻读；等等。所有这些队伍建设的举措不仅有效提高了马克思主义理论学科队伍的素质，加快了队伍的专业化进程，催化了研究成果的成批涌现，而且促进了学生的健康成长，充分展现了马克思主义理论学科建设的生机与风采。

（四）学科建设不断拓展领域和丰富内涵

马克思主义理论学科是富有中国特色的新型学科，它顺应我国改革开放和社会主义现代化建设的需要而诞生，在推进社会科学发展和人的全面发展过程中不断发展。马克思主义理论学科建设不断拓展领域、丰富内涵，主要体现在以下三个方面。

一是以科学发展观指导马克思主义理论学科建设，丰富其时代内涵。我们党提出的以人为本，坚持全面、协调、可持续发展的科学发展观，既是我国社会发展的指导理论，也是马克思主义理论学科建设的指导思想。其中，以人为本是马克思主义理论学科建设应遵循的根本宗旨。马克思主义理论学科建设坚持以人为本，就是坚持以人民为本，即学科建设既为了人民，又要依靠人民；既要把人民的全面发展作为根本目标，又要把人民的全面发展作为社会发展的根本基础；既要尊重、心系人民，又要培养、提高人民的素质。马克思主义理论工作者围绕当代社会人的发展，分别研究了坚持人本发展，改变文本发展；坚持全面发展，克服片面发展；坚持协调发展，避免冲突发生；坚持可持续发展，超越功利发展，从而赋予了马克思主义理论学科丰富的人文性与时代性。

二是根据我国社会新的发展实际，研究马克思主义理论教育的新发展。根据我国对外开放不断扩大、信息社会快速发展的实际，研究马克思主义理论教育如何坚持面向世界与立足民族发展的统一，发展主旋律教育；根据我国流动加快、多样发展的实际，研究马克思主义理论教育如何坚持主导性与多样性的统一，发展理想信念教育；根据我国市场经济与民主政治发展和人们独立性、自主性不断增强的实际，研究马克思主义理论教育如何坚持自主性与社会化的统一，发展道德法制教育；等等。这些在新的历史条件下的研究，探索了教育目标、原则、内容、方式的新发展，丰富了马克思主义理论学科的内涵。

三是进一步充实了马克思主义理论学科体系。马克思主义理论学科的研究者一方面对学科的概念、观点进行了梳理和审视，使其更准确、系统；另一方面，针对学科建设的薄弱环节，集中研究力量进行突破，如对马克思主义理论学科创立背景、意义的研究，对马克思主义理论学科形成、发展过程的研究，对马克思主义理论学科特点的研究，对马克思主义理论学科所属二级学科体系的研究，等等，都取得了进展与成效。为了在实践中充实马克思主义理论学科体系，研究者还深入研究了马克思主义理论体系、马克思主义理论学科体系和马克思主义理论教育体系的关系，坚持在马克思主义理论基础和马克思主义理论教育基础上发展马克思主义理论学科。这不仅促进了马克思主义理论的系统学习，而且改革了高校思想政治理论课教材与教学，编写了具有综合性、时代性、标志性的思想政治理论课教材，为教育、培养高校学生发挥了巨大作用，取得了明显效果。同时，马克思主义理论学科所属二级学科大致与高校思想政治理论课对应，有利于理论教育与学科建设的密切配合。其中，思想政治教育学科针对高校辅导员专业化难题，在教育部的领导下，建立了辅导员培训和研修基地，编著了"全国高校辅导员培训与研修教材"并相继出版发行 10 余本教材；还委托全国高校思想政治教育研究会学术委员会主任组织了近 20 所高校的 100 多位思想政治教育工作者，用 3 年专门研究辅导员专业化问题，形成了系列研究成果，在人民出版社出版了"高校辅导员专业化丛书"共 12 本专著，为高校辅导员工作专业化提供了参照与指导。另外，马克思主义理论研究和建设工程重点教材《思想政治教育学原理》《中国共产党思想政治教育史》的编著已于 2010 年启动，这一建设项目也充实了马克思主义理论学科的内涵。

总之，马克思主义理论学科建设发展迅速、成效显著、特点突出，其中，主导性与多样性相结合、规范性与持续性相结合、理论性与应用性相结合的特点是马克思主义理论学科建设的主要特点。

二、马克思主义理论学科建设的任务

马克思主义理论学科是思想性、理论性、应用性都很强的综合性学科。虽然我们拥有马克思主义理论，特别是中国特色社会主义理论体系的丰富资源，积累了学科建设的丰富经验，但要建设富有中国特色、中国风格、中国气派的新型学科，任务十分艰巨而繁重。胡锦涛在党的十八大报告中指出："我们一定要毫不动摇坚持、与时俱进发展中国特色社会主义，不断丰富中国特色社会主义的实践特色、理论特色、民族特色、时代特色。"① 强调"建设社会主义文化强国，关键是增强全民族文化创造活力"②。建设马克思主义理论学科，是在我国改革开放和中国特色社会主义现代化建设的关键阶段开始的，同样既面临着难得的发展机遇，也面临着严峻的挑战，需要我们高度重视，切实规划，担当起马克思主义理论学科建设的历史责任。马克思和恩格斯说过："一切划时代的体系的真正的内容都是由于产生这些体系的那个时期的需要而形成起来的。"③ 我们进行马克思主义理论学科建设要根据时代需要和社会发展来确立思路、内容与重点。

（一）增强学科建设的自信与自觉，坚定学科建设目标

马克思主义理论学科的大部分博士点和硕士点获批时间不长，建设水平有待提高。面对学科建设艰巨而繁重的任务，首先要增强学科建设的自信与自觉。学科建设自信，是学科建设者对自身力量的确信，深信自己一定能为学科建设做出贡献并实现所追求的学科建设目标。学科建设自觉，是学科建设者以高度社会责任感与历史责任感，坚持学科建设的远大目标并自主地为实现目标而努力。自信与自觉包含着主动性与积极性、自主性与目的性，是推进学科建设的力量源泉。缺乏学科建设的自信与自觉，在很大程度上可以说是缺乏坚持、运用、发展马克思主义的勇气与目标。有的人以西方国家没有马克思主义理论学科为借口而怀疑其长久性；有的人在马克思主义理论学科范围内工作和研究而选择其他学科的研究方向；有的人不关心、不投入到马克思主义理论学科建设中去；等等。这些不自信与不自觉的表现，或源于认识或信仰，或受客观环境影响，或因不知道怎样进行学科建设。不管哪种情况，都是马克思主义理论学科建设基本条件的缺乏，是学科建设的人为障碍。

党的十八大报告向全党提出要求：要坚定"道路自信、理论自信、制度自信"④。党的十七届六中全会通过的《中共中央关于深化文化体制改革

---

① 中共中央文献研究室：《十八大以来重要文献选编》（上），中央文献出版社 2014 年版，第11 页。

② 中共中央文献研究室：《十八大以来重要文献选编》（上），中央文献出版社 2014 年版，第24 页。

③《马克思恩格斯全集》第 3 卷，人民出版社 1960 年版，第 544 页。

④ 中共中央文献研究室：《十八大以来重要文献选编》（上），中央文献出版社 2014 年版，第550 页。

推动社会主义文化大发展大繁荣若干重大问题的决定》强调："培养高度的文化自觉和文化自信，提高全民族文明素质，增强国家文化软实力，弘扬中华文化，努力建设社会主义文化强国。"① 作为马克思主义理论的教育者和研究者，更应在推进中国特色社会主义文化大发展大繁荣过程中，发挥带头和引领作用，更要具有马克思主义理论研究和教育的自信心与自觉性。这既是我国社会和广大人民的需要，也由马克思主义理论的指导作用所决定。马克思主义理论学科由原来的马克思主义理论与思想政治教育学科发展而来，它既不同于其他马克思主义学科，也不同于原来的二级学科。马克思主义理论学科作为一个新建的一级学科，不仅覆盖面广，而且具有本科、硕士、博士的层次性。不同的学位与培养层次都有各自的建设目标与建设要求，因而要组织队伍，分工协作，有目的、有计划地开展研究。

一般来说，一个学科得以建立和形成并经得起实践和时间的考验，必须具备以下条件：一是要有确定的研究对象；二是要形成学科理论体系；三是要有该学科的标志性研究成果。马克思主义理论学科建立时间不长，目前离达到这几个条件还有距离。有些院校虽然已经获得马克思主义理论一级学科、二级学科博士学位授予权，但在申报时，往往采取汇集本校相关学科成果的方式，学科建设的基础有待加强，学科队伍的水平有待提高。从总的情况来看，马克思主义理论学科建设的基础是好的，队伍的积极性和整体素质较高。但从实际要求来看，仍需要进一步提高专门从事马克思主义理论研究和思想政治教育的队伍的人员数量和教学、研究质量。此外，我们还要注重新建学科的基本建设，诸如研究对象、概念与范畴系统、学科建立与发展的基础、学科理论与方法体系、学科揭示的规律与发展趋势等。如果这些基本建设不到位，缺乏研究成果，则学科实际发挥的作用有限。

为此，我们要明确和坚定学科建设的目标，把握学科建设的重点，驾驭学科建设的前沿，在全国高校、区域高校和各个高校层面，组织学科建设者有计划地对学科建设的基本问题、前沿问题开展研究，提倡争鸣，力争有所突破，把建设真正落到实处，避免学科建设的形式化与个体化倾向。

（二）坚持学科建设的主导方位，积极推进跨学科研究

所谓主导，是指决定并引导事物向某个方向发展的事物。所谓马克思主

---

① 《中共中央关于深化文化体制改革推动社会主义文化大发展大繁荣若干重大问题的决定》，人民出版社 2011 年版，第 8 页。

义理论学科建设主导，是指学科建设的指导理论、主要目标、建设重点的主导地位和为服务我国社会科学发展、人的全面发展发挥主导作用的特性。学科建设主导就是坚持学科建设的中心与主体，是相对于学科边缘与辅助而言的。

坚持马克思主义理论学科建设的主导地位，首先要把握学科主体定位、性质和特点。马克思主义理论学科是具有中国特色的学科，其研究内容覆盖我国全部领域、全体人员，发挥着引导方向、思想保证、以理服人、培育新人的功能。因而，马克思主义理论学科建设只有坚持马克思列宁主义、毛泽东思想和中国特色社会主义理论体系的指导，坚持对实践活动、社会活动发挥先导作用，才能保证其根本性质与根本方向，这是坚持马克思主义理论学科建设主导方位的根本。

其次，马克思主义理论学科建设要以科学发展观和马克思主义关于人的全面发展的理论为指导，促进社会科学发展，为培育"四有"新人和德智体美全面发展的社会主义建设者和接班人服务，这是坚持马克思主义理论学科建设的主导目标。

再次，马克思主义理论学科建设要坚持社会主义意识形态主导。社会主义意识形态的各种意识形式是一个相互联系、配合的思想体系。在环境开放、信息化和多样发展的当今社会，更要坚持社会主义意识形态，特别是社会主义核心价值体系和社会主义核心价值观主导。同时，马克思主义理论学科建设还要坚持发展与创新主导，即立足我国实际，坚定中国特色社会主义共同理想，既反对历史虚无主义倾向，又克服保守僵化的倾向；既反对以相关学科替代马克思主义理论学科，又克服拒绝吸收、借鉴相关学科最新成果的倾向。

坚持马克思主义理论学科建设的主导地位，还要始终遵循学科规范。学科都是按知识性质或学术领域的分类，学科知识的性质是学科中心（或内涵）与学科外延（或边缘）的统一，概念和范畴体系是学科的标志。西方国家用"subject""discipline"两个单词表达学科概念，与"主题""纪律"同义，也就是说，必须遵循这个学科的规范，否则就是违反学科纪律。坚持马克思主义理论学科建设的主导地位，就是坚持和发挥马克思主义指导作用，增强马克思主义的说服力、凝聚力，维护马克思主义的形象与尊严。疏离甚至背离马克思主义理论学科建设的主导地位，轻则使马克思主义理论学科建设边缘化、空壳化，重则会消解马克思主义理论学科建设的内涵，改变马克思主义理论学科建设的性质，败坏马克思主义理论学科的形象与声誉。

在把握马克思主义理论学科主体、遵循学科主导进行建设的同时，我们还要立足我国实际，继承我国优秀文化传统，吸收、借鉴其他学科研究的最新成果，开展跨学科研究。随着我国改革开放的深化和社会主义现代化建设的快速发展，许多复杂性、综合性难题不断涌现，马克思主义理论学科建设面临的发展机遇和风险挑战前所未有，我们必须攻坚克难。要解决面临的难题，必须开展跨学科研究，寻求综合解决办法。为此，国务院颁发了《关于加强教师队伍建设的意见》，强调要"培育跨学科、跨领域的科研与教学相结合的创新团队"。

所谓跨学科研究，就是超越以往分门别类的研究方式，实现对问题的整合性研究。整合性研究根据不同的实际与需要，可分为方法交叉、理论借鉴、问题拉动、文化交融几个层面。马克思主义理论学科本来就是一个开放的综合性学科，因而只有开展跨学科研究，才能发挥学科作用、拓展学科领域、发展学科内容。马克思主义理论学科的跨学科研究可以分为"外跨"与"内跨"两个层面。所谓"外跨"，就是马克思主义理论学科与其他相关学科的结合性研究；所谓"内跨"，就是马克思主义理论学科所属六个二级学科的结合性研究。

马克思主义理论学科开展跨学科研究，有两个倾向值得注意：一是对马克思主义理论学科及其所属二级学科的研究缺乏兴趣，或热衷于边缘问题研究而不进入马克思主义理论学科的研究方向，或到其他学科寻求研究问题与研究资源。这种"占学科位不做学科事"的倾向，其借口往往是跨学科研究。应当承认，跨学科研究有个基本前提，就是研究者必须有一个明确的学科归属并具有其所在学科的研究能力。如果没有这个前提，要么就是跨到别的学科去"种别人的田，荒自己的地"，要么就是在研究过程中不能发挥学科专长。这种形式上的跨学科研究只会损害马克思主义理论学科的形象。我们还应当看到，马克思主义理论学科的研究者中，有很多原来是其他学科的研究者，这些研究者经过深入研究并取得成果，转化到这个学科来，成为名副其实的马克思主义理论学科研究者。但也有些其他学科的研究者在获得马克思主义理论学科的地位与资源后，并没有深入开展该学科的研究且对该学科缺乏了解，有的甚至还对马克思主义理论学科时有不当言辞。

二是以跨学科研究为由，避开马克思主义理论学科所属二级学科，以研究方向或研究问题取代二级学科建设。马克思主义理论学科及其所属二级学科建设的任务都很重，有的二级学科的学科体系尚待创建，如果不立足于二级学科建设，马克思主义理论学科建设就会被架空，学科建设落不到实处。

出现消解二级学科倾向的原因是多方面的，诸如二级学科的生源、分配等学术资源不平衡，有的二级学科学术带头人希望掌握一级学科的支配权；有的行政领导利用行政权力控制所有二级学科；等等。不管出于什么动机、采取什么方式，在马克思主义理论学科及其所属二级学科还没完全建构与完善的时候，把马克思主义理论学科所属二级学科撇开的做法是不可取的。

（三）抓住当前学科建设重点，努力突破理论与实际难题

党的十八大报告深刻分析了我国当前的形势，指出了我国在前进道路上面临的困难和问题，要求"必须增强忧患意识，保持清醒头脑，努力攻坚克难"①。我们开展马克思主义理论学科建设，也要攻坚克难。

首先，要研究和深化社会主义核心价值体系教育。《中共中央关于深化文化体制改革推动社会主义文化大发展大繁荣若干重大问题的决定》强调："社会主义核心价值体系是兴国之魂，是社会主义先进文化的精髓，决定着中国特色社会主义发展方向。"② 要求强化教育引导，增进社会共识，创新方式方法，健全制度保障。党的十八大报告在社会主义核心价值体系基础上，进一步从国家、社会、公民三个层面，提出了"倡导富强、民主、文明、和谐，倡导自由、平等、公正、法治，倡导爱国、敬业、诚信、友善，积极培育社会主义核心价值观"③ 的要求，使社会主义核心价值体系教育更加具体和深化。马克思主义理论学科要研究社会主义核心价值体系与社会主义核心价值观的关系；研究如何把社会主义核心价值体系融入社会各个领域，贯穿于人们工作、学习与生活的各个环节；研究"三个倡导"社会主义核心价值观的内在联系及其形成；研究如何结合不同行业、不同群体的特点，把社会主义核心价值体系和社会主义核心价值观具体化，使人们更好地接受并付诸实践。这些是当前马克思主义理论学科研究的重要任务。

其次，研究当代社会条件下理想信念教育的发展。当今社会，一是开放环境、信息社会、风险频发状况交错，二是竞争领域、虚拟领域、多元文化领域交叉，三是竞争压力、信息压力、文化选择压力交汇，这些社会要素都

---

① 《中共中央关于深化文化体制改革推动社会主义文化大发展大繁荣若干重大问题的决定》，人民出版社 2011 年版，第 11 页。

② 《中共中央关于深化文化体制改革推动社会主义文化大发展大繁荣若干重大问题的决定》，人民出版社 2011 年版，第 11 页。

③ 《中共中央关于深化文化体制改革推动社会主义文化大发展大繁荣若干重大问题的决定》，人民出版社 2011 年版，第 11 页。

处在不断发展变化之中。在这种复杂多样、快速多变、不断衍生新要素的情况下，一些人难以正确分辨和把握各种良莠不齐的信息，有的人甚至会产生偏差，难以形成正确的理想信念。理想信念是人们世界观、人生观和价值观在奋斗目标上的集中体现，是建立在实践基础上具有神圣性和崇高性的价值追求。为此，马克思主义理论学科要深入研究理想信念的当代价值与形成机制；研究各种理想信念的价值与形成比较；强化中国特色社会主义共同理想的主导作用，切实解决理想信念形成的现实难题。胡锦涛根据中国特色社会主义建设的发展，针对我国社会发展的实际，对中国特色社会主义做了新的阐述，提出了"中国特色社会主义道路、中国特色社会主义理论体系、中国特色社会主义制度"，并做了深刻的内涵、功能阐述，进行了"总依据""总布局""总任务"论述，全面、系统地为中国特色社会主义共同理想的形成并为之奋斗提供了依据。因此，马克思主义理论学科要研究如何深化中国特色社会主义共同理想教育，以增强我国社会的动力与凝聚力。

最后，研究马克思主义理论学科的重要关系。马克思主义理论学科是一个正在发展的新型学科，因为内容丰富，与其他学科、领域交叉广泛，有些研究者在一些重要关系上难以把握，诸如对马克思主义理论体系、马克思主义理论学科体系、思想政治理论课教材体系的关系应当怎样认识和处理，以及为什么存在着这样那样的矛盾与偏差。有的人认为，马克思主义理论本来就是科学理论，按内容划分有"三大体系"，没有必要再建构马克思主义理论学科体系；有的人在强调马克思主义理论学科为高校思想政治理论课教育服务时，只注重思想政治理论课教育，甚至用思想政治理论课教材体系替代马克思主义理论学科体系。如果对这些关系认识和处理不当，必定影响马克思主义理论学科建设。因而，马克思主义理论学科的研究者要增强学科意识，研究马克思主义理论学科的特点、特长，特定的对象、概念、结构、功能、理论与方法体系，等等，在学科的时空范围内揭示研究对象的规律与发展趋势，构成在逻辑上具有自洽性的学科体系。

论高校思想政治理论教育的价值取向[*]

高校思想政治理论教育主要是通过高校开设思想政治理论必修课进行的。在这过程中，必须坚持社会主义核心价值体系的主导地位。高校思想政治理论教育面向全体大学生进行系统的马克思主义理论教育，是对大学生进行思想政治理论教育的主渠道和帮助大学生树立正确的世界观、人生观、价值观的重要途径，体现着社会主义大学的本质特征，承载着实现正确价值的特定使命。因而，坚持思想政治理论教育的正确价值取向，坚持社会主义核心价值主导，是高校思想政治理论课的活力与生命所在。

一、高校思想政治理论教育的社会价值背景

我国改革开放的伟大实践，中国特色社会主义现代化建设的伟大事业，推进了我国经济社会持续快速发展。我国在新时期所取得的巨大成就，不仅使我国综合国力迅速增强，改善了广大人民的物质文化生活条件，而且提高了我国的国际地位，扩大了我国的国际影响。同时，在新时期伟大实践进程中探索和创造中国特色社会主义理论体系，不断对其进行丰富和完善，是改革开放实践与中国特色社会主义现代化建设的正确指南，是增强民族凝聚力与竞争力，推进我国社会科学发展、和谐发展的力量源泉。我国实践与理论紧密结合所产生的巨大成效，以强有力的事实与逻辑，进一步强化了我国各族人民对马克思主义的信仰、对共产主义理想的信念、对中国特色社会主义道路的信心以及对党和政府的信任。高举中国特色社会主义伟大旗帜，坚持社会主义核心价值体系的主导地位，坚定不移地把我国建设成为富强、民主、文明、和谐的社会主义强国，既是各族人民的强烈愿望，也是各族人民的实际行动。这就是我国新时期的社会大背景，是高校思想政治理论教育顺利进行、实现马克思主义的理论价值、促进大学生全面发展的良好基础与有利条件。

应当看到，高校思想政治理论教育应坚持的价值取向是一个方面，但它

---

  * 原载于《思想教育研究》2010 年第 9 期，作者何宇红、郑永廷，收录时有修改。

能否有效坚持应有的价值取向则是另一个方面。这是因为，高校思想政治理论教育不是单纯的知识传授与理论教育，而是必须面向实际、联系实际、切实解决思想与实际问题的教育。而高校思想政治理论教育所面临的实际，虽然主导价值是正确的、积极的，但也存在价值取向多样、价值获取各异的现实。一些群体与个体的价值本位、功利价值倾向，同思想政治理论教育的价值取向存在不同程度的矛盾，形成了思想政治理论课教育的价值取向与现实价值取向的张力。

我国社会发展过程中的价值取向矛盾，主要表现在以下两个方面。

一是一些群体与个体价值取向的多样性与我国社会主导价值的矛盾。所谓价值取向的多样性，是指不同群体与个体价值取向的差异性。这种差异性的形成是社会主义市场经济体制赋予社会主体与个体自主性与竞争性所导致的。在社会主义市场经济体制条件下，社会主体与个体实际上是利益主体。在开放的社会环境中，在快速流动过程中的激烈竞争条件下，人们不仅受地域、单位客观条件与政策的制约与影响，形成了不同类型的群体，而且受主观条件与认识的支配，获取利益的动机、取向、方式各有不同，因而在价值选择与价值实现方式上往往存在某些差异。加上受西方资本主义国家价值观影响，不同阶层、不同职业，乃至不同个体都有不同的价值取向与不同的追求方式。

二是少数群体与个体在不同场合、不同时间的价值取向的多重性。在社会主义市场经济体制下，有些社会群体与个体在激烈竞争、网络领域、社会交往的不同场合与时间受本位价值观支配，在公与私、真与假、善与恶、美与丑、荣与耻的关系上，表现出性质交错的观念与行为，具有不同的人格特征。少数大学生因为价值观尚未完全确立和稳定，缺乏社会生活经验，或仿效，或受骗，或从众，表现出诸如价值认知与价值行为失衡，在公开场合富有道德而私下行为缺乏规范。所以，有学者把我国改革开放以来的价值观概括为八个方面：改革开放价值观、和传统市场经济相适应的资本主义价值观、享乐主义价值观、个人主义价值观、爱国主义价值观、共产主义价值观、特殊事业的价值观和小团体主义价值观。① 还有学者指出，我国社会价值取向存在的主要问题是功利主义与拜金主义、实用主义与短期行为、个人

---

① 陈建国：《价值观的冲突及价值互补论》，载《社会科学》1996 年第 8 期，第 33—37 页。

本位主义与极端利己主义、世俗化与物欲横流、理性主义与非理性主义。①
这些概括的角度、内容虽然有所不同，但都反映了我国社会在转型过程中多
种价值观并存的事实。

在我国社会发展过程中形成的这些不同性质、不同取向、不同层次的价值观，在社会竞争中以不同方式、不同程度表现出来，既对我国社会主导价值取向产生冲击，也对当前高校思想政治理论教育产生影响。大学生既在高校接受正面教育，也受社会环境的正面与负面影响。正面影响可以推进大学生思想政治理论教育并强化其效果，而负面影响则会阻碍思想政治理论教育并弱化其效果。因而，社会环境与社会价值背景既是大学生学习、成长的客观条件，也是大学生思想政治理论教育必须面向的社会实际。

二、高校思想政治理论教育的价值取向分析

多样化价值取向的社会现实是高校思想政治理论教育无法回避的，并且这种现实会以各种方式既影响着教育者，也影响着作为教育对象的大学生。

马克思主义认为："一个人的发展取决于和他直接进行交往的其他一切人的发展……我们可以看到，发展不断地进行着，单个人的历史决不能脱离他以前的或同时代的个人的历史，而是由这种历史决定的。"② 强调社会历史、社会现实、社会实践，即社会环境对人的思想观念的决定作用，是马克思主义辩证唯物论的体现。但是，社会环境因素绝不是单一而同质的，它总是包含着多样、多变、多重性质的因素，即既有积极的因素，也有消极的因素；既有正确的因素，也有错误的因素。特别是在开放环境、信息社会、多元文化条件下，环境因素更加多样、多变与多重，影响途径与方式更加复杂。随着人们主体性的增强与追求个性化发展的彰显，人们对环境因素的认识与选择更加自主与多样，特别是处在世界观、价值观形成与稳定过程中的大学生，有的人受环境因素影响更大一些。由于社会多样化价值取向既与价值认识水平有关，也与利益追求相关，还受有些学生追新求异的心理特点影响，因此，在社会多样化价值取向的耳濡目染过程中，大多数学生积极向上，少数学生消极落后；大多数学生追求高尚文明，极少数学生平庸低俗；

① 陈刚：《文化转型时期的价值关怀——当代国人的精神危机及价值重建》，载《南京社会科学》1995 年第 2 期，第 1–11 页。
② 《马克思恩格斯全集》第 3 卷，人民出版社 1976 版，第 515 页。

大多数学生遵循我国作为社会主义国家的主导价值取向，个别学生疏离这种主导价值取向。诸如，有的大学生选择自以为合理的价值观念与消费方式，或倾向别国价值、宗教文化而忽视中华民族文化，或偏向物质价值而忽视精神价值，或重视科技价值而轻视人文价值，或热衷于网络交往而漠视现实社会人际关系，等等。此外，一些大学生在社会多样、多变、多重因素的影响下，涌现出多种形象类型。诸如，"时装人"，即指没有确定的价值取向，不断像改换时装一样更换思想、观念和行为的学生；"平面人"，即指缺乏思想深度与主体意识，表面化、面具化、感性化的学生；"实惠族"，即指讲求功利，强调实用，只顾眼前，缺乏终极价值追求的学生；"新文化人"，即指有强烈的自我意识，敢于向权威挑战，能够用自己独特的眼光和视角审视世界、审视自己、审视生活，从而做出自己的选择的学生；"新理想派"，即指能够保持灵魂的高洁和精神的自由，又不"独善其身"，对社会、对他人充满责任感，在自己的岗位上尽职尽责，以自己的方式关注社会的学生。

思想政治理论教育面临有着多样价值倾向的大学生群体，尽管所有的学生都必须按照教育的规范与要求接受教育，但其认同、接受教育的程度是有差异的。多数学生会自觉地学习、理解马克思主义理论与中国特色社会主义理论体系，将其转化为自己的思想并以此指导自己的行动。也会有受片面的甚至错误的价值观影响的部分学生，因思想上的先入为主阻碍了其对思想政治理论教育正确内容的接受，教育者需要采取理论与实际相结合的方式，充分说理、引导，对不正确的思想与价值观进行改造与转化，才能实现思想政治理论教育的价值。显然，大学生的多样化价值取向，增加了思想政治理论教育实现其价值的难度。

我们也应当看到，在我国社会的多样价值取向背景下，有的高校思想政治理论课教师也受到不同程度的影响。这种影响主要表现为马克思主义理论教育在真理层面与价值层面存在的片面性与失衡。从根本上讲，高校思想政治理论教育是马克思主义理想信念教育，是按照社会与人的发展规律，确立远大目标与遵循正确规范的教育。因而，思想政治理论教育的关键在于如何用正确的教育理念和有效的教育方式使大学生理解、认同马克思主义理论并付诸实践。这就要求教育者在帮助大学生认知马克思主义理论的同时，必须着力引导大学生对马克思主义理论的真信，促进大学生实现由"认知"到"信仰"的转化。这是因为"任何信仰都是'真理'和'价值'的统一，或者严格地说，任何信仰都是真理观和价值观的统一。在这种真理观和价值观的视野下，信仰的'真理'和'价值'被赋予了'至高无上'的意义。

正是由于构成信仰的'真理'和'价值'的'至高无上'性，决定了信仰本身的'至高无上'性"①。如果教育者在教育过程中不提及马克思主义的真理性即规律性、价值性即目的性，那么马克思主义理论的失真与贬值就难以避免，教育效果就会受到影响。

在思想政治理论教育的现实境遇中，确实存在有些教育者割裂科学认识和价值认识相统一的倾向。"要么把马克思主义作为一种纯粹真理体系或知识体系，只主张对其进行所谓的'学术性'的研究，只强调对其从科学认识或学理层面上进行深刻的理解或正确的认识，质言之，只把它诉诸理论领域或层面，反对把它上升为一种信仰，作为一种信仰的对象；要么把马克思主义作为一种纯粹的信仰体系，甚至作为一种像圣经一样的宗教信仰体系，只主张对其加以崇拜，加以朴素的、盲目的、甚至一种本能式的相信（迷信）。这样的结果是二者殊途同归：使我们实际上失去了马克思主义。"② 当把马克思主义作为纯粹的理论知识来对大学生进行教育或传授时，一是过于追求马克思主义的理论性与系统工程性，忽视理论体系向教育体系、教学体系的转化，致使教育抽象化和概念化，学生难以认识其价值；二是忽视理论与实际相结合的教育原则，难以体现马克思主义源于实践和指导实践的特性，学生难以实现其价值。这种倾向实际是以所谓科学性抑制价值性、理论性脱离实践性的片面价值取向，难免导致形式主义与教条主义。

高校思想政治理论教育价值取向片面化的另一个表现，是理性与感性的失衡。应当肯定，思想政治理论教育的内容是具有理论性与系统性的，然而只按照教材进行理论教育是不够的。我们必须把理论内容与相关的实际内容（包括社会实际、学习实际、思想实际）结合起来，使抽象的理论在指导大学生生动具体的现实生活中发挥作用。但是，有些思想政治理论教育者，或受功利价值取向影响，或顾虑学生对教师教学的评价，片面地迎合有些学生追求新奇、愉悦的需要，在教育过程中花过多的时间讲故事、笑料、小道消息，有的甚至不讲教科书上的重要理论，而只讲现实生活中的矛盾与不良倾向。这种把思想政治理论教育价值功利化、感性化的倾向，难以帮助学生树立正确的世界观、人生观与价值观，难以帮助学生形成远大的理想信念，反而只会强化一些学生追求眼前、具体利益的价值观念。

---

① 黄慧珍：《信仰及其危机和转机——从真理和价值的视角看》，载《哲学动态》2002年第12期，第20-23页。

② 荆学民：《当代中国社会信仰论》，人民出版社2008年版，第356页。

三、坚持高校思想政治理论教育的价值主导

高校思想政治理论教育的价值主导，最重要的就是要坚持社会主义核心价值体系。

（一）要充分认识坚持社会主义核心价值体系主导在高校思想政治理论教育过程中的重大作用与意义

所谓价值体系，就是一定的社会主体以其需求为基础，对主客体之间的价值关系进行整合而形成的观念形态，集中体现社会主体的追求、理想、需要和根本利益。一个社会的核心价值体系是一个社会的灵魂与旗帜，是引导、规范社会多样化和个体特色化的方向与准则，是推进社会与个体发展的思想基础与保证。因而价值体系，特别是核心价值体系，是思想政治理论教育的重要内容。任何国家、民族出于稳定、发展的需要，都会提出自己的核心价值体系，都会坚定不移地进行核心价值体系教育，尤其注重对作为国家和民族的未来和希望的青年学生的教育。我国古代社会的核心价值体系是"礼义廉耻，国之四维"，古代的德治与德教就是围绕"礼义廉耻"展开的。西方中世纪的核心价值体系是以神为本的观念系统，神学统治了整个社会。北欧一些国家的核心价值体系是民主社会主义的核心价值理念，其主要内容是资产阶级的自由、平等与民主价值观；美国及一些资本主义国家的核心价值体系则是自由、人权、民主、宪政、法治；新加坡的核心价值体系即"亚洲价值观"，既强调家庭价值、为政以德、以民为本的传统价值，又推崇法治、利益诱导、重建民主的现代价值。正是不同的核心价值体系，建构了不同性质的社会与国家，因而需要不同性质的教育维系价值取向、价值观念与价值准则。一个社会如果没有明确的核心价值体系，这个社会是难以维系和发展的。正如西方思想家威廉·A. 多诺休在《新自由——美国社会生活中的个人主义与集体主义》一书中所指出的，如果一个社会没有主导的价值观，个人随意选择接受某个规范或价值，随意放弃他/她不同意的东西，这于社会的存在是颠覆性的；道德大杂烩是道德的灾难，它将破坏自由的美妙前景。① 在我国社会面临价值取向多样的形势下，坚持社会主义核心价值

① 夏伟东、杨宗元：《西方学者对个人主义的沉重反思》，载《道德与文明》2006 年 4 期，第22-28 页。

体系的主导地位，既是社会发展与人的全面发展的客观需要，也是全国各族人民的共同愿望。这是因为社会主义核心价值体系是具有明确方向性、整体性、统领性特点的思想体系，其内容对我国社会发展具有坚持正确方向、指向明确目标、提供强大动力、遵循基本规范的主导作用。一是马克思主义是我们党和国家的根本指导思想，是社会主义核心价值体系的灵魂和旗帜，决定着我国社会的性质和方向；二是中国特色社会主义共同理想体现我国人民对美好前景的向往和追求，是凝聚社会、鼓舞人民的伟大目标；三是以爱国主义为核心的民族精神和以改革创新为核心的时代精神，为社会发展与人的全面发展提供强大动力；四是社会主义荣辱观为社会稳定、发展提供了基本规范与保证。总之，社会主义核心价值体系各部分的内容相互联系、相互贯通，是一个有机统一的整体，缺一不可，既体现了社会与个体发展的无限潜能与活力，也明确了社会与个体发展所应遵循的方向与规范；既是我国各个领域的价值主导，更是高校思想政治理论教育的价值主导。高校思想政治理论教育的重要任务，就是要增强社会主义核心价值体系的说服力、感召力、凝聚力和主导力。

（二）坚持社会主义核心价值体系主导与价值多样发展相结合的原则

在文化多元并存的社会背景下，面对价值取向多样的我国社会发展现实，高校思想政治理论教育必须清醒地认识到社会主义核心价值体系与价值取向多样的关系，善于解决坚持社会主义核心价值体系主导与价值多样发展的矛盾。不论是各国历史发展的事实，还是思想文化领域的发展规律都雄辩地说明：无论什么时代、什么社会，一个国家的领导阶级和执政党都不会对多元文化、多样化价值取向采取放任自流的态度，而是以符合国家和政党的政治、经济制度与发展目标为准则，即以国家和政党的核心价值体系引领、整合其他文化，规范价值取向。正如马克思、恩格斯所强调的："统治阶级的思想在每一时代都是占统治地位的思想。这就是说，一个阶级是社会上占统治地位的物质力量，同时也是社会上占统治地位的精神力量。支配着物质生产资料的阶级，同时也支配着精神生产资料……占统治地位的思想不过是占统治地位的物质关系在观念上的表现，不过是以思想的形式表现出来的占统治地位的物质关系。"① 在当代世界，最具代表性的核心价值体系主要是

---

① 《马克思恩格斯全集》第 1 卷，人民出版社 1995 年版，第 53 页。

社会主义核心价值体系和资本主义核心价值体系，这是两种异质的、对立的价值体系。这两种价值体系在世界范围内相互影响、相互较量，成为高校思想政治理论教育必须面对的客观现实。资本主义的价值观念通过各种渠道以各种方式影响着高校学生，冲击着高校思想政治理论教育。高校思想政治理论教育如果不旗帜鲜明地坚持社会主义核心价值体系的主导地位，就会给资本主义价值体系的侵袭提供机会。

应当看到，任何社会活动与实践本质上都是一种价值追求。正是这种价值追求为社会发展和人的发展提供内在驱动。因此，社会整体的价值观必然成为价值体系的核心。社会主义不仅是一种历史观，更是一种价值观，社会主义核心价值体系作为我国的整体价值观，也就构成了我国价值体系的核心。坚持和弘扬社会主义核心价值体系，是坚持社会主义主导地位的关键所在，是中国特色社会主义现代化建设的根本价值取向。社会主义核心价值体系不论在思想信仰、社会目标、动力源泉，还是在社会规范等方面都很明确，便于人们理解并切实贯彻，既是社会发展的旗帜，又是个人遵循的准则。随着对外开放的扩大和全球化进程的加快，多元文化和多样价值取向的存在是不以人的意志为转移的客观存在。我们既不能因为由此而产生的不利影响而重新封闭，也不能对这些影响视而不见，而是要积极应对和引导。我们应当在吸收各种文化与价值发展有益成分的同时，坚定不移地坚持社会主义核心价值体系在思想政治理论教育中的主导地位。

同时，我们也要看到，坚持社会主义核心价值体系的主导与发展多样文化与多样化价值并不是矛盾的关系，而是辩证统一的关系。主导和多样发展是思想文化领域发展的基本事实和规律，二者不可分割地联系在一起，既相互区别，又相互贯通。不存在没有多样发展的主导性，也不存在没有主导的多样性。离开了多样发展，主导就会失去主导的对象、背景和意义；同样，离开了主导，多样发展就会失去规范和方向，走向混乱与歧途。在我国价值取向发展中，主导与多样的分离、冲突必定导致社会主义核心价值体系主导和多样发展的失衡状态，或者"主导单一""多样不及"，或者"主导不力""多样失范"。虽然这些表现各有不同，但造成的不良后果是相同的，就是对主导地位的削弱和多样化发展受到抑制。可见，主导性与多样性脱节的实质，就是对理论联系实际这一社会发展基本原则的背离。

用社会主义核心价值体系主导高校思想政治理论教育之所以有必要，是因为我们不能保证每个学生在自主选择、自我发展的过程中，都能自觉坚持社会主义核心价值体系主导，但这也不是强求每个人追求唯一的价值。这是因为，丰富多彩的社会生活和各具特色的社会个体具有无限的潜能与活力，其价值观念与实际取向必然存在差异性与多样性。这种多样性表现为个体价值追求的具体性、分散性与实现方式的特殊性，全社会不可能在价值取向与价值实现方式上完全同一。但是，民族要凝聚，国家要发展，社会要和谐，就不可能让社会成员各循其道、各遵其规。对背离社会主义核心价值体系的主导，突破社会主义法制、道德规范的错误行为，就要按社会主义荣辱观进行规范和处理，对违反法纪的行为要追究，对无耻行为要制止，这是保证社会稳定与健康发展的必要举措。如果让违法乱纪、缺德行为肆意妄为，则必定使社会发展受阻，社会稳定受挫。因此，高校思想政治理论教育要结合具体实际，把应当坚持什么、倡导什么、抵制什么、反对什么、惩罚什么、追究什么具体化，把社会主义核心价值体系融入大学生的实际学习、交往与生活中，帮助大学生把握正确价值取向，为大学生的全面发展创造良好的主客观条件。

（三）切实把社会主义核心价值体系转化为大学生的自觉追求

马克思曾经说过："历史不过是追求着自己目的的人的活动而已。"① 在市场经济体制和社会主义民主政治条件下，大学生的学习和活动有了自主权，大学生追求什么、选择什么也有自由性。但是，这种自主权与自由性在我国社会条件下，不是随心所欲、毫无制约的。人都是社会的人、现实的人。"我们不是从人们所说的、所想象的、所设想的东西出发，也不是从只存在于口头上所说的、思考出来的、想象出来的、设想出来的人出发，去理解真正的人，我们的出发点是从事实际活动的人。"② 只有从现实出发，从大学生现实价值取向出发，研究价值观念及其实现方式的发展变化，才能正确把握价值主导与价值多样的辩证关系。大学生是千差万别的，不仅主观条件有差异，而且其所受客观影响也不一样，如果仅从自身利益出发进行价值取向，就会脱离社会实际，甚至背离我国社会主导价值取向。应当看到，在激烈的社会竞争中，在错误的价值观念支配下，有些人可能被卷入物质主义、享乐主义的恶浪，寻求感官刺激，满足非理性快感。为此，我们必须引导大学生在学习和成才过程中，遵循社会主义核心价值体系，超越自身经验与个人利益的局限，掌握选择价值取向与行为方式的理论根据与基本准则，

---

① 《马克思恩格斯选集》第 2 卷，人民出版社 1957 年版，第 18-119 页。
② 《马克思恩格斯全集》第 1 卷，人民出版社 1995 年版，第 73 页。

把个人与社会、现实与未来结合起来，把政治理想、道德理想与事业理想，德性与智能，物质利益和精神动力有机结合起来，形成全面结合的目标体系、行为规范和价值取向。

　　社会主义核心价值体系是一个内涵丰富、功能多样的思想体系，只有通过自觉学习、运用才能理解和掌握。因此，高校思想政治理论教育要将社会主义核心价值体系融入教育全过程，将其转化为大学生的自觉追求，培养大学生坚持社会主义核心价值体系主导的行为习惯，引导大学生按照正确的方向与准则行使自主权。只有这样，才能有效保证社会有序、稳定与快速发展。

坚定中国特色社会主义道路正确方向论析*

胡锦涛在庆祝中国共产党成立 90 周年大会上的讲话中明确指出："中国特色社会主义道路，就是在中国共产党领导下，立足基本国情，以经济建设为中心，坚持四项基本原则，坚持改革开放，解放和发展社会生产力，巩固和完善社会主义制度，建设社会主义市场经济、社会主义民主政治、社会主义先进文化、社会主义和谐社会，建设富强民主文明和谐的社会主义现代化国家。"[1] 党的十八大报告进一步指出"中国既不能走封闭僵化的老路，也不能走改旗易帜的邪路"[2]，必须走中国特色社会主义道路。坚持中国特色社会主义道路，就是发挥其对我国新时期社会主义建设中"举什么旗、走什么路"这一重要战略课题的引领、引导，使我国在风云变幻的国际环境和复杂的国内环境中坚持正确方向，坚定不移地走社会主义道路。道路关乎党的命脉、国家命运、民族前途，关乎人民福祉、社会稳定、事业发展，关乎我国社会主义现代化建设的兴衰成败，是中国特色社会主义健康发展的基础和前提。因此，坚定中国特色社会主义道路的正确方向具有重要意义。

一、坚持中国特色社会主义道路的时代价值

走中国特色社会主义道路，是中国历史和现实发展的必然选择，是符合中国国情、应对复杂国际形势的深刻要求，具有重要的时代价值。

（一）中国特色社会主义道路来之不易，是近代以来中国历史发展的必然产物和选择

为了人民解放、国家富强、民族振兴，中国共产党坚持不懈，带领人民积极探索，顽强前进。从历史看，中国特色社会主义道路是中国共产党历代中央领导集体积极探索的国家发展之路。中华人民共和国成立后，以毛泽东

---

* 原载于《思想教育研究》2014 年第 2 期，作者唐元松、郑永廷，收录时有修改。
① 胡锦涛：《在庆祝中国共产党成立 90 周年大会上的讲话》，载《人民日报》2011 年 7 月 2 日。
② 胡锦涛：《坚定不移沿着中国特色社会主义道路前进　为全面建成小康社会而奋斗》，载《人民日报》2012 年 11 月 8 日。

为代表的党的第一代领导集体领导人民成功实现了中国历史上最深刻最伟大的社会变革，开创了社会主义基本制度，为当代中国的发展进步奠定了根本政治基础和制度基础。以邓小平同志为核心的中国共产党第二代中央领导集体审时度势，果断做出把党和国家的工作重心转移到经济建设上来、实行改革开放的历史性决策，确立了党的基本路线的核心内容，即"一个中心、两个基本点"，揭示了社会主义本质，确立了社会主义初级阶段基本路线，科学阐释了建设中国特色社会主义的一系列重大问题，开创了中国特色社会主义道路，奠定了我国社会主义建设事业的崭新局面。尽管在东欧剧变、苏联解体后，全球社会主义运动陷入低谷，但经过 30 多年的不懈奋斗，中国特色社会主义道路展示了蓬勃生机和空前活力，中国成为世界第二大经济体，雄踞世界东方。总之，90 多年来，中国共产党把马克思主义基本原理同中国实际紧密结合，走自己的路，实现了革命、改造、建设、改革、发展的逻辑演进。可以说，中国特色社会主义道路来之不易，凝结着中国共产党人坚持不懈探索创新的智慧和心血。

（二）中国特色社会主义道路弥足珍贵，是符合中国国情和社会主义现代化建设规律的强国之路

对比改革开放前后 30 年的发展，尽管我国在社会主义现代化建设的新征程中也曾犯过错误，但经过艰难探索和认真总结，我们终于找到了建设中国特色社会主义的道路。我国坚持这条道路，始终为实现人民的利益而不懈奋斗，经济社会总体实现了又好又快的发展，人民生活水平、民族素质空前提高，创造了比资本主义社会更丰硕的成绩，开创了中国特色社会主义事业的全新局面。美国财政部前部长劳伦斯萨默斯曾指出："如果说英国工业革命期间个人的生活水平在自己生命周期里翻了一倍的话，那么在中国当今这场现代化大潮中，一个中国人的生活水平在自己的生命周期内可翻 7 倍。"[①]尤其是在当前形势下，金融危机使全球经济面临许多风险，各国包括西方发达国家的经济发展面临极大风险和挑战。一些发展中国家在复杂的形势下甚至出现了"颜色革命"，国家发展出现混乱甚至倒退。这对中国是一个重要的警示，更加凸显了坚持中国特色社会主义道路的重要性和紧迫性。事实证明：只有中国特色社会主义道路能够解决中国发展进步的问题、实现中国的繁荣富强；只有发挥社会主义制度优势，始终坚持社会主义道路，不断深化

---

① 张维为：《中国震撼：一个"文明型国家"的崛起》，上海人民出版社 2011 年版，第 7 页。

改革开放，才能确保我国在世界发展潮流中继续独占鳌头。因此，中国特色社会主义道路的选择来之不易，符合中国国情，符合历史发展规律，也符合中国社会主义现代化建设规律，必须在实践中坚定不移地加以坚持。

中国特色社会主义道路适时而生，是我国成功应对国际形势的重要法宝。资本主义社会所高扬的"民主、自由、人权"旗帜，实际上是资本家凭借有利条件获取更多权利的幌子。随着经济全球化的发展，垄断资产阶级极力向全球推行恃强凌弱、损人利己的"丛林法则"。对于中国这样的世界上最大的发展中国家，西方资产阶级国家不愿意看到中国的发展和崛起，因而不择手段地对中国进行"捧杀"和"棒杀"，竭尽所能诋毁中国，不断发出"中国威胁论""中国崩溃论"等论调，并图谋对我国进行"西化""分化"。如果不坚持中国特色社会主义道路，中国就会失去正确的发展方向，就会沦为西方国家的附庸，就会陷入混乱。另外，当代国际竞争的中心已经从军事对抗转移到以经济科技实力为基础的综合国力的较量。和平与发展成为当今世界的两大主题，这为坚持中国特色社会主义道路提供了难得的国际环境。就自身情况看，中国特色社会主义道路要求和平发展，反对掠夺和殖民扩张，反对霸权主义，强调通过大力发展生产力来增强国家的综合国力，实现和平崛起。因此，坚持中国特色社会主义道路，既是应对国际社会波谲云诡的挑战的需要，也是因应和平与发展这一时代主题的需要，更是其内生的逻辑要求。

二、偏离中国特色社会主义道路正确方向的主要表现

党的十八大报告指出："中国既不能走封闭僵化的老路，也不能走改旗易帜的邪路。"① 但现实中存在着偏离中国特色社会主义道路正确方向的思想和行为。

(一) 否定现实，企图走封闭僵化的老路

一些人出于个人利益原因或对社会主义有认知偏差的原因，以我国正在进行的社会主义现代化建设与马克思主义经典作家的描述不完全一致为由，认为我国已经不是社会主义国家，把当代中国称为"中国特色的资本主

---

① 胡锦涛：《坚定不移沿着中国特色社会主义道路前进　为全面建成小康社会而奋斗》，载《人民日报》2012 年 11 月 8 日。

义"，希望回到计划经济时代甚至"文化大革命"时代，回到苏联的社会主义模式。这既不符合马克思主义经典作家的本意，也是从根本上对改革开放的否定，对中国特色社会主义建设有百害而无一利。马克思主义经典作家在创建社会主义国家之初，对未来的社会主义社会做了科学的论证和预测。但毋庸讳言，他们的阐释是建立在当时资本主义社会发展实际的基础之上的，对社会主义社会的一些具体分析与后来社会主义的发展实际有出入。这种出入或差别属于正常现象，因为包括马克思主义经典作家在内的任何人都不可能准确预测和描绘后来日新月异的社会发展实际，包括社会主义社会的具体发展状况。事实上，列宁早就指出："一切民族都将走到社会主义，这是不可避免的，但是一切民族的走法却不完全一样，在民主的这种或那种形式上，在无产阶级专政的这种或那种类型上，在社会生活各方面的社会主义改造的速度上，每个民族都会有自己的特点。"① 我国的社会主义如果没有中国特色，仍然像以前那样僵化地、教条主义地照搬马克思主义经典作家的结论，照搬某种已经被证明失败了的社会主义现成模式，我国就不可能成为全球最有活力和发展最迅猛的国家之一。因此，坚持中国特色社会主义道路绝不是否定社会主义基本原则，而恰恰是为了更好地坚持和发展社会主义基本原则。

（二）鼓吹"西化"，企图走改旗易帜的邪路

毛泽东曾说过："凡是要推翻一个政权，总是先造舆论，总是先做意识形态方面的工作，革命的阶级是这样，反革命的阶级也是这样。"② 一些人离开我国的实际情况，极力鼓吹"西化"，企图走西方资本主义国家的道路。无论是新自由主义思潮，还是民主社会主义或历史虚无主义思潮，均有其共性表现：盲目崇拜西方国家的"民主""自由"，不择手段地歪曲和攻击马克思主义理论，反对和否定四项基本原则，企图搞乱党的指导思想；唯恐天下不乱，人为制造各种冲突，企图搞乱我国社会秩序；鼓吹西式民主，企图使中国特色社会主义变质；鼓吹私有化和经济私有制，企图破坏我国公有制经济的主导地位，从而搞垮我国经济；通过文化渗透，冲击我国的文化市场，混淆人们的价值观念。可见，鼓吹"西化"者以各种形式自觉或不

---

① 《列宁全集》第 23 卷，人民出版社 1990 年版，第 64—65 页。

② 中共中央文献研究室：《建国以来毛泽东文稿》第 10 册，中央文献出版社 1996 年版，第 194 页。

自觉地宣扬、搬弄西方的政治、经济、文化和社会发展模式，极力主张我国走资本主义道路。与此同时，在中国日益强大的今天，西方敌对势力不择手段地打压中国。但事实证明，单凭其从外部进行政治施压、经济制裁，在经济全球化的今天无异于搬起石头砸自己的脚。因此，主张"西化"者注重与西方敌对势力里应外合，利用影视媒介、基金会、研讨会以及人员交流等方式和网络平台进行思想价值观念渗透，意图从意识形态领域寻求突破，动摇人们对社会主义的信念，使我国逐渐走上资本主义道路。对此，我们应该清醒地认识到，对于中国这样一个发展中大国而言，在社会制度、发展阶段、价值观念、文化传统等方面，与西方国家有着天壤之别。"如果中国搞了这些东西，就会国无宁日、民无宁日，十二亿多中国人连饭都会吃不上。"① 因此，"西化"或走资本主义道路无异于饮鸩止渴，自毁城墙。坚持中国特色社会主义道路，是防止中国走上邪路的必然要求。

（三）漠视社会主义的本质，企图走两极分化的歪路

在我国经济社会发展中，由于多种原因，一部分人先富起来，成为富有阶层，也有不少人依然处在贫困境地，出现严重的贫富差距。有数据显示，我国的贫富差距已经突破了合理的限度，成为财富高度集中的国家之一。邓小平指出："社会主义与资本主义不同的特点就是共同富裕，不搞两极分化。"② 实现共同富裕，让人们都过上美好生活，是人类社会的共同理想，更是由社会主义制度的本质特征决定的。同时，如果任由贫富差距不断扩大，导致政治体系只得到一少部分人的认同和支持，那么社会基础就会不稳固甚至非常脆弱，也不可能维持社会政治稳定。因此，缩小两极分化，实现共同富裕，也是维护社会和谐稳定的需要。在坚持中国特色社会主义道路的实践中，应该注重采取有效战略消除两极分化，实现共同富裕。

三、中国特色社会主义道路的发展趋向

中国特色社会主义道路作为中国特色的强国之路，集中体现了中国特色社会主义经济、政治、文化和社会发展的发展规定和目标取向，是一条既有别于资本主义道路，又有别于其他社会主义国家发展道路的中国道路。在中

① 《江泽民文选》第3卷，人民出版社2006年版，第220页。
② 《邓小平文选》第3卷，人民出版社1993年版，第123页。

国特色社会主义道路的发展趋向中，应该坚持以下原则。

（一）坚持四项基本原则，走立国之本之路

作为我国新时期的政治指南，坚持四项基本原则是适应国际国内形势发展的需要，是立国治国之本，是我国社会主义制度的基石。因此，四项基本原则是我国新时期中国特色社会主义道路必须坚持的首要原则。在四项基本原则中，最重要、最关键的内容是坚持中国共产党的领导。"四个坚持的核心，是坚持党的领导。"[①] 为此，需要围绕加强和改进党的领导这一目标着力，要通过不断完善党的领导制度、领导方式和工作方法，使党在总结新经验、解决新问题的过程中，不断增强在复杂环境中的执政能力，更好地胜任自己肩负的历史使命，始终走在时代的前列，从而为坚持四项基本原则提供可靠的组织保证。同时，要积极营造在全社会坚持四项基本原则的良好氛围，不断探索坚持四项基本原则教育的有效方式，努力提高坚持四项基本原则的实效，使其深入人心，并得到有效执行。

（二）深化改革开放，走实现民族复兴之路

胡锦涛曾指出："改革开放是决定当代中国命运的关键抉择，是发展中国特色社会主义、实现中华民族伟大复兴的必由之路。"[②] 中国的改革，其实质是社会主义制度的自我完善，就其引起社会变革的广度和深度来说，是一次新的伟大革命，旨在实现社会主义现代化。对外开放的实质和目的是大胆吸收人类文明的一切成果，积极参与国际竞争，不断发展自己，增强自身实力。就我国自身情况看，中国特色社会主义是一个开放的、与当今世界融为一体的体系，不可能在完全封闭的状态下得到发展，因此，我国不应该在封闭状态下搞建设，也不可能在封闭状态下实现繁荣富强。就世界局势看，当今世界是开放的世界，世界上每一种文明都有其长处和优势，只有通过对外开放，才能吸收和借鉴人类一切文明成果。就改革开放的进展看，我国经过 30 多年的跨越式发展，在取得历史性伟大成就的同时，存在的矛盾和问题也空前增多。西方国家在几百年中逐渐出现的问题，在我国短时间内迅猛爆发。如今，改革已经进入深水区，挑战空前严峻。应对复杂局势，破解发

---

① 《邓小平文选》第 2 卷，人民出版社 1994 年版，第 266 页。

② 中共中央文献研究室：《十七大以来重要文献选编》（上），中央文献出版社 2009 年版，第810 页。

展难题，要求我们进一步深化改革，扩大对外开放。因此，坚持中国特色社会主义道路，必须以更大的政治勇气和智慧，不失时机地深化重要领域改革，坚决破除一切妨碍科学发展的思想观念和体制机制弊端，构建系统完备、科学规范、运行有效的制度体系。

（三）践行以人为本的理念，走促进人的全面发展之路

以人为本强调人民的主体作用，注重发挥人的积极性、主动性和创造性，是马克思主义的基本原则。尊重人民主体地位，保障人民各项权益，走共同富裕道路，坚持发展依靠人民，发展为了人民，发展的成果为人民所共享，这是中国特色社会主义道路的本质要求。而且，未来社会是"一个更高级的、以每一个个人的全面而自由的发展为基本原则的社会形式"[①]。在未来社会里，"每个人的自由发展是一切人的自由发展的条件"[②]。因此，促进人的自由而全面的发展，应该成为中国特色社会主义道路发展的价值取向。正因为如此，党的十八大把"促进人的全面发展，逐步实现全体人民共同富裕"纳入中国特色社会主义道路的总体规划，赋予"道路"明确的价值目标和努力方向。因此，在中国特色社会主义道路的发展进程中，需要将以人为本的理念贯穿始终，为改革开放和社会主义现代化建设凝聚强大力量。

（四）坚持公平正义原则，走和谐发展之路

我国作为一个快速发展而又处在社会主义初级阶段的国家，贫富分化的加剧、权贵资本主义苗头的出现等问题，凸显了践行公平正义的重要性和紧迫性。公平正义就是在自由平等的条件下，关心每一个人的利益，为每一个人的全面发展创造机会。现阶段，我国社会主义的公正正义主要是指每一个社会成员得其所应得，公平地参与社会竞争，公平地占有社会资源，社会的分配公平合理。实现公平正义是中国共产党的党性要求，也是衡量中国特色社会主义道路是否正确的风向标。在中国特色社会主义道路发展实践中，需要积极践行公平正义理念，注重公平与效率的统一，并围绕权利公平、机会公平、过程公平、结果公平等公平原则的实现，力求构建符合公平正义原则和理念的游戏规则，为实现公平正义、社会和谐奠定坚实的基础。

[①] 《马克思恩格斯文集》第5卷，人民出版社2009年版，第683页。
[②] 《马克思恩格斯文集》第2卷，人民出版社2009年版，第53页。

（五）立足中国国情，走全面建设小康社会之路

"认清中国的国情，乃是认清一切革命问题的基本的根据。"① 正确认识和把握基本国情，是开创中国特色社会主义道路的根本出发点，是坚持中国特色社会主义道路的首要问题。邓小平在党的十二大的开幕词中明确提出："把马克思主义的普遍真理同我国的实际结合起来，走自己的道路，建设有中国特色的社会主义，这就是我们总结长期历史经验得出的基本结论。"②改革开放以来，我国逐步走上了中国特色社会主义道路。这条道路既坚持了科学社会主义的基本原则，又因符合我国的国情而具有鲜明的中国特色和中国内涵；既坚持了社会主义，也发展了社会主义，是实现我国社会主义现代化的必由之路。这条道路不同于欧美模式，是一条非西方化的现代化道路。在实践中，要注意"两点论"：既要防止超越初级阶段的"左"倾思潮，又要防止离开社会主义的右倾思潮，坚决避免走封闭僵化的老路和改旗易帜的邪路。我国社会主义初级阶段的理论要长期坚持，其"基本路线要管一百年，动摇不得"③，要为全面建成小康社会和富强、民主、文明、和谐的社会主义现代化国家提供基本依据。

四、结语

中国特色社会主义道路是中国共产党带领中国人民把科学社会主义基本原则同当代中国实践相结合的产物，是人类追求文明进步的一条新路。这条道路顺应了人类社会的发展趋势，符合人类社会发展的客观规律，是强国富民之路，也是实现人的全面发展之路。我国在社会主义现代化建设中一定要坚持中国特色社会主义道路，坚定中国特色社会主义道路的正确方向，从而为国家的健康发展提供方向性保证。

---

① 《毛泽东选集》第 2 卷，人民出版社 1991 年版，第 633 页。
② 《邓小平文选》第 3 卷，人民出版社 1993 年版，第 3 页。
③ 《邓小平文选》第 3 卷，人民出版社 1993 年版，第 370-371 页。

青年责任担当的经典解读与历史使命[*]

一、革命导师对青年的希望

为了保证无产阶级革命和社会主义建设事业继往开来、兴旺发达，无产阶级革命导师和无产阶级革命家特别关怀青年一代的成长，对青年寄予了无限期望。他们写了许多关于青年的论著，为我们广大青年留下了宝贵的精神财富。经常重温这些论著，对广大青年的健康成长有着极其重要的意义。

马克思和恩格斯关于青年的许多论述，散见在他们的文章和书信里，比较集中的关于青年的论著主要有：马克思在中学毕业时写的论文《青年在选择职业时的考虑》、马克思在 1866 年 8 月为"国际工人协会"第一次代表大会所写的《临时中央委员会就若干问题给代表的指示》、恩格斯于 1845 年 9 月写的《最近发生的莱比锡大屠杀——德国工人运动》以及 1898 年 12 月 19 日于伦敦写的《致国际社会主义者大学生代表大会》等。马克思和恩格斯在这些文章中运用阶级分析的方法分析青年，论述了青年的特点、特殊需要和合法权益，阐述了青年成长与劳动和教育的关系，充分肯定了青年在革命中的重要地位和作用。马克思指出："最先进的工人完全了解，他们阶级的未来，从而也是人类的未来，完全取决于正在成长的工人一代的教育。"① 这里所说的"正在成长的工人一代"，就是指青少年一代。马克思把工人阶级未来的希望，把全人类未来的希望，寄托在青年一代身上，并要求青年参加劳动和革命斗争，接受良好的教育，丢掉名利思想，克服虚荣心、好高骛远和妄自菲薄等弱点，摆正理想同现实、个人和人类的关系，要有远大理想和牺牲精神。他告诫青年"在选择职业时，我们应该遵循的主要指针是人类的幸福和我们自身的完美"②。他说："如果我们选择了最能为人类福利而劳动的职业，那么，重担就不能把我们压倒，因为这是为大家而献

---

* 原载于《马克思主义著作青年读本导读》，人民出版社 1992 年版，中共中央宣传部教育局、国家教委思想政治工作司、共青团中央学校工作部编，收录时有修改。

① 《马克思恩格斯列宁斯大林论青年》，人民教育出版社 1980 年版，第 25 页。
② 《马克思恩格斯全集》第 40 卷，人民出版社 1982 年版，第 7 页。

身；那时我们所感到的就不是可怜的、有限的、自私的乐趣，我们的幸福将属于千百万人，我们的事业将默默地、但是永恒发挥作用地存在下去，而面对我们的骨灰，高尚的人们将洒下热泪。"① 在这里，马克思向人们提出了崇高的"为大家而献身"的人生观，而且他也为此孜孜不倦地奋斗了一生。

恩格斯的《致国际社会主义者大学生代表大会》是一篇专门论述青年学生的文章，是恩格斯为答谢邀请他参加国际社会主义者大学生代表大会而写的贺信，被发表在《社会主义者大学生》报上。1893 年 12 月 22—25 日，根据日内瓦社会主义者大学生小组的倡议，国际社会主义者大学生代表大会在日内瓦召开。参加大会的有比利时、保加利亚、法国、波兰等 10 多个国家的大学生组织的代表共 26 人。代表大会研究了关于脑力劳动工作者参加社会主义运动、犹太主义、无政府主义、"国家社会主义"等问题。代表大会建议在学生中进行积极的社会主义宣传，并决定在日内瓦设立旨在建立和加强各国社会主义者大学生的联系的国际书记处。恩格斯当时写的这封贺信虽然很短，却提出了关于青年学生的几个重要观点：第一，明确提出大学生应当成为"脑力劳动无产阶级"的观点。这里所说的"脑力劳动无产阶级"，就是指无产阶级知识分子、无产阶级事业的接班人。无产阶级为了维护和发展自己阶级的利益，为了夺取革命政权，必须培养自己的知识分子队伍，必须在青年学生中培养无产阶级的接班人。因此，恩格斯要求作为社会主义者的大学生应当带领其他大学生努力成为"脑力劳动无产阶级"，在无产阶级与资产阶级的阶级斗争中自觉站在无产阶级的行列中。这是恩格斯明确向青年学生提出的政治要求，即无产阶级要培养自己接班人。第二，首次提出青年学生要同"工人兄弟"结合的观点。恩格斯指出，大学生"负有使命同自己从事体力劳动的工人兄弟在一个队伍里肩并肩地在即将来临的革命中发挥巨大作用"②。恩格斯在这里强调，从事脑力劳动的大学生要把从事体力劳动的工人当作自己人，当作兄弟，要和他们相处在一个队伍中，肩并肩地战斗。这一思想就是知识分子、青年学生必须紧密同工人群众相结合的思想，就是相信群众、依靠群众、一切为了群众的唯物史观。青年学生只有坚持唯物史观，坚持同工人群众结合，才能"在革命中发挥巨大作用"。第三，强调工人阶级必须培养自己的各类专门人才。恩格斯认为，工人阶级要获得解放，不仅要夺取国家政权，掌管政治机器，而且要领导经济建设，

---

① 《马克思恩格斯全集》第 40 卷，人民出版社 1982 年版，第 7 页。
② 《马列著作青年读本》，人民出版社 1991 年版，第 253 页。

掌管全部社会生产。这样，工人阶级就需要培养自己的医生、工程师、化学家、农艺师及其他专门人才。这些专门人才要学习和掌握丰富的知识，而绝不是只会说响亮的词句。恩格斯的这些重要观点是青年运动的基本指导思想，并在后来的无产阶级革命和社会主义建设中不断得到了丰富和发展。

19世纪末20世纪初，世界进入帝国主义和无产阶级革命时代，列宁和他的战友们领导了十月革命并取得了伟大的胜利。为了动员和组织革命青年投身夺取政权的革命斗争，号召和激励青年在共产党的领导下努力学习，积极参加社会主义建设，列宁写了大量关于青年的论著，主要代表著作有：1919年的《在全俄共产主义学生第一次代表大会上的演说》《致我们的接班人》，1922年的《给俄罗斯共产主义青年团第五次代表大会》《给在莫斯科召开的青年共产国际第三次世界代表大会》，1920年在俄国共产主义青年团第三次代表大会上的演说——《青年团的任务》，等等。特别是在《青年团的任务》一文中，列宁从巩固无产阶级专政、建设共产主义的战略目标出发，论述了正确解决青年团任务的重要意义，指出青年团的基本任务是学习共产主义，论述了培养青年的共产主义道德情操的重要作用，阐明只有在革命和建设的实践中才能培养共产主义新一代。因此，《青年团的任务》这篇文章对保证青年沿着正确的道路成长具有重大的指导意义。

列宁在关于青年的许多论著中，丰富和发展了马克思、恩格斯关于青年的理论。第一，列宁把青年同无产阶级政党联系在一起，同无产阶级未来的事业联系在一起，阐述了无产阶级政党的性质同青年特点的一致性，从而高度评价了青年在革命事业中的地位和作用。他指出，在我们革命政党中，青年占优势，这难道不是很自然的吗？我们是未来的党，而未来是属于青年的。我们是革新者的党，而青年总是更乐于跟着革新者走的。我们是与旧的腐朽事物进行忘我斗争的党，而青年总是首先投身到忘我斗争中去的。第二，列宁根据苏联十月革命胜利以后，面临着新的前所未有的社会主义建设任务，并结合青年自身发展的需要，明确提出了青年的基本任务就是学习，并在《青年团的任务》一文中，对青年的学习目的、学习态度、学习内容、学习方式等做了深入、详尽的阐述。第三，列宁针对阶级斗争必然要反映到青年中来的客观事实，论述了青年必定是各种政治势力、阶级势力争夺的对象。他说，团结青年学生的工作不能脱离"整个社会的阶级利益的发展和政治派别划分的发展"，"阶级利益的区别不可避免地要反映在政治派别的划分上；不管大学生是多么无私、纯洁、富于理想等等，在整个社会中，他们不可能是例外"①。列宁还深刻分析了资产阶级学校的欺骗行为，要求青年能自觉抵制剥削阶级思想的侵蚀，并向青年最先提出"警惕假朋友"的忠告："提防青年的那些假朋友，他们正在用革命的或唯心主义的空话、用所谓在各革命的和反政府的派别之间进行激烈尖锐的论战是有害的和不必要的这类庸人的怨言，来诱使青年忽视扎实的革命教育，因为这些假朋友实际上只是在宣扬无原则性和对革命工作的轻率态度。"② 列宁尖锐地指出，当时的自由主义者和社会革命党人就是这种假朋友，之后出现的把青年说成是党的最可靠的晴雨表的托洛茨基，也是假朋友。第四，列宁十分重视青年共产主义道德的教育。他指出："应该使培养、教育和训练现代青年的全部事业，成为培养青年的共产主义道德的事业。"③ 为此，他要求青年学习文化，参与沸腾的实际生活，参加劳动和公益事业，而且要"从小就在自觉的有纪律的劳动中受教育"④。

十月革命一声炮响，给中国送来了马克思列宁主义。在马克思列宁主义的指导下，特别是1921年中国共产党诞生之后，中国革命为之一新。作为中国革命重要组成部分的青年运动，也和中国革命的发展一样，不断高涨、不断壮大。在新民主主义革命时期，曾经掀起过轰轰烈烈的青年运动，规模较大的有1919年的五四运动、1935年的"一二·九"运动和1945年的"一二·一"运动。毛泽东和老一辈无产阶级革命家对我国青年运动做过详细的论述和高度的评价，并树立了许多为革命做出突出贡献的青年英雄模范人物，要人们特别是要青年学习。毛泽东写的《五四运动》《青年运动的方向》《在延安"一二九"纪念大会上的讲演词》，以及为纪念张思德而写的《为人民服务》，为纪念刘胡兰烈士的题词"生的伟大，死的光荣"，等等，对我国青年运动进行了科学的总结，为我国一代一代青年的健康成长指明了正确方向，树立了学习的楷模。新中国成立以后，毛泽东和老一辈无产阶级革命家更加关怀、爱护祖国的新一代。毛泽东在莫斯科会见我国留学生实习生时指出："世界是你们的，也是我们的，但归根结底是你们的。你们青年人朝气蓬勃，正在兴旺时期，好像早晨八九点钟的太阳；希望寄托在你们身上。"⑤ 毛泽东于1953年专门写了一篇重要文章——《青年团的工作要照顾

① 《列宁全集》第7卷，人民出版社1986年版，第324、332页。
② 《列宁全集》第7卷，人民出版社1986年版，第235页。
③ 《马列著作青年读本》，人民出版社1991年版，第432页。
④ 《马列著作青年读本》，人民出版社1991年版，第441页。
⑤ 《毛主席在苏联的言论》，人民日报出版社1957年版，第14页。

青年的特点》。文章分析了青年的特殊需要和特点，强调要兼顾青年的学习、工作和休息、娱乐两个方面。在农业合作化高潮中，毛泽东在《中山县新平乡第九农业生产合作社的青年突击队》一文的按语中指出："青年是整个社会力量中的一部分最积极最有生气的力量。他们最肯学习，最少保守思想，在社会主义时代尤其是这样。"① 毛泽东和老一辈无产阶级革命家还在20世纪60年代树立了全心全意为人民服务的共产主义战士——雷锋这个光辉典型。自那时起，雷锋精神激励着一代代青年为社会主义事业奋发上进，雷锋精神在祖国大地上处处开花结果。

在毛泽东和老一辈无产阶级革命家众多的关于青年的论著中，《青年运动的方向》是最有代表性的一篇文章。这篇文章是1939年毛泽东在延安各界青年庆祝五四运动20周年大会上所做的讲演。在讲演中，毛泽东阐明了中国革命的性质、任务和前途，充分肯定了中国青年在中国革命中的重要地位和先锋队作用，总结了中国革命和"五四"以来青年运动的历史经验，为中国青年运动指出了正确的方向。他指出，青年是整个人民革命运动中的"一个方面军，而且是一个重要方面军"。他又说，"全国知识青年和学生青年一定要和广大的工农群众结合在一块"，"看一个青年是不是革命的，……只有一个标准，这就是看他愿意不愿意，并且实行不实行和工农结合在一块，愿意并且实行和工农结合的，是革命的，否则就是不革命的，或者是反革命的"②。毛泽东的这篇讲演明确提出了青年运动的正确方向和青年学生成长的正确道路，是马克思主义关于青年运动的一个极其重要的文件，不论对我国民主革命时期的青年运动，还是对社会主义时期的青年运动，都有重要指导意义。

在我国新民主主义革命和社会主义建设过程中，毛泽东和老一辈无产阶级革命家把马克思列宁主义同中国的具体实际结合起来，丰富和发展了马克思主义各个方面的理论，其中对青年方面的理论的发展也做出了突出的贡献。第一，毛泽东和老一辈无产阶级革命家不仅充分肯定了青年在革命和建设中的重要作用，对青年寄予了无限希望，而且站在领导中国革命运动全局的高度，在各个不同的革命阶段都充分阐述了青年运动的重要地位和作用。毛泽东在《五四运动》一文中，高度评价了五四运动开辟了中国革命的新阶段，指出五四运动是反帝国主义的运动，又是反封建的运动，"五四运动所进行的文化革命则是彻底的反对封建文化的运动。自有中国历史以来，还

---

① 中共中央办公厅：《中国农村的社会主义高潮》（下册），人民出版社1956年版，第959页。
② 《毛泽东邓小平著作青年读本》，人民出版社1991年版，第109页。

没有过这样伟大而彻底的文化革命"①，并把广大青年学生看作反帝反封建阵营中的重要组成部分。在《青年运动的方向》一文中，毛泽东更是明确指出："中国反帝反封建的人民队伍中，有由中国知识青年们和学生青年们组成的一支军队……这支几百万人的军队，是反帝反封建的一个方面军，而且是一个重要的方面军。"这支重要方面军在反帝反封建斗争中"起了某种先锋队的作用"，就是带头作用。在抗日战争时期，毛泽东又充分肯定了"一二·九"学生爱国运动有着重要历史意义，指出"一二九运动，它是伟大抗日战争的准备，这同五四运动是第一次大革命的准备一样"。在解放战争时期，毛泽东在分析当时国内形势时，把蒋介石进犯军和人民解放军的战争，称作第一条战线；把伟大的正义的学生运动和蒋介石反动政府之间的尖锐斗争，叫作第二条战线；并指出，学生运动是整个人民运动的一部分。学生运动的高涨，不可避免地促进了整个人民运动的高涨。第二，毛泽东发展了恩格斯关于大学生要与工人兄弟相结合的观点，明确提出了青年运动的正确方向——知识青年要走同工农群众相结合的道路。毛泽东还把是否同工农相结合作为判断知识青年和学生青年是否革命的唯一标准，从而从理论与实际相结合的高度，解决了青年学生成长的方向道路问题。

二、当代中国青年的历史使命

江泽民在庆祝中国共产党成立七十周年大会上的讲话中指出："今后十年，是我国经济和社会发展的关键时期。社会主义事业在中国的前景，很大程度上取决于青年一代的状况。"② 我们现在所处的社会环境是一个对内对外开放的环境。不管是学校，还是其他单位，外部环境和内部环境都比过去复杂得多。如果说在过去相对封闭的社会条件下，同无产阶级争夺青年的主要是国内残余反动势力的话，那么，在现在开放的条件下，在我国剥削阶级已经被消灭以后，能有足够力量与无产阶级争夺青年的主要是国际资产阶级。这是因为在开放的条件下，在我们获得与西方联系和交流的机会的同时，国际上各种敌对势力也同时获得了直接影响与争夺青年的途径与机会。帝国主义采用"和平演变"的方式来对付社会主义国家，妄图通过打一场没有硝烟的战争，来改变社会主义国家的性质。此外，帝国主义总是把和平

---

① 《毛泽东邓小平著作青年读本》，人民出版社 1991 年版，第 110 页。

② 中共中央文献研究室：《十三大以来重要文献选编》（下），人民出版社 1993 年版，第 1657 页。

演变的希望和重点寄托在青年一代身上。我们在扩大眼界、吸取新知识与新信息的同时，资产阶级的政治触角也同时向我们伸来。例如，他们采取拉拢、引诱的手段离间青年学生同祖国的关系，企图培养"亲资"势力；利用"人权"旗号，民主、自由观念和宗教神学冲击青年学生学习马克思主义的积极性；利用人员来往、经济技术作为媒介，向青年学生进行思想文化渗透。这些情况在过去是不曾有过的。或者说，过去帝国主义的政治势力也曾用过这些手段，但不像现在这样直接，也没有现在这样广泛。如果说青年人过去是生活在比较单一的政治环境中的话，那么他们现在则生活在相对复杂的政治条件下；如果说过去的思想政治工作主要是在同国内残余的敌对势力争夺青年的话，那么现在的思想政治工作则是在更广阔的范围内同国际资产阶级争夺青年。因而，政治环境的变化向青年学生提出了更高的政治要求和更严格的政治适应能力。此外，我们青年学生学习、生活的地方——学校，向来是各种政治思想、理论流派和社会思潮传播、汇集、比较、争辩的地方，其信息密集程度和传播速度较社会其他地方都更突出，而青年学生正是学习、生活在这样一个复杂的思想文化环境中。在这样的环境里，青年学生既可以接受大量的正面教育，也可能接触不少反面的东西。在正确与错误、正面与反面交互作用与影响的情况下，青年学生向往什么、追求什么、选择什么、吸取什么、反对什么，就成为我们每个学生都要以自己的行动来回答和解决的问题。

同时，我们这一代青年学生所处的历史时期是我们社会主义现代化建设的关键时期。《中共中央关于制定国民经济和社会发展十年规划和"八五"计划的建议》指出："我们能不能在 90 年代巩固和发展 80 年代取得的成就，进一步促进经济振兴和社会进步，使我国以更加昂扬的姿态跨入 21 世纪，直接关系到我国社会主义的兴衰成败，关系到中华民族的前途命运。"在 20 世纪 90 年代的最后 10 年里，我国的奋斗目标是宏伟的，任务是艰巨的，既面临严峻的挑战，也存在难得的机遇，可以说是困难与希望并存。我们如何去克服诸多艰难困苦，如何去争取社会主义的美好前途，这是摆在我们这一代青年面前的现实问题。因为我们正好要在 90 年代的最后 10 年中投身社会主义现代化建设，而且正是在少壮年华的时候跨入 21 世纪，所以，我们肩负的历史责任就更重大了，未来对我们和我们对未来都太重要了。

正是在这样一个伟大的、新的历史时期，我们面对国际资产阶级"和平演变"的严峻挑战和国内社会主义现代化建设的艰巨任务，我们的党更加重视发挥青年的作用，更加重视对青年的培养教育，并根据新的历史条件，进一步丰富和发展了马克思主义关于青年的理论。邓小平针对开放条件下西方资产阶级思想的影响，对青年的培养教育提出了很多重要的思想。他指出："要加强各级学校的政治教育、形势教育、思想教育，包括人生观教育、道德教育。"同时，他还反复说："要大力加强工会工作和妇联工作，大力加强共青团工作、少先队工作和学生会工作。要努力使我们的青少年成为有理想、有道德、有知识、有体力的人，使他们立志为人民作贡献，为祖国作贡献，为人类作贡献，从小养成守纪律、讲礼貌、维护公共利益的良好习惯。"① 他对大学生更是寄予了很大的希望，"对现在的大学生来说，未来是他们的"，"他们的中心是一要有理想，有共产主义理想、社会主义理想、四个现代化的理想；二要有纪律"②。他还根据建设具有中国特色社会主义社会的要求，一方面重申"学校应该永远把坚定正确的政治方向放在第一位"，另一方面也十分强调教育必须"从小学抓起，一直到中学、大学"，"必须打破常规去发现、选拔和培养杰出的人才"③。江泽民在 1990 年首都青年纪念"五四"报告会上，发表了题为《爱国主义和我国知识分子的使命》的重要讲话。这篇讲话以马克思列宁主义、毛泽东思想为指导，结合我国社会主义现代化建设的实际，论述了爱国主义与社会主义本质上的统一性，号召广大知识分子和青年学生在新的历史条件下发扬爱国主义传统，必须自觉地和社会主义现代化建设事业同呼吸、共命运；总结了我国知识分子和青年学生成长过程中的经验教训，深刻阐述了在新形势下仍然要坚持走"与实践相结合，与工农相结合"的正确道路；着重强调了知识分子和青年学生在社会主义现代化建设中所肩负的光荣而艰巨的使命。他殷切地指出："青年是社会中最富有活力的部分，是我们事业的希望。21 世纪是你们的世纪。中国社会主义现代化建设的重任，历史地落在你们的肩上。老一代牺牲奋斗取得的成果，需要你们去巩固和发展。老一代坚持革命斗争方向的英勇精神，需要你们去继承和发扬。社会主义祖国的美好未来，需要你们去创造。"

三、坚定地走与实践相结合、与工农相结合的正确道路

我们青年学生和以往时期的学生一样，都处在一个特定的发展阶段，都

---

① 《邓小平文选（1975—1982）》，人民出版社 1983 年版，第 328 页。
② 《邓小平论学校教育》，中国人民大学出版社 1990 年版，第 52-53 页。
③ 《毛泽东邓小平著作青年读本》，人民出版社 1991 年版，第 362 页、第 389 页。

有青年学生的大致经历和一般特点。比如，我们青年学生正处在长身体、长知识的时期，正处在世界观、人生观发展成熟的时期，正处在学习成长的黄金时代。又如，我们青年学生长时间生活在校园里，主要是在学习书本知识，对社会、对国情、对实际生活的了解不多，认识不深，尚没有用自己的劳动直接为社会创造物质财富和精神财富。再如，我们青年学生毕竟涉世不深，经历简单，思想单纯，缺乏社会生活经验，缺乏思想上的一贯性与政治上的坚定性，在复杂多变的社会环境中，容易受不良倾向的影响而发生摇摆。

总之，不管是从我们所处的时代和社会条件来看，还是从我们所处的成长阶段来看，我们青年学生更需要马克思主义、毛泽东思想的理论指导，更需要把握正确的方向，更需要学习和投身到社会实践中去。我们一定要牢记革命导师和老一辈无产阶级革命家的谆谆教诲，面向未来，坚持走正确的成长道路。

（一）坚持正确的政治方向，走又红又专的道路

把坚定正确的政治方向放在第一位，是青年学生健康成长的首要条件，也是我国社会的客观要求。青年学生要坚持正确的政治方向，这也是革命导师和老一辈无产阶级革命家的一贯要求。恩格斯希望大学生们成为"脑力劳动无产阶级"。列宁强调"在任何学校里，最重要的是课程的思想政治方向"[1]。毛泽东则明确提出青年要把坚定正确的政治方向放在第一位。邓小平重申"学校应该永远把坚定正确的政治方向放在第一位"[2]。

坚持正确的政治方向，说到底，就是要站在无产阶级和人民群众一边，自觉维护无产阶级和人民群众的根本利益，做无产阶级可靠的接班人和社会主义事业的建设者。当前，坚持正确的政治方向，就是要坚持党的基本路线，即以经济建设为中心，坚持四项基本原则，坚持改革开放，自力更生，艰苦创业，为把我国建设成为富强、民主、文明的社会主义现代化国家而奋斗。在这里，其核心内容就是坚持共产党的领导，坚持走社会主义道路。

我们坚持正确的政治方向，既不是为了说得好听，也不是为了装得好看，而是社会主义大学对一个学生基本素质的要求。具备了这些素质，方向对了，就会有前进的动力，就会有排除现实生活中各种错误政治思想干扰的保证，就会有充分发挥自身聪明才智的思想政治条件。如果政治方向错了，

① 《列宁全集》第45卷，人民出版社1984年版，第249页。
② 《毛泽东邓小平著作青年读本》，人民出版社1991年版，第389页。

就会不可避免地同周围群众产生对立，同党的组织发生矛盾，进而同国家的根本制度发生冲突。一个不受群众欢迎、不被集体接纳与认可的人，即使有再大的才能，也不可能有效发挥。相反，他/她很可能将才能施展到错误的方向上去，甚至产生更大的危害。因而，坚持正确的政治方向，既是人民群众根本利益之所在，也是个人的切身利益之所在。忽视正确的政治方向，不仅于个人有害，影响个人的前途，还会于社会不利并损害群众的根本利益。

应当指出的是，我们在强调政治方向的时候，丝毫不否定学习文化知识的重要性，在强调"红"的时候，决不能忽视"专"。恩格斯在要求大学生成为"脑力劳动无产阶级"的同时，还要求大学生们成为具有丰富知识的专门人才。列宁提出，青年的基本任务是学习，不仅要学习共产主义，而且要学习科学文化知识，强调"只有了解人类创造的一切财富以丰富自己的头脑，才能成为共产主义者"①。毛泽东则明确而简洁地提出了又红又专的道路问题。因此，我们所说的"红"和"专"是不可分割地联系在一起的，只专不红和只红不专都不是我们提倡的道路。正如邓小平所讲的："学生把坚定正确的政治方向放在第一位，这不仅不排斥学习科学文化，相反，政治觉悟越是高，为革命学习科学文化就应该越加自觉，越加刻苦。"② 特别是在现代社会条件下，新技术革命正在世界范围内兴起，新知识、新技术层出不穷，我们国家既面临着发展的机会，也面临着严峻的挑战，我国要迅速改变落后的状况，实现社会主义现代化建设的宏伟目标，尤其需要发展科技文化教育。而作为科学文化后备军的青年学生更应当勤奋刻苦地学习。任何放松科学文化学习的行为不仅贻误自己，而且有害国家。

有些青年学生由于没有很好地解决政治思想方面的问题，没有很好地解决为谁而学习的问题，因此，当受到商品交换过程中一些不良现象影响的时候，当个人在思想上、学习上、生活上受到某些挫折的时候，便产生厌学情绪，发出所谓"读书无用""知识贬值"的感叹。有的人自欺欺人，考试舞弊；有的人只求及格，混张文凭；有的人虚度年华，荒废学业；有的人甚至迷恋金钱，弃学从商。这些情况看起来是业务学习问题，实际上是思想问题、道德问题，有的甚至可能发展为政治问题。

在我们社会主义国家里，青年学生读书学习，绝不仅仅是自己个人的事情，更不只是为了将来谋生，而是与我国的社会主义现代化建设事业和我国

---

① 《马列著作青年读本》，人民出版社1991年版，第429页。
② 《毛泽东邓小平著作青年读本》，人民出版社1991年版，第389页。

未来的前途紧密联系在一起的。我们党的教育目标就是要培养社会主义现代化事业的建设者和接班人。没有千千万万青年学生的勤奋学习，没有一批批又红又专的人才，我国社会主义现代化建设事业哪有希望？祖国未来又哪有美好前途？所以，我们每个人的学习，既是业务问题，也是与政治有关的问题。青年学生厌学、逃学、弃学，不仅不利于当前的精神文明建设，损坏了学风和校风，而且由于没有真才实学，其今后也不可能很好地为社会主义建设服务。因此，学习上任何不正确的态度，既是对自己前途的不负责任，也是对祖国、对人民、对社会主义现代化建设事业的不负责任。极少数坚持资产阶级自由化的人所采取的一个重要手段，就是重唱资产阶级教育可以"脱离政治""不问政治"的老调，极力宣扬极端个人主义，否定无产阶级政治的导向作用，把青年学生同社会主义祖国分开，把学生的业务学习同政治表现对立起来。在这种思潮的影响下，在一些青年学生的眼中，"好象什么政治，什么祖国的前途，人类的理想，都没有关心的必要"[1]。于是，在政治上不思进取，在学习上吊儿郎当，甚至认为"读书无用"。因此，要克服厌学情绪和"读书无用"的观点，首先还是要从解决思想政治问题入手，把坚定正确的政治方向放在第一位，关心祖国前途，树立远大理想。只有这样，才能真正获得学习的动力。尽管社会上确实存在某些分配不公的现象，确实存在某些不良的社会风气，但它的存在毕竟只是短暂的、次要的，绝不应成为我们厌学的理由与借口。

（二）坚持理论联系实际的原则，走在实践中成才的道路

成才是每一个青年学生的强烈愿望，也是青年学生为之奋斗的目标。怎样才能成才？是不是有了书本知识，就算成才了呢？对此，革命导师也曾经做过许多论述。恩格斯告诫大学生们，我们的需要绝不是"响亮的词句"。列宁曾尖锐地批评了那些脱离实际，只限于了解共产主义著作、书本和小册子的书呆子或吹牛家，号召青年一定要到实践中去学习共产主义。毛泽东在《实践论》《改造我们的学习》《整顿党的作风》等多篇文章中，都深刻论述过理论与实际的关系，特别强调实践的重要性，强调理论必须联系实际。他说："一个人从那样的小学一直读到那样的大学，毕业了，算有知识了。但是他有的只是书本上的知识，还没有参加任何实际活动，还没有把自己学得的知识应用到生活的任何部门里去。"要使只有书本知识的人变为名副其

---

① 《毛泽东邓小平著作青年读本》，人民出版社1991年版，第297页。

实的知识分子，即有用的人才，"唯一的办法就是使他们参加到实际工作中去"①。因此，青年学生必须走实践成才的道路。

坚持在实践中成才，最主要的途径是参加生产劳动。列宁曾经充分论述过生产劳动在培养锻炼人才方面的作用。他说："无论是脱离生产劳动的教学和教育，或是没有同时进行教学和教育的生产劳动，都不能达到现代技术水平和科学知识现状所要求的高度。"② 生产劳动不仅可以促进青年学生在实践中运用先进的科学知识，掌握现代生产技术，而且能够培养青年学生热爱劳动人民的思想感情，树立正确的劳动观念，养成珍惜劳动成果、尊重他人劳动、鄙视不劳而获行为的优良品质。脱离生产劳动，就是脱离实践。脱离实践，就不可能培养出社会主义建设者和接班人。我们有些青年学生正是由于参加生产劳动少，缺乏实践锻炼，因此存在一些不良的习气和品质。例如，不珍惜劳动人民的劳动成果，浪费粮食、水电和损害公物；不愿意到生产第一线去从事实际工作；不了解国情和民情，自以为是地苛求他人，指斥社会，不屑于做平凡而具体的事情，轻视体力劳动和体力劳动者；缺乏艰苦奋斗的精神，脱离家庭和个人经济许可的条件，讲究消费。凡此种种，概括起来就是懒、散、娇。懒、散、娇的不良品质不是健康成长的动力，而是妨碍成长的阻力；不是人才所需的素质，而是抑制人才成长的毒菌。如果让这种不良品质继续发展下去，必然导致贪、馋、狂的更坏恶果。因此，古人对这种不良品质都是极力贬斥和否定的，做出了"业精于勤，而荒于嬉"的论述，把懒散和怠惰看作做学问、求人生的大敌。我们生活在社会主义条件下的青年面对科学技术迅速发展的挑战和祖国社会主义建设的艰巨任务，岂能忽视求学成才的基本道理？

要真正懂得做人和做学问的道理，继承和发扬我国劳动人民勤劳朴实、艰苦奋斗、乐于奉献的美德，使自己成为受广大人民群众欢迎的有用人才，除了学习书本理论，更重要的是参加实践、参加生产劳动。实践得到真知，劳动培养美德，这是人人知晓的道理，也是符合马克思主义实践论观点的。在一些青年学生和青年知识分子中，之所以会产生前面所谈到的那些毛病，根本原因是他们脱离实践，脱离劳动。要克服这些毛病，最好的良方是投入实践锻炼，参加生产劳动。

当然，我们强调实践的作用，强调参加劳动，并不是否认理论学习的重

---

① 《毛泽东邓小平著作青年读本》，人民出版社1991年版，第203页。

② 《列宁全集》第2卷，人民出版社1984年版，第461页。

要性；强调参加实际工作，并不否认掌握书本知识的必要性。由于人们不可能事事都身体力行，对任何事情都亲自实践，因此，每一代人都应将前人认识的终点作为自己认识的起点。所以，通过读书学习来获得知识是十分重要的。但是，这种学习毕竟是字面上的理解、理论上的认识。要运用所学知识解决实际问题，还需要一个消化、探索的过程，并不是学了理论马上就会运用的。况且客观社会总在发展变化，新情况和新问题不断涌现，仅仅停留在前人认识的水平上，仅仅停留在书本上，是适应不了新情况、解决不了新问题的。因此，社会实践既是我们运用知识、巩固知识和学习知识的途径，也是检验我们所学知识是否正确、是否有用的标准。离开了社会实践，我们将一事无成，不可能成为对国家有用的人才。

（三）坚持群众路线的基本观点，走同工农相结合的道路

群众观点是马克思主义唯物史观的一个基本观点。这一观点的基本要求是一切依靠群众，相信群众自己解放自己；一切为了群众，全心全意为人民服务；一切对群众负责，与群众同甘共苦；一切向群众学习，先做学生，再做先生。这些基本要求是无产阶级集体主义思想的具体体现，是我们处理个人与社会、个人与集体、个人与他人关系的准则。

我们相信群众、依靠群众，主要是相信和依靠工农群众，因为工农群众是社会实践的主体，是社会物质财富和精神财富的创造者。前面所讲的在实践中成才，实际上就是要同工农相结合，向工农群众学习。脱离工农群众，我们的学习、生活、创造就可能成为无源之水、无本之木。同时，只有把个人的前途和广大人民群众的事业紧密联系在一起，想人民群众之所想，急人民群众之所需，全心全意为人民服务，我们才能自觉为社会主义现代化建设做贡献，才能成为受人民群众欢迎的有用人才。一个脱离群众、轻视工农的人，在我们这样的社会主义国家里，是不会有所作为的，也是不受欢迎的。另外，我们青年学生只有在接触工农、熟悉工农、理解工农的过程中，才能客观、正确地认识自己，并在反复的对照比较中不断完善自己，使自己在人民群众的关心、帮助下逐步成熟起来。脱离群众，只会滋长以自我为中心的观点，只会产生自以为是、狂妄自尊的倾向。

在对待人民群众特别是对待工农群众的问题上，历史唯物主义与历史唯心主义有着截然不同的观点。历史唯物主义认为，人民群众是历史的创造者，是推动社会向前发展的决定力量。而历史唯心主义则宣扬"天才"创造历史，"英雄"创造历史，把人民群众看作愚昧无知的"群氓"。极少数

顽固地坚持资产阶级自由化的人鼓吹的"精英政治""精英治国"观点，就是新形势下的唯心史观。他们散布"社会的发展是由个人的发展决定"的观点，自我标榜为中华民族的"精英"，把国家兴旺发达的希望寄托在少数几个开明的"首脑"身上。对广大人民群众则极力进行丑化和贬斥，把富有光荣传统的中国人民说成是"丑陋"的人，是不堪改造的人。在资产阶级自由化思潮泛滥的时候，这些所谓的"精英"，企图愚弄群众，挑起动乱，对人民群众进行控制。结果，他们不仅图谋没有得逞，还被广大人民群众抛弃和唾弃。民心不可悔，民意不可违，"得民心者得天下，失民心者失天下"的道理，古人都懂得。在人民群众当家做主的社会主义国家里，在广大人民群众科学文化程度和思想觉悟普遍提高的情况下，还采用新的手法丑化、愚弄广大人民群众，企图凌驾于广大人民群众之上，否定人民群众在社会主义现代化建设中的伟大作用，这样顽固地坚持唯心史观的人理所当然地会被历史淘汰和惩罚。

我们青年学生一定要坚持唯物史观，反对形形色色的唯心史观，努力培养热爱人民群众的思想感情，养成密切联系人民群众的良好作风，树立全心全意为人民群众服务的精神。只有这样，我们才能真正成为一个高尚的人、一个有益于人民的人。有些青年学生由于缺乏实践，缺乏同工农群众的联系，囿于个人生活的小天地，受书本知识学习的局限，看不到广大人民群众进行社会主义现代化建设的宏伟场面，体会不到工农群众在实践斗争中的真情实感，常常陷于"理想主义"的状态。有的人脱离社会客观实际，对自身前途进行所谓的"自我设计"；有的人看不到人民群众为了自己的教育培养所付出的代价，以为个人的成长完全是"个人奋斗"的结果；有的人埋怨社会，指责干部和群众落后、愚昧，自以为是地高谈阔论。这些状况对青年学生的健康成长是极其有害的，一方面，它使一些学生淡化了对国家、对人民、对集体的责任感，缺乏学习和生活的远大目标和深厚动力；另一方面，它又必然使这些学生只知道为自己"设计"和盘算，不可避免地陷于个人主义的小圈子。如果让这种状况发展下去，这些学生还会由脱离人民群众，走向反对人民群众的道路，而最终被人民群众所抛弃。因此，脱离实际、脱离群众绝不是简单的人际关系问题，而是成长的方向问题、道路问题。

总之，坚持与工农相结合，坚持全心全意为人民群众服务，是我们青年学生健康成长的正确道路。革命导师早为我们指明了这条道路，历次青年运动的成功经验都证明了这条道路的正确性。我们这一代青年，在新的形势下，也要沿着这条道路走下去！

中国化马克思主义理论的三个基本问题[*]

中国共产党在领导中国人民进行革命、建设和改革的伟大实践中，以马克思列宁主义的世界观和方法论为指导，把马克思列宁主义的基本原理与中国实际相结合，创造了中国化的马克思主义。中国化马克思主义包括毛泽东思想、邓小平理论和"三个代表"重要思想三大理论成果和科学发展观，这些理论成果既一脉相承，又与时俱进。学习和运用中国化马克思主义，对推进中国特色社会主义现代化建设，对促进我们自身的成长与发展，都具有重要而深远的意义。

一、中国化马克思主义概念的提出及其含义

"中国化马克思主义"概念的提出与使用始于 20 世纪 40 年代初。1942 年 7 月 1 日，朱德在《纪念党的二十一周年》一文中提出并使用了"中国化的马列主义理论"这一概念。他说："今天我们党已经积累下了丰富的斗争经验，正确的掌握了马列主义的理论，并且在中国革命的实践中创造了指导中国革命的中国化的马列主义的理论。"翌年 11 月 10 日，邓小平在北方局党校整风动员会上的讲话中，又提出并使用了"中国化的马列主义"这一概念。他说："我党自从一九三五年一月遵义会议之后，在以毛泽东为首的党中央领导之下，彻底克服了党内'左'右倾机会主义，一扫主观主义、宗派主义和党八股的气氛，把党的事业完全放在中国化的马列主义，即毛泽东思想的指导之下，直到现在已经九年的时间，不但没有犯过错误，而且一直是胜利地发展着。"① 在 1945 年 5 月召开的中国共产党第七次代表大会上，刘少奇代表党中央在其所做的修改党章的报告中指出：中国共产党"是一个完全新式的无产阶级政党，是全心全意为中国人民服务而在最坚固的中国化的马克思列宁主义理论的基础上建立起来的党"；"中国共产党产

---

　* 原载于《中国化马克思主义理论》，广东高等教育出版社 2005 年版，郑永廷、杨菲蓉主编，收录时有修改。

　① 《邓小平文选》第 1 卷，人民出版社 1994 年版，第 88 页。

生以来，产生了、发展了我们这个民族的特出的、完整的关于中国人民革命建国的正确理论"，这个理论，"就是毛泽东思想"，"就是中国的马克思主义"，就是"发展着与完善着的中国化的马克思主义"。①

2001年7月1日，江泽民在庆祝中国共产党成立80周年大会上的讲话中，阐述了中国化马克思主义的基本内涵。他说："以毛泽东同志为核心的第一代中央领导集体和以邓小平同志为核心的第二代中央领导集体，带领我们党坚持把马克思列宁主义基本原理同中国具体实际紧密结合，形成了毛泽东思想、邓小平理论。这两大理论成果，是中国化了的马克思主义，既体现了马克思列宁主义的基本原理，又包含了中华民族的优秀思想和中国共产党人的实践经验。"② 这里，江泽民从三个方面对中国化马克思主义的基本内涵做了高度概括：一是坚持马克思主义基本原理的指导，是中国化马克思主义形成与发展的灵魂；二是继承和弘扬中华民族的优秀思想，是中国化马克思主义形成与发展的基础；三是中国共产党人的实践创造，是中国化马克思主义形成与发展的根本。"江泽民同志从理论、实践、文化传统的三个相互联系的侧面，科学地揭示了中国化的马克思主义得以产生的前提和要素。这是对中国化的马克思主义内涵的新的科学概括，因而大大提高了我们对中国化马克思主义科学内涵的认识。"③ 概括地说，中国化马克思主义就是以最集中地反映着中国革命和建设实际的理论形态所表现出来的马克思主义的实质内容，是马克思主义在中国的特殊存在形态、表现形态和作用形态。

马克思主义中国化的概念，最先是毛泽东提出来的。在1938年党的六届六中全会上，毛泽东说："离开中国特点来谈马克思主义，只是抽象的空洞的马克思主义。因此，马克思主义的中国化，使之在其每一表现中带着中国的特性，即是说，按照中国的特点去应用它，成为全党亟待了解并亟须解决的问题。"④ 刘少奇在党的七大做修改党章的报告时指出：由于中国社会、历史的发展有其极大的特殊性，以及中国的科学还不发达等，"要使马克思主义系统地中国化"，"是一件特殊的、困难的事业"，正是毛泽东，"出色地成功地进行了这件特殊困难的马克思主义中国化的事业"，形成了毛泽东

---

① 中共中央文献研究室、中央档案馆：《建党以来重要文献选编（1921—1949）》第22册，中央文献出版社2011年版，第374页。

② 《江泽民文选》第3卷，人民出版社2006年版，第270页。

③ 秋石：《论中国化的马克思主义》，载《求是》2002年第4期，第14页。

④ 《毛泽东选集》第2卷，人民出版社1991年版，第534页。

思想，即"中国化的马克思主义"。①

马克思主义中国化就是马克思主义基本原理同中国革命、建设实际相结合，一方面是马克思主义基本原理在中国的具体化、民族化和新鲜化；另一方面是中国革命和建设的具体实践经验和民族文化优秀成果被概括和提升，融会成一种体现着普遍性和特殊性相结合的新型理论，并成为我国革命和建设的指导思想。这种"相结合"的思想，始终是毛泽东、邓小平、江泽民等党和国家领导人的一贯主张。

毛泽东早在 1930 年写《反对本本主义》一文中就明确指出，"中国革命斗争的胜利要靠中国同志了解中国情况"，"马克思主义的'本本'是要学习的，但是必须同我国的实际情况相结合。我们需要'本本'，但是一定要纠正脱离实际情况的本本主义"。② 在 1938 年党的六届六中全会上，他又强调："马克思主义必须和我国的具体特点相结合并通过一定的民族形式才能实现。"此后，在《改造我们的学习》《整顿党的作风》《反对党八股》等论著中，他都强调了这一思想。

邓小平关于"相结合"的论述也很多。1978 年，他在中央工作会议闭幕会上的讲话中，提出"要努力把马克思主义的普遍原则同我国实现四个现代化的具体实践结合起来"。在党的十二大开幕词中，他进一步强调："把马克思主义的普遍真理同我国的具体实际结合起来，走自己的道路，建设有中国特色的社会主义，这就是我们总结长期历史经验得出的基本结论。"此后，他一再重申："我们坚信马克思主义，但马克思主义必须与中国实际相结合。只有结合中国实际的马克思主义，才是我们所需要的真正的马克思主义。"③ "马克思主义必须是同中国实际相结合的马克思主义，社会主义必须是切合中国实际的有中国特色的社会主义。"④

江泽民同样继承和丰富了"相结合"的思想。他在庆祝建党八十周年讲话中指出："八十年的实践启示我们，必须始终坚持马克思主义基本原理同中国具体实际相结合，坚持科学理论的指导，坚定不移地走自己的路。这是总结我们党的历史得出的最基本的经验。"⑤

① 中共中央文献研究室、中央档案馆：《建党以来重要文献选编（1921—1949）》第 22 册，中央文献出版社 2011 年版，第 392 页。

② 《毛泽东选集》第 1 卷，人民出版社 1991 年版，第 111—112 页。

③ 《邓小平文选》第 3 卷，人民出版社 1993 年版，第 213 页。

④ 《邓小平文选》第 3 卷，人民出版社 1993 年版，第 63 页。

⑤ 《江泽民文选》第 3 卷，人民出版社 2006 年版，第 270 页。

胡锦涛在纪念毛泽东诞辰 110 周年座谈会上讲话时强调："毛泽东思想、邓小平理论和'三个代表'重要思想都是解放思想、实事求是、与时俱进的科学理论，也都是我们党坚持解放思想、实事求是、与时俱进所取得的重大成果。我们要继续坚持以马克思主义基本原理为指导，不断研究新情况、解决新问题，不断在新的实践基础上推进理论创新；我们要继续在新的时代条件下把马克思主义基本原理同中国具体实际相结合，不断推进马克思主义的中国化，不断取得马克思主义基本原理同中国具体实际相结合的新进展，不断丰富和发展马克思主义。"①

根据以上论述，概括地说就是：马克思主义中国化的理论成果是毛泽东思想、邓小平理论、"三个代表"重要思想，毛泽东思想、邓小平理论、"三个代表"重要思想是中国化的马克思主义理论。

二、学习、研究中国化马克思主义理论的必要性

（一）坚持党的指导思想的需要

所谓指导思想，就是占主导地位的、起支配作用的思想观念和理论体系。中国共产党的指导思想，是党的世界观和方法论的集中体现，是党认识世界和改造世界的思想武器。"党从它一开始，就是一个以马克思列宁主义的理论为基础的党。"② 中国共产党在长达八十多年的奋斗历程中，一直坚持马克思主义，又结合中国实际发展马克思主义，并在不同的历史阶段，确立了中国化马克思主义的指导地位。

1945 年，党的七大第一次把中国化马克思主义的第一个理论形态——毛泽东思想确定为党的指导思想。大会通过的《中国共产党党章》明确规定："中国共产党，以马克思列宁主义的理论与中国革命的实践之统一的思想——毛泽东思想，作为自己一切工作的指针，反对任何教条主义或经验主义的倾向。"这是中国共产党"总结建党二十四年经验作出的历史性决策"③。正是在毛泽东思想的指引下，中国共产党领导全国各族人民，取得

---

① 中共中央文献研究室：《十六大以来重要文献选编》（上），中央文献出版社 2005 年版，第 645 页。

② 《毛泽东文集》第 6 卷，人民出版社 1999 年版，第 350 页。

③ 江泽民：《高举邓小平理论伟大旗帜，把建设有中国特色社会主义事业全面推向二十一世纪》，载《人民日报》1997 年 9 月 22 日。

了新民主主义革命的胜利，建立了人民民主专政的国家；新中国成立后，又顺利地进行了社会主义改造，完成了从新民主主义到社会主义的过渡，确立了社会主义基本制度，发展了社会主义的经济、政治和文化。

1997 年，党的十五大把中国化马克思主义的第二个理论形态——邓小平理论确定为党的指导思想。大会通过的《中国共产党章程》正式规定："中国共产党以马克思列宁主义、毛泽东思想、邓小平理论作为自己的行动指南。"把邓小平理论确定为党的指导思想，是党"经过近二十年改革开放和社会主义现代化建设的成功实践作出的历史性决策"①。正是在邓小平理论的指引下，中国共产党实现了工作重心向经济建设的转移，实行了改革开放，加快了现代化建设的步伐，开辟了社会主义事业发展的新时期，成功地走出了一条有中国特色的社会主义道路。

2002 年，党的十六大把中国化马克思主义的第三个理论形态——"三个代表"重要思想确定为党的指导思想。大会通过的《中国共产党章程》规定，"中国共产党以马克思列宁主义、毛泽东思想、邓小平理论和'三个代表'重要思想作为自己的行动指南"，"三个代表"重要思想"是党必须长期坚持的指导思想"。把"三个代表"重要思想确立为党的指导思想，这是党总结十三届四中全会以来十三年基本经验所做出的历史性决策，"实现了我们党在指导思想上的又一次与时俱进"②。

2003 年，在党的十六届三次全会上，以胡锦涛为总书记的党中央根据我国全面建设小康社会的目标和我国社会发展的新情况，提出了"坚持以人为本，树立全面、协调、可持续的发展观，促进经济社会和人的全面发展"。2004 年，党的十六届四次全会强调要"认真落实以人为本、全面协调可持续的科学发展观……开创改革开放和社会主义现代化建设的新局面"③，从而把科学发展观确定为党在新形势下的指导思想。

党的指导思想随着实践的发展而不断与时俱进，这就要求我们既要系统学习、研究党的指导思想的发展，全面掌握党的指导思想的精神实质，又要认识我国革命与建设的实际发展过程，明确党的指导思想产生的客观需要与实践基础，还要根据我国过去、现在和未来发展的特点与规律，在运用党的

---

① 江泽民：《高举邓小平理论伟大旗帜，把建设有中国特色社会主义事业全面推向二十一世纪》，载《人民日报》1997 年 9 月 22 日。

② 《中国共产党第十六届中央委员会第四次全体会议公报》，2004 年 9 月 19 日。

③ 中共中央文献研究室：《十六大以来重要文献选编》（上），中央文献出版社 2005 年版，第755 页。

指导思想的过程中进一步丰富和发展党的指导思想。总之，学习、运用、发展党的指导思想，就是要始终坚持把马克思主义的基本原理与中国不同时期的实际相结合，坚持马克思主义中国化和中国化马克思主义。只有这样，党才能保持指导思想上的一贯性、一致性与发展性，党才能立于不败之地。

（二）坚持社会主义意识形态主导地位的需要

所谓意识形态的主导地位，是指阶级社会中占统治地位的思想体系。在经济领域占据统治地位的阶级必然在思想领域也占据统治地位。正如马克思所说："统治阶级的思想在每一时代都是占统治地位的思想。这就是说，一个阶级是社会上占统治地位的物质力量，同时也是社会上占统治地位的精神力量。"① 我国是一个由共产党领导的、以生产资料公有制为主导的、人民当家作主的社会主义国家，因此，在国家意识形态领域占统治地位的必然是马克思主义和中国化马克思主义。对此，我国宪法有明确规定。1999年，九届人大第二次会议通过的《中华人民共和国宪法》指出："中国各族人民将继续在中国共产党领导下，在马克思列宁主义、毛泽东思想、邓小平理论指引下，坚持人民民主专政，坚持社会主义道路。"2004年，十届人大第二次会议通过的《中华人民共和国宪法修正案》又在"马克思列宁主义、毛泽东思想、邓小平理论"之后，加上"'三个代表'重要思想"。中国化马克思主义在国家意识形态中的指导地位已由国家的根本大法予以确定。

在当代中国，坚持社会主义道路，坚持人民民主专政，坚持共产党的领导，坚持马列主义、毛泽东思想、邓小平理论和"三个代表"重要思想，是我们不可动摇的立国之本，是实现我国社会主义现代化的根本前提和政治保障。四项基本原则的内在统一性和不可分割性使得是否坚持马克思主义和中国化马克思主义在意识形态的主导地位，成为我国发展的根本目标问题，成为我国社会的根本性质问题。社会的进步和发展，国家的繁荣和富强，人民的幸福和全面发展，需要先进文化和意识形态的引领。在当代中国，所谓先进文化，就是"面向现代化、面向世界、面向未来的，民族的科学的大众的社会主义文化"。毛泽东思想、邓小平理论、"三个代表"重要思想既是中国特色社会主义文化的核心内容，又是发展中国特色社会主义文化的指导思想。作为核心内容，是因为它们形成了理论体系；作为指导思想，是因为它们在各个社会主义意识形态之中渗透并发挥作用。正如胡锦涛所指出

---

① 《马克思恩格斯选集》第1卷，人民出版社1995年版，第98页。

的：进入新世纪新阶段，面对改革发展稳定的繁重任务，面对世界各种思想文化的相互激荡，我们要更好地把全国人民的意志和力量凝聚起来，万众一心地为实现全面建设小康社会的宏伟目标而奋斗，就必须大力加强中国特色社会主义文化建设。而"建设中国特色社会主义文化，必须牢牢把握先进文化的前进方向，最根本的是要坚持马克思列宁主义、毛泽东思想和邓小平理论在意识形态领域的指导地位，坚持用'三个代表'重要思想统领社会主义文化建设"①。

一个国家、民族的文化或意识形态总是以一种思想体系的形式存在并发挥指导作用的。毛泽东思想、邓小平理论、"三个代表"重要思想作为中国特色社会主义文化的核心内容和指导思想，也是以中国化马克思主义理论体系主导我国经济、政治、文化发展的。我国社会主义市场经济体制建立以后，特别是随着信息化的发展，我国社会充满生机与活力，出现了自主、多样、快速的发展格局。为了保证这种发展格局既有序又持久地进行，必须发挥社会主义意识形态对全社会的主导、整合作用，发挥中国化马克思主义对全局的指导、统领作用。如果缺乏社会主义意识形态对全社会的主导和中国化马克思主义对全局的指导，多样化发展就会背离统一的目标与规范，自主性发展就会陷于各取所需的实用主义。因此，只有从整体内容上全面学习、运用中国化马克思主义，从发展进程上系统理解、掌握中国化马克思主义，我们才能切实在各个领域、各项工作中坚持社会主义意识形态的主导地位，才能切实按照中国化马克思主义与时俱进的理论品质不断发展社会主义文化。

（三）强化民族精神支柱的需要

"精神支柱"这一概念具有丰富内涵，它既包括人们头脑里起主导作用的理论和思想体系，也包括人们的理想、信念，还包括人们尊崇和热爱的思想权威、理想人格、精神载体以及象征物。每一个民族、每一个国家、每一个人都需要精神支柱。精神支柱对国家来说是国魂，对团体而言是群魂，就个体来讲是灵魂。一个民族、一个国家的精神支柱是这个民族、国家的民众所认同、信奉和坚持的民族文化或国家意识形态。在一个民族、一个国家中，认同、信奉和坚持民族文化或国家意识形态的人越多，民族、国家就越

---

① 胡锦涛：《始终坚持先进文化的前进方向　大力发展文化事业和文化产业》，载《高校理论战线》2003 年第 9 期，第 1 页。

稳定，民族文化或国家意识形态也就越安全。否则，民族、国家可能发生动乱甚至解体，民族文化或国家意识形态也会丧失主导作用而逐步消解。一个民族、一个国家的精神支柱既是对传统文化的继承和弘扬，也要随着时代的变化和面向新的实际进行创造和充实，使之不断丰富和发展。

在半殖民地半封建的中国，赢得国家的独立、民族的解放和人民的幸福，一直是激起中华民族和中国人民浴血奋战的精神动力。正是由于以毛泽东为代表的中国共产党人把马克思主义与中国具体实际相结合，创造性地解决了中国革命一系列根本问题，为全国各族人民指明了中国革命前进的正确方向，从而使得毛泽东思想成为中华民族开创革命新纪元的强大精神支柱。同样，处于社会主义初级阶段的中国解放和发展生产力、改革和完善生产关系及上层建筑、实现社会主义现代化和中华民族的伟大复兴，也一直是中国各族人民孜孜以求并不懈奋斗的愿望和目标。正是以邓小平为代表的中国共产党人把马克思主义基本原理与当代中国实际和时代特征相结合，继承和发展了毛泽东思想，解决了中国社会主义建设和改革中出现的一系列根本问题，在新的历史条件下开创了中国特色社会主义道路，创立了邓小平理论，成为中国人民在改革开放和现代化建设新时期的精神支柱。在社会主义中国走向并跨入新世纪的关键时刻，面对新的世情、国情和党情，以江泽民、胡锦涛为代表的中国共产党人针对当代世界和中国的发展变化对党和国家工作所提出的新要求，进一步把马克思主义与中国实际相结合，提出了"三个代表"重要思想，确立了科学发展观。这些重要思想是对马克思列宁主义、毛泽东思想和邓小平理论的继承和发展，是进一步推进社会主义自我完善和发展的强大理论武器，因而也理所当然地成为新世纪全国各族人民的精神支柱。总之，中国社会主义初级阶段的精神支柱，其核心就是中国化马克思主义，特别是中国特色社会主义理论，以及奠定在这些科学理论基础之上的社会理想和信念。它们由中华民族的先进分子和杰出代表所创造，集中体现了中国最广大人民群众的愿望、利益和目标，是中华民族优秀文化和伟大智慧的结晶，是凝聚民心的强大精神力量。正如江泽民指出的："一个民族、一个国家，如果没有自己的精神支柱，就等于没有灵魂，就会失去凝聚力和生命力。"在中国，要巩固和强化中华民族的精神支柱，就必须加强中国化马克思主义的学习和研究。在经济全球化、文化多元化、社会信息化的历史条件下，我国既面临着发达国家强势经济与科技的挑战，又面临着西方国家意识形态的冲击，还面临着多样化、差异性的发展格局。因此，全面发挥中国化马克思主义的指导作用，系统整合我国的文化资源，从历史与现实、理论与实践相结合的高度，强化对中国化马克思主义的认同、信奉和坚持，对增强民族凝聚力与竞争力，使我国在国际竞争中争取主动、加速发展，是特别需要的。

三、学习、研究中国化马克思主义理论的重大意义

中国化马克思主义的产生和发展绝不是偶然的。它是马克思主义的，也是中国的。它是世界社会主义先进文化、世界社会主义革命和建设运动在东方大国——中国的回应和体现。它深深地植根于近代、现代和当代中国社会的经济、政治和文化的现实土壤之中，是中国共产党八十多年来在探索中国革命、建设和改革的历史征程中把马克思主义与中国实际相结合所取得的伟大成果，是中国人民自近代以来在追求救国救民真理的漫长过程中审慎抉择的必然结果。因此，学习运用、发展中国化马克思主义，具有极其重要而深远的理论意义和实践意义。

（一）有利于全面学习、深刻理解马克思主义

中国化马克思主义与马克思列宁主义的关系，既一脉相承、本质一致，又与时俱进、各有特色。一脉相承指的是中国化马克思主义源于马克思列宁主义，融入了马克思主义的基本原理，并成为马克思主义理论体系的重要组成部分。与时俱进指的是中国化马克思主义是在中国革命与建设实践基础上的创造，是自成体系的、区别于原创马克思主义和俄国化马克思主义的、具有中国特色的马克思主义。所以，中国化马克思主义就是中国的马克思主义。"中国化"是指中国特色、中国风格、中国气派和中国民族特质，"马克思主义"则是指这种中国特色理论的本质。换言之，中国化马克思主义既具有马克思主义的本质属性，也具有中国的民族特征。我们学习、运用中国化马克思主义，实际上就是结合我国实际学习马克思主义的基本原理，这种学习有利于我们从理论与实际相结合的高度加深对马克思主义基本原理的理解。同时，学习马克思主义基本原理必须与实际相结合，而中国化马克思主义则是马克思主义基本原理与中国实际相结合的优秀成果与典范，这种学习有利于我们从继承与创新相联系的角度加深对中国化马克思主义的认识。

中国化马克思主义的内部关系，即毛泽东思想、邓小平理论和"三个代表"重要思想之间的关系，也是一脉相承又与时俱进的。因为"与时俱进"，所以毛泽东思想、邓小平理论和"三个代表"重要思想三者各成体

系；而由于"一脉相承"，三者又密切联系，共同构成了中国化马克思主义的宏大理论体系。从本质内涵来看，三者都是马克思主义基本原理与中国实际相结合的产物，都是中华民族优秀思想和中国先进文化的集中体现，都是被实践证明了的推动中国社会不断进步和发展的经验总结，都是全党全国人民集体智慧的结晶。它们科学地揭示了中国社会发展的客观规律，与时俱进地向前发展，因而成为全党全国人民认识中国和改造中国的强有力的思想武器。因此，系统地学习毛泽东思想、邓小平理论和"三个代表"重要思想，即学习中国化马克思主义，有利于我们从历史发展的视角加深对毛泽东思想、邓小平理论和"三个代表"重要思想的理解，有利于我们全面地掌握中国化马克思主义的精神实质，更好地发挥其指导作用。

（二）有利于认识和把握社会发展的客观规律

党的十六大要求全党深入学习马克思列宁主义、毛泽东思想、邓小平理论和"三个代表"重要思想，深入进行马克思主义发展史教育，以"不断深化对共产党执政规律、社会主义建设规律和人类社会发展规律的认识，不断丰富和发展马克思主义"[①]。不断深化对我国社会发展客观规律的认识，科学有效地指导我国人民认识世界和改造世界的实践，是中国化马克思主义的基本功能，也是中国化马克思主义的巨大价值。

第一，中国化马克思主义有利于我们认识和把握中国共产党的执政规律。马克思、恩格斯在创立无产阶级政党的实践中，科学地阐明了党的性质、指导思想、基本纲领、策略原则和组织原则等问题，奠定了马克思主义建党学说的基础，从而有力地推动了世界社会主义运动的兴起和发展。以毛泽东为代表的中国共产党人把马克思主义建党学说与中国国情相结合，创造性地解决了党的建设的一系列特殊矛盾和复杂问题，形成了毛泽东建党思想。以这一思想为指导，在农民占人口绝大多数且经济文化十分落后的中国社会，在强大敌对势力的白色恐怖笼罩下，创建了一支充满生机、团结奋进、纪律严明、值得人民信赖的无产阶级政党，成功地探索了在经济文化落后、工人阶级队伍比较薄弱的国家创建无产阶级政党的规律。我国改革开放以来，以邓小平为代表的中国共产党人根据时代主题的变化和我国的发展需要，围绕在改革开放和现代化建设条件下建设一个什么样的党、怎样建设党

---

① 中共中央文献研究室：《十六大以来重要文献选编》（上），中央文献出版社 2005 年版，第39 页。

的问题，用新思想和新观点丰富和发展了马克思列宁主义党建学说和毛泽东建党思想，开创了党的建设新的伟大工程。面向新世纪，以江泽民、胡锦涛为代表的中国共产党人，承前启后、继往开来，领导全党继续推进这个新的伟大工程。这个伟大工程是围绕如何加强执政党建设，正确解决"立党之本、执政之基、力量之源"和提高党的执政能力展开的。为此，邓小平提出要加强和改善党的领导，江泽民提出"三个代表"重要思想，胡锦涛在党的十六届四中全会上系统总结了党执政的主要经验：必须坚持党在指导思想上的与时俱进，用发展着的马克思主义指导新的实践；必须坚持推进社会主义的自我完善，增强社会主义的生机和活力；必须坚持抓好"发展"这个党执政兴国的第一要务，把发展作为解决中国一切问题的关键；必须坚持立党为公、执政为民，始终保持党同人民群众的血肉联系；必须坚持科学执政、民主执政、依法执政，不断完善党的领导方式和执政方式；必须坚持以改革的精神加强党的建设，不断增强党的创造力、凝聚力、战斗力。这些理论和总结深化了我们对党的执政规律的认识，有利于我们在新的历史条件下，按照党的执政规律，科学有效地加强党的建设与党的领导，保证我国社会主义现代化建设顺利进行。

第二，中国化马克思主义有利于我们认识和把握社会主义发展的客观规律。社会主义源远流长，迄今已有近490年的历史，其间经历了社会主义思想从空想到科学的发展，经历了社会主义从理论到现实的发展，经历了社会主义从一国到多国的胜利，也经历了社会主义由一种模式到多种模式的转变和发展。马克思、恩格斯揭示了社会主义发展的历史必然性，创立了科学社会主义理论。列宁提出了经济落后国家可以首先取得社会主义胜利的理论，并领导俄国布尔什维克建立了人类历史上第一个社会主义国家。以毛泽东、邓小平和江泽民为代表的中国共产党人把科学社会主义与中国实际相结合，吸收和借鉴国外社会主义兴衰成败的历史经验和教训，创造了中国特色的革命、建设和改革理论，先后解决了在一个半殖民地半封建的东方大国中如何进行民族民主革命和社会主义革命、如何进行社会主义建设和改革、在世界社会主义运动处于低潮时期如何把中国特色社会主义事业全面推向新世纪等一系列问题，从而实现了中国从半殖民地半封建社会向社会主义社会的历史性转变，实现了从传统或苏联式的社会主义模式向中国特色社会主义的重大转变。如果说毛泽东思想是中国正确的建国理论，那么，邓小平理论和"三个代表"重要思想则是中国正确的强国兴国理论。"只有社会主义才能救中国，只有社会主义才能发展中国"，这已经和正在被中国社会不断发展和进步的历史所证明。特别是在 20 世纪 80 年代末 90 年代初东欧剧变和苏联解体之后，中国特色社会主义以崭新面貌和勃勃生机在东方兴起，成为世界社会主义运动中一道亮丽风景，展现着世界社会主义运动的光明前景。这充分说明，中国特色社会主义是符合社会主义发展客观规律的，是完全可以获得成功的。对中国特色社会主义建设的规律，党的十六大从十个方面进行了概括。这些揭示规律性的概括，都系统而深刻地蕴含在中国化马克思主义之中。我们学习、运用中国化马克思主义，实际上就是认识和把握社会主义发展的客观规律，科学有效地推进中国特色社会主义现代化建设。

第三，中国化马克思主义有利于我们认识和把握人类社会发展的客观规律。马克思和恩格斯创立的唯物史观揭示了人类社会发展的一般规律。以毛泽东为代表的中国共产党人以马克思主义的唯物论史观为指导，把握历史趋势，适应时代潮流，立足中国国情，顺应人民意愿，提出了正确的革命理论和建国理论，从而有力地促进了中国社会从半殖民地半封建社会向新民主主义社会的转型，继而向社会主义社会的转型，是人类社会符合规律发展的典型示范，在全世界产生了广泛而深远的积极影响。以邓小平、江泽民为代表的中国共产党人在新的历史条件下运用马克思主义的唯物史观，探索中国特色社会主义的本质、发展道路、发展阶段、发展目标以及发展特征等重要问题，揭示了中国特色社会主义建设的内在联系，初步解决了在中国这样的经济文化比较落后的国家如何建设社会主义、如何巩固社会主义这一根本问题，破解了 20 世纪社会主义各国共产党人在理论上和实践上迫切需要解决但又未能解决好的历史性难题。这是中国共产党人遵循社会发展客观规律所取得的伟大成果，也是中国共产党人对人类社会的进步和发展所做出的巨大贡献。正如胡锦涛在 2003 年的"七一"讲话中所指出的："三个代表"重要思想坚持马克思主义的世界观和方法论，创造性地运用它们分析当今世界和中国的实际，为我们在新的时代条件下运用辩证唯物主义和历史唯物主义认识和把握社会发展规律、更好地推进我国社会主义事业做出了新的理论概括。中国化马克思主义"紧密结合新的时代条件，生动而具体地坚持和发展了马克思主义，赋予马克思主义新的鲜活力量，再一次有力地证明马克思主义基本原理仍然是我们正确认识和运用人类社会发展规律的锐利的思想武器"①。毫无疑问，只有学习和研究中国化马克思主义，才更有利于我们认

---

① 胡锦涛：《在"三个代表"重要思想理论研讨会上的讲话》，载《求是》2003 年第 13 期，第 3-11 页。

识和把握人类社会发展规律，推进人类社会的发展和进步。

（三）有利于丰富和发展中国化马克思主义

马克思主义是以人民为主体，以实践为基础，以实现无产阶级和广大人民根本利益为目标的理论。因此，马克思主义必然要随着无产阶级和广大人民需要的提高而丰富，随着社会实践的发展而发展。马克思主义是一个开放的体系，与时俱进是马克思主义的理论品质。把马克思主义与人民群众、社会实践割裂开来，教条主义地对待马克思主义，是违背马克思主义本质特性的。

以毛泽东、邓小平、江泽民为代表的中国共产党人把马克思主义的基本原理与中国革命、建设的实际紧密结合，既在实践中坚持马克思主义的指导，又在实践基础上总结和概括马克思主义的新思想、新理论，在中国历史发展的各个阶段形成了富有时代特征与中国特色的理论成果——毛泽东思想、邓小平理论和"三个代表"重要思想，从而使马克思主义与时俱进的理论品质在我国表现得充分而突出。

中国化马克思主义涵盖我国政治、经济、文化、军事、外交、党建等各个领域，它既来源于我国伟大的革命与建设实践，又指导我国伟大的革命与建设实践，因而中国化马克思主义在我国既有发展的广泛需要，也有发展的广阔空间与实践基础。在我国各条战线、各项工作中的每个人既有责任学习、运用中国化马克思主义，也有条件丰富和发展中国化马克思主义。继"三个代表"重要思想形成以后，以胡锦涛为总书记的党中央提出的科学发展观和建设和谐社会的战略思想就是在新的形势下对马克思主义和中国化马克思主义的发展。只要始终坚持解放思想、实事求是、与时俱进的思想路线，始终坚持把马克思主义基本原理与中国具体实际相结合，始终坚持建国、富国、强国的时代主题，始终坚持以民为重、以人为本的思想，我们就能在实践中不断丰富和发展中国化马克思主义。

论江泽民关于人的全面发展的思想*

随着知识经济的到来，发展成为当代世界的主题，人的发展，包括人力资源的开发，已经成为一个国际性的问题和世界关注的焦点。江泽民同志在庆祝中国共产党成立八十周年大会上的讲话（以下简称"七一"讲话）中，从人民群众的根本利益出发，站在面向现代化、面向世界、面向未来发展的高度，论述了人的发展问题，对马克思主义关于人的全面发展的理论做出了新的阐释和发展，为全面推进我国的改革开放和现代化建设指明了正确方向。

一、人的全面发展是人民群众根本利益的内在要求和实现基础

需要和利益是历史唯物主义的重要范畴。人们的需要，特别是广大人民群众物质文化生活需要的不断产生又不断被满足，是社会历史前进的内驱力。

在"七一"讲话中，江泽民同志从人民群众的根本利益出发，深刻地阐述了人的全面发展与人民群众根本利益的联系，指出："我们党始终代表中国最广大人民的根本利益，……必须坚持把人民的根本利益作为出发点和归宿，充分发挥人民群众的积极性、主动性、创造性，在社会不断发展进步的基础上，使人民群众不断获得切实的经济、政策、文化利益。"这里主要包含了两层含义：一是人民的根本利益是人的全面发展的出发点和动力；二是人的全面发展是人民群众根本利益的内在要求和实现基础。

在现代社会条件下，随着知识经济的到来，经济和科技竞争日趋激烈。经济的竞争、科技的竞争实质上是人才的竞争，而人才的竞争则体现为人的素质的竞争、人的全面发展的竞争。人要获得经济、政治、文化利益，越来越依靠人的内在发展和全面发展。人们只有不断提高自身素质和全面发展程度，才能增强在社会中的竞争力和可持续发展的后劲，进而获得更多的经

---

* 原载于《学校党建与思想教育》2001 年第 11 期，作者石书臣、郑永廷，收录时有修改。

济、政治、文化利益。否则，一个人如果素质不高、全面发展程度不高，就会直接影响到其切身利益和可持续发展。正是从这个意义上讲，人的全面发展是人民群众根本利益的内在要求和实现基础。这是江泽民同志对人的全面发展理论的新概括。

二、人的全面发展是人的发展与社会发展的统一

马克思主义关于人的本质的理论和人的全面发展的理论告诉我们，人的发展是伴随生产力的不断发展和社会关系的不断丰富而不断发展的。在现代社会，随着经济、科技的发展，人的发展与社会发展的关系日益密切和强化。这是由"经济发展靠科技，科技发展靠人才，人才发展靠教育，教育发展要通过开发人的潜能来实现"的现代社会发展的逻辑关系所决定的。

江泽民同志在"七一"讲话中，从三个方面深刻阐述了在现代社会条件下人的发展与社会发展的辩证关系。

一是人的发展与社会发展互为前提和基础。他指出："推进人的全面发展，同推进经济、文化的发展和改善人民物质文化生活，是互为前提和基础的。"① 一方面，人的发展是社会发展的前提和基础。社会是由人构成的社会，离开了人的发展就谈不上社会的发展。现在和将来，社会发展将越来越依赖人的素质的提高和人的全面发展，"人越全面发展，社会的物质文化财富就会创造得越多，人民的生活就越能得到改善"②。所以，要全面推进改革开放和现代化建设，必须努力推进人的全面发展。另一方面，社会发展又为人的发展提供条件和手段。"物质文化条件越充分，又越能推进人的全面发展。"③

二是人的发展与社会发展相互促进、共同发展。江泽民同志指出："社会生产力和经济文化的发展水平是逐步提高、永无止境的历史过程，人的全面发展程度也是逐步提高、永无止境的历史过程。这两个历史过程应相互结合、相互促进地向前发展。"④ 也就是说，人的全面发展与社会发展应协调、统一。人们既要考虑个人的发展，又要适应社会发展的要求，遵循社会的法纪、道德以及社会发展的规律，在行为上要依法行事和依德行事。正像江泽

---

① 《江泽民文选》第 3 卷，人民出版社 2006 年版，第 295 页。
② 《江泽民文选》第 3 卷，人民出版社 2006 年版，第 295 页。
③ 《江泽民文选》第 3 卷，人民出版社 2006 年版，第 295 页。
④ 《江泽民文选》第 3 卷，人民出版社 2006 年版，第 295 页。

民同志所指出的，"要充分发挥人民群众的主观能动性和伟大创造精神，保证人民群众依法管理好自己的事情，实现自己的愿望和利益"①。这就是要坚持依法治国与以德治国的统一。

三是人的全面发展是建设中国特色社会主义的本质要求。过去，讲提高人的素质，讲人的发展，在很大程度上不是把人作为目的，而是把人作为手段。江泽民同志既强调人的全面发展是社会发展的基础和条件，又明确指出人的全面发展"是马克思主义关于建设社会主义新社会的本质要求"②。这就把人的全面发展提升到了社会主义现代化建设的目标高度，实现了人的全面发展的手段意义和目的意义的统一，克服了过去在人的发展问题上偏重于手段意义而忽视目的意义的误区，突出了人的主体性和人的价值，从而为现代社会条件下人的全面发展和我国社会主义现代化建设指明了前进方向。

三、人的全面发展是物质生活发展与思想和精神生活发展的统一

江泽民同志指出："我们建设有中国特色社会主义的各项事业，我们进行的一切工作，既要着眼于人民现实的物质文化生活需要，同时又要着眼于促进人民素质的提高，也就是要努力促进人的全面发展。……我们要在发展社会主义社会物质文明和精神文明的基础上，不断推进人的全面发展。"③把我国社会主义的各项事业、我们进行的一切工作与人民现实的物质文化生活需要和人民素质的提高、人的全面发展紧密联系在一起，从而赋予人的全面发展以物质生活发展与思想和精神生活发展，即外在发展与内在丰富的时代特征。

江泽民同志强调"要尽快地使全国人民都过上殷实的小康生活，并不断向更高水平前进"，是指不断满足人民物质文化需要，实现人民物质文化生活的高质量、高水平的发展，是人的外在发展。同时，他又特别指出："要努力提高全民族的思想道德素质和科学文化素质，实现人们思想和精神生活的全面发展。"④ 思想和精神生活的全面发展，是指人们的德与智、知识与能力、素质与职能、心理与生理的全面、协调发展，是人的内在发展。

① 《江泽民文选》第3卷，人民出版社2006年版，第294页。
② 《江泽民文选》第3卷，人民出版社2006年版，第294页。
③ 《江泽民文选》第3卷，人民出版社2006年版，第294页
④ 《江泽民文选》第3卷，人民出版社2006年版，第295页。

这种内在发展既是社会发展的基础和条件，也是人们追求的生命质量目标和现代文明标志。

物质生活发展与思想和精神生活发展是辩证统一的关系。物质生活发展是思想和精神生活发展的基础和前提，思想和精神生活的全面发展则是物质生活发展的精神动力并引导物质生活发展的方向。人的全面发展是物质生活发展与思想和精神生活的全面发展的高度统一。

在现代社会条件下，面对激烈的社会竞争，面对强大的物质诱因，面对科技创新，有些人热衷于物质生活的提高，即人的外在发展，而不注重或者忽视了思想和精神生活的全面发展，即人的内在发展，或缺乏参与竞争和可持续发展的后劲，或缺乏精神动力，出现精神空虚，甚至精神家园荒芜，思想和精神世界受到侵蚀。一旦人的思想和精神世界受到侵蚀，那么，他/她在社会中担任的角色越重要、作用越大，对社会的危害就越严重。因而，人的思想和精神生活的全面发展显得尤为重要和突出。这也正是江泽民同志强调人的全面发展的关键所在。

四、人的全面发展是人与自然、社会协调发展的统一

自然界是人类及其社会赖以生存和发展的外部环境。人类及其社会存在和发展所必需的一切物质和能量，最终都来源于自然界。随着科技进步和社会生产力的发展，人认识自然、改造自然的能力大大增强。人类逐渐从依附于自然、从属于自然的被动状态转变成以征服者的姿态主动利用、改造和开发自然。但是，正如恩格斯所说："不要过分陶醉于我们对自然界的胜利。对于每一次这样的胜利，自然界都报复了我们。"[①] 虽然人类奇迹般地创造了前所未有的生产力，但同时也在一定程度上破坏了人类赖以生存的基础，人与自然的关系正在走向失衡。生态失衡、环境污染以及全球性的温室效应、臭氧层破坏等问题正在使人类面临严峻的生存危机。因此，人与自然协调发展的问题日益显现出来。

在现代社会条件下，随着自然成为人类改造、开发的实践对象，人与自然的关系逐渐发展为主要是人与社会化自然、人化自然的关系。这是人与社会的关系在现代社会条件下的延伸和发展。人与自然关系的新变化、新发展不仅表现在人认识、利用、改造、开发自然的方面，还表现在人对自然要承

---

① 《马克思恩格斯全集》第 20 卷，人民出版社 1971 年版，第 519 页。

论江泽民关于人的全面发展的思想

205

担责任，要注意保护自然、改善生态环境。所以，江泽民同志强调："要促进人和自然的协调与和谐，使人们在优美的生态环境中工作和生活。"也就是要实现人与自然协调、统一的发展。

江泽民还从人与自然、社会三位一体协调发展，从可持续发展的战略高度，强调了人的全面发展与可持续发展的关系。在可持续发展中，关键因素是人。人既是可持续发展的目的，即可持续发展归根到底是为了现代人和未来人的长远利益；又是实现可持续发展的决定性因素，即经济发展、环境质量、生态平衡归根到底是由人决定的。所以，可持续发展实际是以人为中心的人—社会—自然三位一体的全面发展，可持续发展的实质是人的可持续发展和全面发展。正如马克思所说的那样，"历史不过是追求着自己目的的人的活动而已"。

在现代社会条件下，经济、环境、生态方面出现的严重问题，如片面追求经济发展而导致环境恶化、生态破坏的现象，绝不仅仅是科学技术上的问题，而在很大程度上是人的价值观问题、伦理道德问题。社会和自然的不平衡、不协调发展归根到底是人的不全面、不协调发展的反映和表现。正因为如此，环境伦理、生态伦理、科技伦理以及信仰伦理才尖锐而突出地摆在了现代人的面前。如果不从思想道德上警醒，不从可持续发展上找到自身发展的方位与路径，特别是找到正确的价值观念和伦理支撑，现代人就会遇到生存危机，就会影响到人民的根本利益。江泽民在"七一"讲话中，把人的全面发展与可持续发展紧密联系起来，指出："坚持实施可持续发展战略，……努力开创生产发展、生活富裕和生态良好的文明发展道路。"这是江泽民同志驾驭时代发展潮流、立足人民根本利益、谋求国家兴旺发达的战略思考。

五、人的全面发展是人的素质提高与人力资源开发的统一

就人的全面发展而言，其目标大致有三个层次：一是基本需要的满足；二是素质的提高；三是潜力的发挥，即人力资源的开发。在传统意义上，人的全面发展主要指人的素质（包括德、智、体等方面）的培养和提高，而且主要通过教育手段来实现。随着社会的进步和发展，特别是随着知识经济的到来和科技、文化功能的强化，社会将越来越重视把人作为实践、开发的对象，人力资源越来越成为最重要的资源，人类的实践对象正在发展为以对人的开发为主。所以，人力资源开发日益成为人的全面发展的重要课题。

正因为如此，在我国改革开放和社会主义现代化建设的新时期，江泽民同志一再强调要重视人的素质的提高、人力资源开发、人的全面发展，并把提高人的素质与人力资源开发高度统一起来。他一方面强调要"促进人民素质的提高"，"要努力提高全民族的思想道德素质和科学文化素质"；另一方面，又特别强调要"充分发挥人民群众的积极性、主动性、创造性"，"充分发挥人民群众的主观能动性和伟大创造精神"，也就是强调人的主体性的最充分发挥，人的内在潜能的最大限度的发掘。这是实现知识创新、科技创新、制度创新的内在要求和动力源泉，也是人的全面发展的更高目标。

总之，江泽民同志关于人的全面发展的思想，包括人的物质与精神、内在与外在、个人与社会、人类与自然、教育与开发等丰富内涵，其中，最重要的就是要充分发挥人民群众的主观能动性和伟大的创造精神，增强人的主体性，从而赋予人的发展以现代特征，是对马克思主义关于人的全面发展理论的丰富和发展。

以"三个代表"重要思想为指导
弘扬和培育民族精神[*]

　　面对国际经济与科技的激烈竞争，面对世界范围内各种思想文化的相互激荡，党的十六大报告把弘扬和培育民族精神提到了前所未有的高度，指出："民族精神是一个民族赖以生存和发展的精神支撑。一个民族，没有振奋的精神和高尚的品格，不可能自立于世界民族之林。"[①] 民族精神是一个民族在长期共同生活和社会实践中逐渐形成的、为本民族大多数成员所认同和追求的思想体系。作为民族群体特有的精神风貌，民族精神是民族文化的重要组成部分，凝聚着民族文化的精髓。

　　"在五千多年的发展中，中华民族形成了以爱国主义为核心的团结统一、爱好和平、勤劳勇敢、自强不息的伟大民族精神。"[②] "千百年来，中华民族之所以能够历经磨难而不衰，饱尝艰辛而不屈，千锤百炼而愈加坚强，靠的就是这种威力无比的民族精神，靠的就是各族人民的团结奋斗。"[③] 民族精神是民族之魂，"是我们非常宝贵的精神财富"，"是衡量一个国家综合国力强弱的一个重要尺度"。[④] 我们必须以"三个代表"重要思想为指导，站在面向世界、推进我国社会和人的全面发展的高度，把弘扬和培育民族精神作为增强综合国力和文化建设极为重要的任务，为增强民族凝聚力、使我国人民始终保持昂扬向上的精神状态而努力。

---

　　[*] 原载于《思想理论教育导刊》2003 年第 9 期，作者郑永廷、詹小美，收录时有修改。

　　[①] 江泽民：《全面建设小康社会，开创中国特色社会主义事业新局面》，人民出版社 2002 年版，第 39 页。

　　[②] 江泽民：《全面建设小康社会，开创中国特色社会主义事业新局面》，人民出版社 2002 年版，第 39 页。

　　[③] 胡锦涛：《弘扬中华民族精神，运用科学技术力量，万众一心，众志成城，科学防治，战胜非典》，载《人民日报》2003 年 4 月 30 日。

　　[④] 中共中央文献研究室：《江泽民论有中国特色社会主义（专题摘编）》，中央文献出版社 2002 年版，第 395–400 页。

一、发展先进生产力是弘扬和培育民族精神的基础

始终代表中国先进生产力发展要求的思想，坚持和发展了马克思主义关于生产力与生产关系、经济基础和上层建筑的辩证关系这一基本原理，揭示了以现代科技为核心的生产力发展趋势。发展先进生产力不仅是党和国家的富民之本，而且是弘扬和培育民族精神的基石。

中国先进生产力的发展是弘扬和培育中华民族的民族精神的坚实基础和物质保证。作为最活跃、最革命的因素，生产力是社会发展的最终决定力量，解放和发展生产力是社会发展规律的客观要求，是社会主义的本质要求和根本任务。马克思主义的基本原理告诉我们，无论是生产关系还是精神要素，都必须以一定生产力为基础，适应和推进生产力、特别是先进生产力的发展。超越一定生产力发展的实际，主观建构生产关系和提出不切实际的思想观念都违背了社会发展规律，必然在实践中导致失败。正是从这一原理出发，我们认为，提高先进生产力的水平，奠定雄厚的经济实力，不仅是弘扬和培育民族精神的重要途径，而且是弘扬和培育民族精神的物质基础。新中国成立前，我国由于生产力水平低下，经济落后，不仅遭到帝国主义列强的侵占与掠夺，而且蒙受帝国主义的文化渗透与精神摧残。在"文化大革命"中，我国由于忽视了生产力、特别是先进生产力的发展，不仅使经济与发达国家之间的差距拉大，而且导致了思想混乱，严重削弱了民族的凝聚力。这些历史的经验和教训是需要永远记取的。

任何民族的精神文化都是民族共同体内部一定物质条件下的产物，并和物质条件一起对共同体内部的整合发生作用。精神文化作用力的大小不仅取决于其正确反映物质运动趋势的程度，而且受制于物质运动规律的发展和变化。恩格斯曾强调："马克思发现了人类历史的发展规律，即历来为繁芜丛杂的意识形态所掩盖的一个简单事实：人们首先必须吃、喝、住、穿，然后才能从事政治、科学、艺术、宗教等等；所以，直接的物质的生活资料的生产，从而一个民族或一个时代的一定的经济发展阶段，便构成为基础，人们的国家设施、法的观点、艺术以至宗教观念，就是从这个基础上发展起来的，因而，也必须由这个基础来解释，而不是像过去那样做得相反。"[1] "不仅一个民族与其他民族的关系，而且这个民族本身的整个内部结构也取决于

---

[1]　《马克思恩格斯选集》第3卷，人民出版社1995年版，第776页。

自己的生产以及自己内部和外部的交往的发展程度。"① 也就是说，"物质生活的生产方式制约着整个社会生活、政治生活和精神生活的过程"②。

在这里，我们应当指出的是，承认生产力的决定作用和经济的基础地位，并不是把民族精神看作生产力与经济的消极产物，更不是否定民族精神的巨大能动作用。相反，我们也要承认，民族精神的弘扬与培育有其相对独立性并需要遵循其自身规律，民族精神一旦形成便能对民族的凝聚和经济的发展产生巨大的推动作用，而且这种作用在一定的历史条件下是决定性的。但是，我们在进行弘扬和培育民族精神的理论研究和实际工作时，绝不能忽视我国解放和发展生产力这个根本任务，绝不能脱离我国的经济基础而只注重精神和道德的层面。无论精神和道德有多么重要，归根到底由生产力发展水平决定，由社会存在决定，由民族群体的物质利益决定。历史发展的逻辑表明，民族形成的深刻根源在于经济的需要。民族间的对立不是因为各民族在能力或智力上的不可调和，其内在的"终极原因"在于利益的分歧和冲突。现实更向我们证明，如果一个民族的经济不发展，生产力不发达，它在各文明中就不可能占据应有的地位。因此，脱离生产力的发展，脱离一定的物质基础，空谈民族精神的弘扬和培育，就是脱离我国最大的实际。

改革开放以来，我国坚持以经济建设为中心，大力发展生产力和科学技术，同时加强社会主义精神文明建设，推进社会全面发展，不仅使我国经济繁荣，综合国力大幅度提升，而且扩大了国际影响，激发了广大人民群众的民族自尊心、自信心和自豪感，显示了我国社会主义制度的优越性。相反，如果生产力不发达、经济不发展、物质条件不丰实，不仅民族精神的弘扬与培育缺乏支撑点，而且原有的生存基础也会发生动摇，传统的优势亦会丧失。

始终代表中国先进生产力的发展要求，不仅为我们面向 21 世纪提供了发展生产力的正确指导，而且明确了民族精神弘扬与培育的前提和基础，赋予了弘扬与培育民族精神的丰富内涵和时代精神。正如江泽民同志所指出的："我们党要始终代表中国先进生产力的发展要求，就是党的理论、路线、纲领、方针和各项工作，必须努力符合生产力发展的规律，体现不断推动社会生产力的解放和发展要求，尤其是要体现推动先进生产力发展的要

---

① 《马克思恩格斯选集》第 1 卷，人民出版社 1995 年版，第 68 页。
② 《马克思恩格斯选集》第 2 卷，人民出版社 1995 年版，第 32 页。

求，通过发展生产力不断提高人民群众的生活水平。"① 在激烈的国际竞争舞台上，科学技术的实力和水准是一个国家综合实力的主要体现，科学技术的重大突破带动的往往是民族国家经济、政治和文化的迅猛发展，谁占据了科学技术的制高点，谁就可以在国际竞争中占据主动地位。因此，一般性地强调发展经济和生产力已不具备战略上的优势，只有高度重视先进生产力的发展，不断提高现代科学技术水平，我国才能显示强大的竞争力，民族精神的弘扬和培育才有深厚的基础。由此可见，"三个代表"重要思想把"始终代表中国先进生产力的发展要求"提到关系党和国家前途与命运的高度，为党的思想建设和民族精神的弘扬与培育奠定了理论基础，是驾驭时代发展潮流、谋求民族精神振奋之创举。

二、坚持先进文化的前进方向是弘扬和培育民族精神的灵魂

始终代表中国先进文化的前进方向，坚持和发展了马克思主义关于物质生活和精神生活、社会存在和社会意识的辩证关系这一基本原理，揭示了以人的全面发展和民族凝聚力为核心的文化发展趋势，标志着中国共产党高度的文化自觉和对世界文化发展趋势的主动驾驭，也标志着当代民族精神的弘扬和培育的价值升华。把握先进文化的前进方向不仅是党和国家发展的动力之源，而且是弘扬和培育民族精神的灵魂所在。

民族精神是国魂。中国特色社会主义文化以马克思列宁主义、毛泽东思想、邓小平理论和"三个代表"重要思想为指导，坚持为人民服务、为社会主义服务的方向，继承和发扬我国民族优秀传统文化而又体现社会主义时代精神，立足本国而又充分吸收世界文化优秀成果，是当代中华民族文化的集中体现，是凝聚和激励全国各族人民的重要力量，是民族精神弘扬和培育的灵魂。而弘扬和培育民族精神则是中国特色社会主义文化建设的极为重要的任务。精神文化的价值导向、动力激发、民族凝聚等重要的功能属性，在人力资源逐步成为最重要资源的当今社会必将进一步彰显，无形资产的价值更加凸现。精神文化与经济、科技的整合和互动所要解决的基本问题是经济决定论与精神动力论的统一，核心在于经济、科技发展的根源和动因是只从

---

① 中共中央文献研究室：《江泽民论有中国特色社会主义（专题摘编）》，中央文献出版社2002年版，第580页。

经济自身去满足还是要从人那里去探寻的问题。精神文化、民族精神是经济与科技发展的母体与动力。

随着由西方主导的经济全球化的迅速发展，民族国家主权受到冲击。在当前和今后很长的时期内，经济全球化还会进一步拉大民族国家之间的经济差距，不可能形成经济利益一体化，因而，民族国家将始终是对外竞争的主体。作为主导的民族国家，必然要面对经济全球化浪潮的冲击，应对国际的激烈竞争，排除风险，谋求发展，维护自身利益。因此，一方面，我们既要看到为获得经济全球化的比较利益，对外向国际和区域经济让渡部分主权是难以避免的，也是必要的；另一方面，更要看到这一发展趋向对民族国家的民族凝聚与民族精神是有冲击的。面对新的历史条件，民族精神的弘扬和培育所面临的新挑战更需要民族国家增强凝聚力与竞争力，把握发展机遇，抵御风险，争取发展主动与发展优势。否则，民族国家就会在经济全球化浪潮的冲击下，在发达国家经济、科技、文化强势的扩张下陷于被动乃至丧失主权。显然，经济全球化并不意味着民族精神的淡化，更不是民族精神的消解，相反地，富有时代特征的民族精神必须得到充实和强化。

面对文化作用日益凸现和文化相互激荡的局面，提出并强调党要始终代表中国先进文化的前进方向，确立中国特色社会主义文化发展的战略地位，把推进以增强民族凝聚力为核心的有中国特色的社会主义文化建设提高到综合国力重要标志的高度，是完全必要的。正如江泽民在 2001 年"七一"讲话中所指出的：坚持什么样的文化方向，推进建设什么样的文化，是一个政党在思想精神上的一面旗帜。这一论述既是对马克思主义社会存在与社会意识关系原理、社会意识具有相对独立性理论的继承与发展，也是对当代世界文化发展潮流的科学概括。

民族精神的弘扬和培育集中体现在民族文化的继承与发展上，即我们要发扬和升华优秀的传统文化，与时俱进地掌握和创新社会主义的新文化。首先，任何民族的精神文化都有传承性。精神文化是历史创造的积淀，民族精神也不例外。我们在进行文化创造的时候，无法回避的是以往历史延续下来的"先在前提"，即现成的文化背景，它不仅包括特定的自然条件和经济关系，而且包括既定的政治、伦理思想、社会心理等一系列文化因素。脱离前人所创造的传统文化凭空创造本民族的新文化和新精神，就好像揪住自己的头发要离开地球那样不可思议。这样的话，历史的联系便会发生断层，历史就不再是历史。马克思和恩格斯在批判费尔巴哈历史局限时指出："他没有看到，他周围的感性世界决不是某种开天辟地以来就直接存在的、始终如一的东西，而是工业和社会状况的产物，是历史的产物，是世世代代活动的结果，其中每一代都立足于前一代所达到的基础上，继续发展前一代的工业和交往，并随着需要的改变而改变它的社会制度。"① 这里所说的"感性世界"，实际上是指人们世世代代所创造的文化环境。人们要创造自己时代的新文化、培育时代的新精神，就必须弘扬先辈们所创造的传统文化，传承历代相传的民族精神，只有在这个基础上继续前进、勇于开拓，才能有所作为、有所创造。

其次，任何民族的精神文化都需要发展。精神文化是一个动态的概念，要在实践中不断丰富，它必须直面时代的新要求，发展新观念，增添新内容。民族精神也不例外。民族精神是一个历史的范畴，它与民族的形成和发展相一致。民族精神的发扬是时代所需、发展所需。精神文化与社会发展的互动关系说明精神文化具有时代的差异性，只有那种适应时代发展需要、推动社会前进的文化才能被称为先进文化。传统文化中的精华可凝聚为积极向上的民族精神，而传统文化中的糟粕则对民族精神产生负面的影响；优秀的外来文化为民族精神增添新的养料，而消极的外来文化则冲击民族精神的精粹。因此，民族精神的弘扬和培育不是传统文化与现代化的累加，而是传统性与时代性的统一、民族性与世界性的统一。民族精神的弘扬和培育必须坚持马克思主义的指导。马克思主义为我们提供了正确的世界观、价值观和方法论指导，审视、塑造和引导着时代精神的发展脉络。民族精神的弘扬和培育必须解放思想、实事求是、与时俱进。我们要随着实践的发展，不断发展新思想、新观点和新理论，推动我国文化发展，不断丰富民族精神的时代内涵。

三、实现人民群众的根本利益是弘扬和培育民族精神的源泉

始终代表中国最广大人民的根本利益，坚持和发展了人民群众是推动历史前进的动力这一基本原理，揭示了以人为本和人才资源开发的发展趋势。实现中国最广大人民的根本利益不仅是党和国家一切工作的根本目的，而且是弘扬和培育民族精神的根源所在。

始终代表中国最广大人民的根本利益，就是要使广大人民群众的生命、

---

① 《马克思恩格斯选集》第 1 卷，人民出版社 1995 年版，第 76 页。

财产、安全得到保障，在社会发展进步的基础上不断获得切实的经济、政治和文化利益。它从根本上揭示了民族精神弘扬和培育的目的性。需要和利益是历史唯物主义的重要范畴。人们的需要，特别是广大人民群众物质文化生活的需要不断产生又不断得到满足，是社会历史前进的内驱力。现实生活中，"'思想'一旦离开'利益'就一定会使自己出丑"①。所以，"每一个社会的经济关系首先是作为利益表现出来的"。这种通过利益表现出来的"经济条件归根到底制约着历史的发展"。因而，"人们奋斗所争取的一切，都同他们的利益有关"②。恩格斯亦曾指出旧唯物主义的一个根本性的错误就是"在历史领域内自己背叛了自己，因为它认为在历史领域中起作用的精神的动力是最终的原因，而不去研究隐藏在这些动力后面的是什么，这些动力的动力是什么"③。在恩格斯看来，这种"动力的动力"不是别的什么东西，而是"使广大群众、使整个的民族，并且在每一个民族中间又是使整个阶级行动起来的动机；而且也不是短暂爆发和转瞬即逝的火光，而是持久的、引起重大历史变迁的行动"④。这就是人们对物质和文化利益的追求。这一追求不仅是"历史发展的杠杆"，而且是民族精神弘扬和培育的根源所在。我们党一贯坚持为人民服务的根本宗旨，坚持立党为公、执政为民，带领广大人民群众为中华民族的独立与伟大复兴不懈奋斗，因而能够赢得民心，团结民众，形成强大的民族凝聚力，战胜了一个又一个艰难险阻，取得了革命与建设的伟大胜利。在防治非典型肺炎（以下简称"非典"）的斗争中，党和政府与广大人民同呼吸、共命运、心连心，形成了"万众一心、众志成城，团结互助、和衷共济，迎难而上、敢于胜利"的抗击非典精神。这种抗击非典精神是民族精神在当今的弘扬。

按照马克思主义关于物质与精神相互联系并能相互转化的原理，物质利益的获取与精神价值的追求总是不可分割地联系在一起并能相互转化的。在当代中国，这一联系更加紧密，转化更加直接和明显。正如江泽民同志所指出的："按照马克思主义的唯物辩证法观点，在一定条件下，精神可以变物质，精神的力量可以转化为物质的力量。强大的精神力量不仅可以促进物质技术力量的发展，而且可以使一定的物质技术发挥出更好更大的作用。""综合国力，主要是经济实力、技术实力，这种物质力量是基础，但也离不

① 《马克思恩格斯全集》第2卷，人民出版社1957年版，第103页。
② 《马克思恩格斯全集》第1卷，人民出版社1956年版，第82页。
③ 《马克思恩格斯选集》第4卷，人民出版社1995年版，第248页。
④ 《马克思恩格斯选集》第4卷，人民出版社1995年版，第249页。

开民族精神、民族凝聚力，精神力量也是综合国力的重要组成部分。"① 民族精神作为中华民族的精神状态与精神风貌，既是我国广大人民共同创造并为广大人民所共享的宝贵精神财富，也是我国人民创造物质财富与发展科学技术的共同动力之源。民族精神作为在个人身上的具体体现，则是个人所拥有的精神财富，是个人面向社会竞争和坚持全面发展的动力之源。个人的物质和文化利益追求不可能离开国家；个人的存在与发展不可能脱离社会。从这个意义上说，凝聚中华民族的民族精神也是我们每个中国人的利益所在。

始终代表中国最广大人民的根本利益，将人的全面发展视为人民群众根本利益的内在要求和根本动力，将广大人民的根本利益视为人的全面发展的出发点和现实动力，从而为民族精神的弘扬和培育提供了富有时代特征的价值导向。中华民族民族精神的创造和发展归根到底是为了中华民族的强大和兴盛，而中华民族的强大和兴盛也要靠民族精神的凝聚和推动。因此，实现广大人民群众的根本利益离不开人的全面发展和民族成员素质的全面提高。在当代，经济和科技的竞争实质上是人才的竞争。人要获得经济、政治、文化利益，越来越依靠人的全面发展。只有不断提高自身素质和全面发展，才能增强人在社会中的竞争力和可持续发展的后劲，进而获得更多的经济、政治、文化利益。

对人力资源的开发已经成为全世界关注的焦点。它是由经济发展靠科技、科技发展靠人才、人才发展靠教育的逻辑关系决定的。随着科学、文化功能的强化，社会将越来越重视把人作为实践、开发的对象，人力资源越来越成为最重要的资源，人类的实践对象正在朝着以人的开发为主的方向演进。始终代表中国最广大人民的根本利益，继承和发展了马克思主义关于人民群众是历史的创造者的原理，它适应推进现代社会发展的需要，坚持以人为本，把不断满足广大人民群众物质文化需要作为党的根本宗旨，把提高广大人民群众的素质与生命质量，实现人的"思想与精神生活的全面发展"以及人与自然、社会的协调发展，作为民族精神弘扬和培育的根本目的，从而把人的发展与社会发展紧密结合在一起，深刻阐述了人在现代社会条件下全面发展的经济、政治、文化要求，赋予了人的全面发展以内在充实和外在丰富的时代特征。不断满足人民群众的物质文化需要，实现人民群众物质文化生活的高质量和高水平的发展，是人的外在发展要求；而思想和精神生活

---

① 中共中央文献研究室：《江泽民论有中国特色社会主义（专题摘编）》，中央文献出版社2002年版，第395页。

的全面发展，包括人的德与智、知识与能力、素质与职能、生理与心理的全面协调发展，是人的内在发展要求。江泽民同志曾指出："要说素质，思想政治素质是最重要的素质。"① 而思想政治素质集中表现为爱国主义、集体主义、社会主义思想。也就是说，民族精神是思想政治素质的主要内容，民族精神的弘扬和培育则是提高人的素质、促进人的全面发展的重要任务。

人的全面发展既是社会发展的基础和条件，也是人们追求生命质量和现代文明的标志。物质生活的发展是思想和精神生活发展的基础和前提，而思想和精神生活发展则是物质生活发展的精神动力并引导物质生活发展的方向。创造良好的条件，促进广大人民群众全面发展，满足人们提高自身素质与生命质量的要求，更是民族精神弘扬和培育的根本所在。

---

① 《深化教育改革全面推进素质教育：第三次全国教育工作会议文件汇编》，高等教育出版社1999年版，第17页。

教书育人规律及其遵循的对策研究*

习近平总书记在 2014 年教师节前夕，到北京师范大学视察并在同师生代表进行座谈时说："老师肩负着培养下一代的重要责任。正确的理想信念是教书育人、播种未来的指路明灯。老师是学生道德修养的镜子。好老师应该取法乎上、见贤思齐，不断提高道德修养，提升人格品质，并把正确的道德观传授给学生。"① 2017 年 12 月 7 日，在全国高校思想政治工作会议上，习近平总书记发表重要讲话，强调教师要遵循思想政治工作规律，遵循教书育人规律，遵循学生成长规律，不断提高工作能力和水平。习近平总书记的讲话不仅阐述了教师教书育人的重要职责，而且把教书育人提升到遵循规律的高度，对研究、遵循教书育人规律和办好学校、培养人才具有重大指导意义。

一、教书育人规律的内涵和作用

（一）教书育人的内涵与拓展

《说文解字》解释："教，上所施下所效"；"育，养子使作善也"。教书的"教"就是教授、教导；"书"就是知识、技能，教书即传授知识、技能的培养能力。育人的"育"就是培育、养育；"人"就是培育对象或学生，育人即培育学生。教书育人是由"教书"和"育人"组成的词语。教师在教育教学过程中，既需要教书，也需要育人。二者相互配合，同向并行，不分先后。脱离育人的教书和脱离教书的育人，都不是真正完整的教育过程。

在我国，教书育人是指教师向学生传授系统的科学文化知识和技能，培养学生的科学文化素养，发展学生的智能；同时要以马克思主义为指导，以自身道德行为的示范，引导学生树立正确的世界观、人生观和价值观，促进学生全面发展。因而，教书属智育范畴，育人是德育职责，教书和育人是德

---

* 原载于《思想教育研究》2017 年第 6 期，作者郑永廷、林伯海，收录时有修改。

① 习近平：《做党和人民满意的好老师：同北京师范大学师生代表座谈时的讲话》，人民出版社 2014 年版，第 5 页。

育和智育在教师职责上的统一，是培养又红又专、德才兼备的人才的保证。如果把教书和育人的关系延伸，就是既要教学生学会做事，又要教学生学会做人；既要坚持教学的科学性，又要坚持教育的价值性；既要对学生进行专业知识和技能教学，又要对学生进行人文精神教育。这些关系，不管过去、现在还是将来，不管是在学校还是在社会其他领域，都必须不可分割地联系在一起。

从广义视角看，教书育人不仅是普通学校教师的职责，而且是一切培训、指导、咨询者的职责。早在我国古代社会，就有"教无常师"的说法，即"德无常师，主善为师"（《尚书·咸有一德》）。孔子有句名言："三人行，必有吾师焉。择其善者而从之，其不善者而改之。"（《论语·述而》）意思是三个人一起走路，其中必定有人可以作为我的老师。"能博喻，然后能为师"（《礼记·学记》），意思是能者为师。在当代社会，随着科学技术的快速发展，信息大量、广泛传播，新情况、新问题不断涌现，人们需要不断学习、接受教育。所以，当代社会是学习型社会，是终身教育的社会。学高为师，德高为范，已经成为社会的普遍现象，各种培训、讲坛、研讨、传播、咨询等活动在社会各个领域广泛开展。因而，教书育人突破了学校的界限，扩展到了全社会。

（二）规律和教书育人规律

马克思强调，规律是事物之间的"内在的和必然的联系"。列宁认为："规律是现象中同一的东西。""规律是现象中持久的（保存着的）东西。""规律就是关系。……本质的关系或本质之间的关系。"《中国大百科全书·哲学》卷根据经典著作阐述，对"规律"做了如此界定："规律就是事物运动过程中固有的本质的必然的联系，或事物之间的内在的必然联系，决定着事物发展的必然趋向。"这些概括是对一般规律的界定。由于各个领域、各个学科都要运用"规律"这一概念，因此，对其界定各有侧重和特点。正如毛泽东所说："认识的真正任务在于经过感觉而到达于思维，到达于逐步了解客观事物的内部矛盾，了解它的规律性，了解这一过程和那一过程间的内部联系，即到达于论理的认识。"[①] 认识的对象不同，揭示规律的类型也会不同：哲学研究的是一般规律，自然界、社会和思维的运动规律是特殊规律，政治、经济、文化、教育等各个领域的规律则是具体规律。不管

---

① 《毛泽东选集》第1卷，人民出版社1991年版，第295页。

什么规律，都有共同的内涵和特性：一是规律集中体现了唯物辩证法关于客观世界的事物和现象普遍联系中的固有的、本质的联系；二是规律规定着事物的必然状态与确定不移的发展趋势；三是规律揭示了事物在变动不居、千变万化的现象中具有相对稳定性、重复性的根源。教书育人规律是指教育者在培养教育对象成长、发展的过程中，教书和育人固有的、本质的、必然的联系。其中，教书和育人的性质、目的和内容是教书育人的根据和发展变化的基础，是最重要的本质联系。因此，研究教书育人的规律，必须考察教书育人的目的、内容和方式的性质。

对教书育人的要素与关系，教育者都很熟悉。但是，有些教育者往往将其作为偶然性现象而熟视无睹，没有研究要素和现象背后的规律。就像马克思所说的："各个人都有自觉预期的目的，总的说来在表面上好像也是偶然性在支配着。""但是，在表面上是偶然性在起作用的地方，这种偶然性始终是受内部的隐蔽着的规律支配的，而问题只是在于发现这些规律。"① 因此，研究、揭示教书育人规律就是为了认识教书育人的本质、作用，克服教书育人的盲目性，增强教书育人的自觉性，发挥教书育人的作用。

（三）教书育人何以有规律遵循

在教书育人过程中，教书育人主体的目标、内容和方法，以及所展现的相互关系，在很大程度上都表现为认知形态，就是技能的培养也不过是一种学习、操练。这些看起来属于主观认识范畴的活动都要在现实的人群中传播、交换、生成和转化，都不是人们纯粹主观想象的产物，如科学文化知识和技能、思想道德观念和价值取向，都来源于社会实践，根源于客观世界。马克思曾经说过："意识在任何时候都只能是被意识到了的存在，而人们的存在就是他们的现实生活过程。"② 因此，在教书育人的大量偶然性后面，总是隐藏着必然性。认识和揭示这种必然的、本质的关系，就是认识和揭示教书育人的规律。

同时，按照规律的内涵和特性，教书育人是有规律可循的。一是教书与育人的关系，是同德育与智育关系一样久远并普遍存在的关系，这一关系中固有的、本质的联系就是教书与育人的规律；二是只要德育和智育在教育中始终需要和存在，教书育人就一定成为教育的必然状态与确定不移的发展趋

① 《马克思恩格斯文集》第 4 卷，人民出版社 2009 年版，第 302 页。
② 《马克思恩格斯选集》第 1 卷，人民出版社 1995 年版，第 5 页。

势，在未来发展中也不会消失；三是不管教育的形态、领域、方式如何变动不居并千变万化，教书育人将始终稳定、持续存在下去。总之，教书育人的规律是隐藏在教书育人现象背后的东西，看不见、摸不着，它只能依靠抽象思维去揭示，人们也只能以各种方式和各种目的去对待它、感知它，而不可能回避它、否定它。

（四）充分重视和发挥教书育人的作用

由上面的论述可以看出，教书育人是贯彻落实我国教育方针，坚持以立德树人为根本任务，以育人为本、德育为先为原则的集中体现。因此，党和国家十分重视教书育人工作。党的十八大报告要求"加强教师队伍建设，提高师德水平和业务能力，增强教师教书育人的荣誉感和责任感"①。2016年，中共中央、国务院颁发的《关于加强和改进新形势下高校思想政治工作的意见》在加强和改进高校思想政治工作的基本原则中首次强调"坚持全员全过程全方位育人。把思想价值引领贯穿教育教学全过程和各环节，形成教书育人、科研育人、实践育人、管理育人、服务育人、文化育人、组织育人长效机制"。不仅把教书育人的要求扩展到科学研究、实践活动、管理服务、文化工作和组织工作，而且要求相互配合、建立机制、形成合力。因此，教书育人在新的形势下，必须有新发展。

总之，只有重视并充分发挥教书育人的作用，才能培养德才兼备、全面发展的中国特色社会主义合格建设者和可靠接班人，才能提高我国高等教育发展水平，为增强国家核心竞争力做贡献。

二、探索与研究教书育人规律的历史进程

自从人类社会开办学校以来，教书育人就伴随而生并开始进行探索和研究。各个历史阶段和各个国家教书育人的概念、性质、内涵、内容与方法各不相同，这里仅围绕教书育人的本质和规律，进行追踪研究。

（一）古代社会教书育人的论说与探寻

中国的奴隶社会从公元前 21 世纪至公元前 476 年，形成于夏，发展于

---

① 中共中央文献研究室：《十八大以来重要文献选编》（上），中央文献出版社 2014 年版，第28 页。

商，强盛于西周，瓦解于春秋。西周时期建立了最早的官学，即学校由国家兴办，设国学和乡学两个级别。这一时期教育的典型特征是官府控制学校教育，具有官师不分和政教合一的形态。《周礼·保氏》对奴隶社会的教育做了一个概括："养国子以道，乃教之六艺：一曰五礼，二曰六乐，三曰五射，四曰五驭，五曰六书，六曰九数。"那时唯官有学，平民无学。官员把持学校权力，学生同教师的关系实际上是同官员的关系，学生只能按照官员的意志和言行从事教育活动。

春秋战国时期，奴隶社会衰落，封建社会兴起，官学被废止，私学兴旺。孔子创办了儒家学派的第一所私学，科目有"诗、书、礼、乐"。私学里主要讲伦理道德，也讲授知识和技能。战国中期，孟子开办了影响很大的私学。战国末期，荀子开办的私学成为集大成学派。这一时期的私学在中国古代教育史上有重大贡献，尤其是儒家在教育理论上留下很多成果，撰写了《学记》《大学》《中庸》等论著，阐述了教育的作用、道德教育体系和原则，探寻了教书育人的思想与方法。孔子针对奴隶社会只招收贵族子弟的官学，首次提出了"有教无类"（《论语·卫灵公》）的主张，认为社会上一切人都享有受教育的权利，通过教育可以消除受教育者之间的差别。"有教无类"的主张蕴含着教育者对受教育者的尊重、热爱和关心，是教书育人职责的担当。同时，孔子提出了明确的教育要求和教育的方法，诸如"学而不厌""诲人不倦""循循善诱""因材施教""举一反三""温故而知新""学而不思则罔，思而不学则殆"等。这些要求和方法不仅"教书"时要遵循，而且"育人"时要体现。孟子在开办"子思学院"的过程中，特别强调做人要善，行为要正。他说："仁，人心也；义，人路也。舍其路而弗由，放其心而不知求，哀哉！人有鸡犬放，则知求之；有放心而不知求。学问之道无他，求其放心而已矣。"（《孟子·告子上》）其意思是，仁是人的善良心，义是人的正确之路。放弃正路不走，丢失善心不寻找，实在可悲啊！有人走失了鸡狗还知道去寻找；有人丢失了善心却不知道去寻找。求学请教的道理不在于别的，在于找回其丢失了的善良之心罢了。所以，孟子的私学除了重视人的能力培养，还非常重视"明人伦"的道德教育。

到汉唐时期，教书育人得到深化。西汉武帝自在位起，开始在长安兴办太学，并令天下郡国设立学校，初步建立起地方教育系统。所有学校将《诗》《书》《礼》《易》《春秋》（称为"五经"）作为教学内容。汉代最有名的教育家是董仲舒，他首倡"独尊儒学"，宣扬"君权神授"，提出了封建社会遵循的"三纲五常"，为后来封建朝代的教育奠定了基础。到唐朝时期，学校教育逐步完备，中央有国子学、太学等，地方有州学、县学、乡学，并开始举办有算学、天文、医学等自然科学的专业学校。唐代最有名的教育家韩愈在《师说》中说："师者，所以传道授业解惑也。"他以教师应担当的职责，阐述了教书育人的道理。传授道理，教授学业，解答疑惑，"传道"是第一位的，体现了德为先的原则。

宋元时期的教书育人有了新的发展。宋代理学家和教育家程颢、程颐把《大学》从《礼记》中抽出，朱熹将《大学》《中庸》《论语》《孟子》合编注释，称为"四书"，从此《大学》成为儒家经典。《大学》开篇就讲："大学之道，在明明德，在亲民，在止于至善。"强调道德教育、修心炼己；提出唯有"以德治心"，才是修身、齐家、治国、平天下的根本方略；注重教人"知书达理"才算掌握了教育的要义。

明清时期实行了许多强化控制思想的措施，学校和科举制度更加缜密。明代著名教育家王守仁提出了有名的"训蒙教约"。其内涵是训练标准为孝、悌、忠、信、礼、义、廉、耻八目；所设科目为歌诗、习礼、读书三项。王守仁为了达到使学生"致良知""明人伦"的目的，强调引导学生"各得其心"贵在自得。他说："学问也要点化，但不如自家解化者，自'一了百当'。不然，亦点化许多不得。"（《传习录》下）所谓"点化"，是指教师对学生的指点和开导；"自家解化"，就是教师要培养学生独立认识和解决问题的能力。

清代王夫之是我国早期著名的启蒙思想家。他认为人性是后天学习而成的，不是先天就有的，所以他特别重视教师的作用，认为教者、学者是一种道义的结合，教师负有正人心的重要任务，选择教师关系到整个社会的人心道德。教师必须在行动上和道德上都能做学生的榜样。他还强调教师必须有丰富的、正确的知识，要教学生立志，做到立志为先、自勉自得。

（二）西方古代社会教书育人的探索与贡献

古希腊从公元前 8 世纪至公元 2 世纪，古罗马从公元前 6 世纪至公元 5 世纪，经历了奴隶社会的发展。古希腊和古罗马的教育主要为奴隶主阶级实行思想统治和培养人才服务。在学校中，学习科目和内容有阅读、书写、计算、唱歌、音乐、体操、骑马、射箭等，目的是培养情感和道德，铸塑学生灵魂，形成节制品德。古希腊著名哲学家、教育家柏拉图提出了学生应该德、智、体和谐发展的思想，就是教师要把德、智、体三个方面的教育结合起来，做到既教知识和技能，又要以德育人。他认为，培养治国者要学习知识，这是因为不仅知识在军事作战上有用，更重要的是人能在学习、体验过程中，丰富、锻炼人的道德心灵，培养、提高抽象思维能力，因而要把知识学习与道德培养结合起来，把感性认识提升到理性高度。

古希腊另一位政治家、教育家亚里士多德根据人有植物灵魂、动物灵魂、理性灵魂的观点，把教育划分为三个组成部分：体育、德育、智育。其中，体育是基础，智育是目的。要使人的灵魂得到完善和发展，必须在人的不同阶段给予恰当的教育和训练。为此，亚里士多德提出了教育的灵魂论，即教育和训练学生的理性灵魂，实际上是用奴隶社会的主流意识形态净化思想、铸塑灵魂，使人的言行符合奴隶社会的要求。亚里士多德还把教育分为"实用"和"文雅"两种：实用教育提供知识和技能，具有功利作用；文雅教育没有功利性，是高尚的道德和理性教育，可以使人心灵愉悦，陶冶人的性情，培养人的道德习惯。

（三）资本主义社会对教书育人的研究与实施

最早进行资产阶级革命并建立资本主义制度的英国也最先开始资本主义教育的探索。弗兰西斯·培根是英国哲学家和科学家，被马克思称为"英国唯物主义和整个现代实验科学的真正始祖"。他提出了"知识就是力量"的著名命题，在《新大西岛》一书中，他吹响了近代科学教育兴起的号角。他从全面改造人类知识的理想出发，提出了一个理想教育方案，即提倡科学，并把科学与道德结合起来，通过教育增强人们对科学在社会发展中作用的认识，这从根本上动摇了经院哲学的统治地位，反映了新兴资产阶级的教育要求。

到了 17 世纪，捷克教育家扬·阿姆斯·夸美纽斯所著的《大教学论》在 1632 年出版。他在书中提出，一个做教师的人在向学生传授知识以前，必须使学生渴望求得知识，能够接受教导，从而愿意接受多方面的教育。夸美纽斯认为学生学习的首要条件是自觉求学，是对学习的热情和喜爱。因此，他主张在教学过程中应首先把学生的学习热情和欲望激发出来。他还提出，学校的任务不单是教授科学，还应该教导道德，而且更为重要的是进行道德教育。他认为，主要的德行应当首先培养，这种德行是持重、节制、坚忍与正直；我们应当用心把人生的真正目标灌输给青年，要使他们受到教导，知道我们生来不是单为我们自己的，而是为了我们的邻人，是为了人类。

到了 19 世纪，德国哲学家、教育家约翰·弗里德里希·赫尔巴特进行了教书育人的理论研究。在赫尔巴特之前，德国学校的"教育"与"教学"呈现分离状态。对此赫尔巴特提出："教学的概念有一个显著的标记，它使我们非常容易把握研究方向……相反，在教育的其他一切职能中，学生直接处在教师的心目中。"他认为，正是这种差异造成了"教育"与"教学"的分离；这种"不完整"的教育理论已经无法全面指导学校教育，两者必须走向融合。于是，他提出了"教育性教学"理论，并论述了这一理论的必要性和可能性："教育学是教育者自身所需要的一门科学，但他们还应掌握传授知识的科学。而在这里，我得立刻承认，不存在'无教学的教育'这个概念，正如反过来，我不承认有任何'无教育的教学'一样，至少在这本书中如此。"[①] 他甚至认为，教学如果没有进行道德教育，就是一种没有目的的手段；道德教育如果没有教学，就是一种失去了手段的目的。赫尔巴特的论述肯定了教学和教育不可分割，强调教学具有教育性。但教学不是道德教育的唯一方式，道德教育还有其他途径和方式。可以看出，赫尔巴特特别重视道德教育，他认为道德"是人类的最高目标，因此也是教育的最高目标"。

美国学校的教书育人是通过美国严格的教师资格审查、录用和评选示范执行的。美国国家年度教师评选是美国一直坚持的优秀教师评选活动，自1952年首次启动以来，至今已经连续举办了60多届。《美国人心中最好的老师》一书详细介绍了2005—2014年10位美国国家年度教师的成长历程、教育理念、课堂教学实践等，介绍了美国最优秀的教师是怎样炼成的。美国对教师的评价指标主要有教学成绩、师德和教研成果，还包括对学生、同事、学校、社区、社团的服务。教师除了要肩负起教书育人的职责，还要面向社会发挥模范作用。因此，为人师表的教师与医生和律师并列成为备受美国人尊敬的职业。

三、遵循教书育人规律的对策研究

研究教书育人的对策，首先必须研究教书育人的要素和结构。教书育人的要素主体包括教育者（或培训者、传播者、咨询者等）和受教育者；内容包括科学文化知识、技能和思想道德；结构包括教育者与受教育者的关系、德与智的关系、目标与内容的关系等。在这些要素和关系中，教育者起

---

① 中共中央文献研究室：《十八大以来重要文献选编》（上），中央文献出版社2014年版，第28页。

主导作用；德育具有为先、为首的地位；受教育者体现教书育人的结果。为此，教书育人的对策主要应从以下三个方面入手。

（一）坚定贯彻落实高校思想政治工作贯穿教育教学全过程的指导方针

习近平总书记在全国高校思想政治工作会议上发表重要讲话，他站在全局战略的高度强调，要坚持把立德树人作为中心环节，把思想政治工作贯穿教育教学全过程，实现全程育人、全方位育人，努力开创我国高等教育事业发展新局面。思想政治工作贯穿教育教学全过程，既体现了育人为本、德育为先的理念，又提出了教书育人、科研育人、实践育人、管理育人、服务育人、文化育人、组织育人的要求，还强调了教育规律、思想政治工作规律、学生成长规律的遵循。因而，把思想政治工作贯穿教育教学全过程，是高校在新形势下必须遵循的指导方针，既是学校培养什么样的人、如何培养人以及为谁培养人的根本保证，也为学校各项工作相互配合、形成合力提供了创新模式。

（二）教师必须坚定教书育人的理念并具备教书育人的条件

教书育人的理念，是指教育者教书育人行为的思想观念和价值追求。一是教育者要坚持以人为本的理念。教育教学的对象是人，教育者必须以受教育者为本，热爱、尊重、关心受教育者，平等、公正对待受教育者，切实担当起教书育人的职责，这是有效进行教书育人的前提。对受教育者疏远甚至凌驾于受教育者之上，是不可能收到教书育人的良好成效的。二是教育者要坚持党的教育方针，确立促进受教育者全面发展的理念。培养受教育者成为德、智、体、美等方面全面发展的社会主义建设者和接班人，是党的教育方针提出的目标，是教书育人的任务。教师是教育教学工作的主体，是推进学校发展和促进学生全面发展的主要力量。虽然学校教育教学各有分工，但分工不能分家，思想政治教育要与业务教学相互结合、渗透，业务教学也要以正确的政治、思想、道德为指导和遵循。相互分割是形而上学，相互结合、相互促进才符合辩证法。三是教育者要坚持科学性与思想性相结合的原则，形成"做人"和"做事"不可分割的理念。科学性和思想性统一的原则，就是在教学过程中阐述教学内容客观规律性的同时，坚持正确思想指导，具有合理价值性。教师教给学生科技知识和技能，是教学生学会做事；结合科技知识和技能教学，帮助学生坚持正确目标和职业道德，是教学生学会做人。一些教育者宣称自己"只教书不育人""对政治不感兴趣"的说法既不现实，也不符合常理。尽管科技知识和技能没有政治思想性，但科技知识和技能的教学总要在一定的政治思想条件下进行。教育者和受教育者总有一定的政治、思想、道德倾向；传播、教授、学习、运用科技知识和技能，必定要受一定的价值观念支配，不受正确的政治思想支配，就会受错误的政治思想支配。教育者宣称不受任何政治思想支配，这是自欺欺人；宣称对"政治不感兴趣"，这可能掩饰着对现实政治的不信任态度。这些言行本身就是一种影响受教育者的不良倾向：不愿育人，实际上仍在育人。四是教育者要树立为人师表的理念。教师为人师表是为了增强教学的效果和教师在学生心目中的威信。教师为人师表的内容，一方面要具备学高为师的业务素质，具有渊博的知识、熟练的技能和严谨的治学态度，使学生求学有望、有得；另一方面，教师要具备德高为范的思想政治素质，既言教，又身教，在举手投足间对学生产生积极影响。

（三）形成教书育人长效机制

所谓机制，简单来说，就是在一定制度下的运行方式。教书育人机制，就是建立教书育人制度，采用相应的方法。这些制度和方法主要包括：一是学校要建立教书育人组织管理制度。教书育人工作要有学校领导负责并明确学校职能部门管理，纳入学校和职能部门的工作计划；制定教书育人条例，明确教书育人的地位和作用、目标和要求、措施和方法，使教书育人活动执行、检查、评估有根有据。二是要按照《关于加强和改进新形势下高校思想政治工作的意见》的要求，"要完善教师评聘和考核机制，增加课堂教学权重，引导教师将更多精力投入到课堂教学上，完善教师职业道德规范，实施师德'一票否决'制"。改变有些教师重智育轻德育、重科研轻教学的倾向，切实把立德树人作为中心环节，把思想政治工作贯穿教育教学全过程。三是要把教书育人纳入学校职能部门和全体教师的考核、奖惩制度之中，记入职能部门工作档案和教师个人档案，作为衡量工作成绩、评选先进、职务评聘和教学优秀成果评比的重要依据。坚持表彰、奖励教书育人先进个人和集体；对只顾教书、放弃育人职责并影响教学效果的教师，要进行批评、教育；对师德败坏并在学生中、社会上产生恶劣影响的教师，要按照有关文件规定和教书育人条例给予处分或解除聘任。只有加强对教书育人的领导和组织管理，抓住教书育人的关键——教师队伍建设，形成教书育人的有效机制，教书育人才能落到实处并卓有成效。